Soll
Kauf Pacht und Miethe brechen?

Ein Gutachten

dem Deutschen Juristentag erstattet.

Zugleich ein Beitrag

zur Geschichte und Dogmatik von Pacht und Miethe.

Von

Dr. Otto Fischer,

o. ö. Professor der Rechte in Greifswald.

Zweite Ausgabe

mit einem Nachtrag betreffend den Fall der Zwangsversteigerung.

Berlin.

Verlag von J. Guttentag

(D. Collin).

1889.

Vorbemerkung zur ersten Ausgabe.

Die nachfolgenden Erörterungen sollen in erster Linie den Aufgaben der Gesetzgebung dienen. Die Mitarbeit an der Rechtsentwickelung ist aber nicht nur Sache der Juristen, sondern vor allem auch der Volkswirthe und der Vertreter der verschiedenen Standes- und Berufsinteressen. Gerade die hier besprochene Frage dürfte nicht nur dem Hausbesitzer und dem Miether, sondern auch dem Landwirth, insbesondere dem Pächter, Veranlassung bieten, zu derselben Stellung zu nehmen. Es erschien daher angezeigt, diese Arbeit auch nichtjuristischen Lesern zugänglich zu machen.

Im Weiteren enthält die Abhandlung neben dem eigentlichen Gutachten eine Darstellung des geltenden Rechts und seiner geschichtlichen Entwickelung, welche, abgesehen von ihrer ersten Bestimmung, dem erstatteten Gutachten als Grundlage zu dienen, vielleicht in Praxis und Theorie einigen Nutzen zu gewähren vermag. Auch dieser Umstand dürfte die Veranstaltung einer besonderen Ausgabe rechtfertigen.

Die Gutachten, welche gleichzeitig von den Herren Reichsgerichtsrath Dr. von Meibom und Geheimen Justizrath Professor Dr. Eck erstattet worden sind, mußten mir naturgemäß bis jetzt noch unbekannt bleiben.

Den Aufsatz Gierke's: „Der Entwurf eines bürgerlichen Gesetzbuchs und das deutsche Recht der Gegenwart" in Schmoller's Jahrbuch für Gesetzgebung, Verwaltung und Volkswirthschaft, 12. Jahrgang S. 57 ff., welcher sich auf S. 113—117 mit unserer Frage beschäftigt und dieselbe im gleichen Sinne beantwortet, wie das hier geschehen ist, habe ich erst nach Vollendung des Drucks meiner Arbeit zu Gesicht bekommen.

Greifswald, den 13. Juli 1888.

O. Fischer.

Vorbemerkung zur zweiten Ausgabe.

Der einem zweiten, dem Deutschen Juristentage erstatteten Gutachten entsprechende Nachtrag erörtert die Modifikationen, welche der Satz „Kauf bricht nicht Miethe" im Falle der Zwangsversteigerung erleiden muß. Zugleich ist die Gelegenheit benutzt worden, einige Berichtigungen und Zusätze zu dem ersten Gutachten zu geben und über den weiteren Verlauf der die ganze Frage betreffenden Bewegung zu berichten. Das Gutachten des Herrn Oberlandesgerichtsrath Dr. Jaeckel in Posen (Verhandlungen des 20. Deutschen Juristentages, Band 2 S. 263—311),1), welches bei der Subhastation für nicht eingetragene Miethsrechte nicht Modifikationen des Satzes „Kauf bricht nicht Miethe" vorschlägt, sondern die entgegengesetzte Regel „Kauf bricht Miethe" eintreten lassen will, konnte natürlich noch nicht benutzt werden.

Greifswald, den 30. Juni 1889.

O. Fischer.

Inhalt.

Seite

§ 1. Römisches Recht 1

§ 2. Werthschätzung des römischen Rechts in der heutigen Wissenschaft. Zusammenhang mit der römischen Cultur 19

§ 3. Germanisches Recht 44

§ 4. Gemeines deutsches Recht 67

§ 5. Gesetzgebungen und Gesetzgebungsarbeiten für deutsches Rechtsgebiet seit Ende des vorigen Jahrhunderts 82

§ 6. Recht des Auslandes 106

§ 7. Gutachten 117

Nachtrag

betreffend die Frage: Wie soll der Satz „Kauf bricht nicht Miethe" im Falle der Subhastation modificirt werden?

I. Vorbericht 141

II. Gutachten 164

Druckfehlerberichtigungen.

Seite	154	Zeile	6	von	oben	ist	statt	„314"	„3"	zu	lesen.
⸗	160	⸗	17	⸗	unten	⸗	⸗	„356"	„45"	⸗	⸗

§ 1. Römisches Recht.*)

Der Grundsatz „Kauf bricht Miethe"[1]) besagt seinem Wortsinne nach, daß durch den Verkauf einer Sache die hinsichtlich derselben bestehenden Miethverträge aufgelöst werden, so daß der Miether weder zum weiteren Gebrauch der Sache berechtigt, noch zur Fortsetzung des Miethsverhältnisses verpflichtet ist. Daß dem Miether, welcher demnach sofort zu räumen hat, eine Schadensersatzforderung zustände, folgt aus dem Grundsatze nicht. Vielmehr wird sich als allgemeine Regel der Satz aufstellen lassen, daß, wenn ein Vertrag durch einen Umstand, welcher gesetzlich die Auflösung des Vertragsverhältnisses zur Folge hat, aufgehoben wird, keiner von beiden Contrahenten Schadensersatz verlangen kann.[2])

So verstanden ist der Grundsatz dem reinen römischen Recht fremd, wenigstens in den Zeiten, auf welche sich das vorhandene Quellenmaterial bezieht. Er findet sich gegen Ende des Mittelalters auf deutschem und französischem Rechtsgebiete. Späterhin hat die gemeinrechtliche Doctrin vielfach die römische Lehre über den Einfluß der Veräußerung der Miethssache auf das Miethsverhältniß mit dem Grundsatze „Kauf bricht Miethe"

---

*) Das nachstehende Gutachten ist in den Verhandlungen des Neunzehnten Deutschen Juristentages Bd. II S. 312—449 zum Abdruck gebracht. S. 1 dieser Separatausgabe entspricht genau der S. 312 der Verhandlungen und so fort bis zu Ende.

[1]) Ueber die verschiedenen rechtssprichwörtlichen Fassungen dieser und der entgegengesetzten Regel vgl. Graf und Dietherr, Deutsche Rechtssprichwörter S. 280, Hillebrand, Deutsche Rechtssprichwörter S. 105.

[2]) Gesterding, Ausbeute von Nachforschungen III S. 237.

identificirt, und auch, nachdem im Laufe dieses Jahrhunderts das rein römische Recht, trotz nicht unerheblicher Streitfragen über Einzelheiten im Wesentlichen klar und unzweifelhaft erkannt ist, pflegt man immer noch der römischen Lehre den Zusatz zu geben: „Dies ist der wahre Sinn der Rechtsparömie: Kauf bricht Miethe".[3])

Unter diesen Umständen läßt sich ein Rückblick auf die geschichtliche Entwickelung der Lehre schon deshalb nicht vermeiden, weil ohne denselben das geltende Recht, welches doch den Ausgangspunkt für gesetzgeberische Erörterungen bilden muß, nicht verstanden werden kann. Ein solcher Rückblick wird aber den weiteren Vortheil im Gefolge haben, daß die Rechtssätze im Zusammenhange mit den Anschauungen und Bedürfnissen der Zeit ihrer Entstehung und Fortbildung in die Erscheinung treten, und daß so der für die gesetzgeberische Arbeit vorzugsweise wichtige Vergleich dieser historischen Anschauungen und Culturverhältnisse mit dem Rechtsbewußtsein und den wirthschaftlichen Bedürfnissen der Gegenwart angebahnt wird.[4])

Auch auf diesem Gebiete hat „die Befreiung unseres eigenen Rechts aus der Gewalt des römischen zur nothwendigen Voraussetzung die Vertiefung unseres Wissens vom römischen Recht, wie andererseits jede wahre Vertiefung der Art ein Wachsen der Empfindung unserer Emancipationsbedürftigkeit als nothwendige Folge nach sich zieht".[5])

Für das **rein römische** Recht hat man sich davor zu hüten, dasselbe durch die „moderne Brille" zu betrachten. Es verliert damit, „einen Theil seiner Eigenartigkeit, die Unverträglichkeit mit dem heutigen Bestande der Verhältnisse verwischt sich".[6]) Vor allen Dingen kann man, ganz im Gegensatz zu der modernen Auffassung, nicht einfach fragen: Ist der Vermiether oder Miether zu diesem oder jenem berechtigt oder verpflichtet? Die Frage muß vielmehr das einzelne Rechtsmittel ins Auge fassen: Ist in diesem Falle diese oder jene actio, dieses oder jenes interdictum zuständig? Das römische Recht ist kein Privat-

---

[3]) **Windscheid**, Pandekten II § 400 Anm. 7, **Vangerow**, Pandekten III § 643 Anm. 2.

[4]) Bei der Kürze der zur Verfügung stehenden Zeit mußten die rechtsgeschichtlichen und rechtsvergleichenden Darlegungen vielfach lückenhaft bleiben. Auch sind in einzelnen besonders angegebenen Fällen hier nicht vorhandene Quellen nach den Citaten in der Literatur angeführt. Herrn Referendar Dr. **Scharff** bin ich für wirksame Unterstützung bei der Durchforschung der älteren gemeinrechtlichen Literatur zu besonderem Dank verpflichtet.

[5]) **Bekker**, Die Actionen des römischen Privatrechts II S. 262.

[6]) **Bekker**, a. a. O. I S. 2.

rechtssystem im modernen Sinne, kein Complex von Privatrechten und Pflichten, zu welchem in dem, vom Privatrecht ganz getrennten Civilproceß ein einheitlicher, gleichmäßiger, auf dem öffentlichen Rechte basirender Rechtsschutz hinzutritt. Das römische Recht — und zwar auch das ius civile — ist gemischter, privatrechtlich-processualischer Natur. Es bildet ein System von Rechtsmitteln, welche, obwohl sie für den Proceß bestimmt waren, doch nur den ihnen eigenthümlichen privatrechtlichen Inhalt erfassen konnten, ohne daß für Angriffs- und Vertheidigungsmittel, welche außerhalb dieses Kreises lagen, Raum gewesen wäre.[7])

Es ist das für den vorliegenden Fall um so mehr zu beachten, als dabei die possessorischen Interdicte, Rechtsmittel von relativer Intensität, mit in Frage kommen.

Nach römischem Recht entsteht aus dem, einer besonderen Form nicht bedürfenden Miethsvertrage gegen den Vermiether die actio conducti. Der Inhalt dieser actio umschließt sämmtliche Verpflichtungen des Vermiethers, also namentlich auch die Verpflichtung, dem Miether bez. Pächter fortdauernd den Gebrauch bez. Genuß der Wohnung oder des Ackers[8]) zu gewähren, ihn nicht zu vertreiben.[9])

Da das classische römische Recht die Verurtheilung und Zwangsvollstreckung stets auf Geld richtet,[10]) so ist eine directe Erzwingung des Sachgebrauchs vermittelst der actio conducti ausgeschlossen. Weigert sich der Vermiether endgültig, so erhält der Miether nicht das, was er gebraucht und was ihm vertragsmäßig zusteht, sondern nur ein Surrogat, sein Interesse in Geld veranschlagt.

Die actio conducti ist auch passiv vererblich.[11]) Die Erben des Vermiethers sind zu fortdauernder Gewährung der Miethssache, zur Verschaffung eines gewissen Besitzes an derselben[12]) verpflichtet. Sie haften in demselben Umfange wie ihr Erblasser.[13]) Die actio conducti ist aber eine

---

[7]) Fischer, Preußisches Privatrecht S. 40 ff.

[8]) Diese beiden Fälle des loc. cond. rei werden im Folgenden vorzugsweise in's Auge gefaßt.

[9]) c. 3, c. 15 Cod. de loc. et cond. 4, 65, fr. 15 § 1, fr. 24 § 4 D. loc. cond. 19, 2.

[10]) Gajus 4, 48.

[11]) Ursprünglich scheint die active Vererblichkeit gefehlt zu haben, fr. 60 § 1 D. loc. cond. 19, 2 [Labeo].

[12]) fr. 9 pr. D. loc. cond. 19, 2. Bekker, Recht des Besitzes S. 67.

[13]) Vgl. neben dem allg. fr. 59 D. de R. J. die specielle Ausführung in fr. 32 D. locati cond. 19, 2, fr. 120 § 2 D. de legatis I.

reine actio in personam, und da bei solchen eine passive Sondernachfolge nach den Grundsätzen des römischen Rechts ausgeschlossen ist, so sind diejenigen, welche, sei es unter Lebenden oder von Todes wegen, ohne Universalsuccessoren des Vermiethers zu werden, das Eigenthum oder den Nießbrauch der vermietheten Sache erwerben, also namentlich Käufer, Vermächtnißnehmer, Beschenkte dem Miether mit der actio conducti nicht verhaftet.[14])

Was die Stellung des Miethers zur Sache selbst anbelangt, so hat er jedenfalls kein eigentliches dingliches Recht. Ihm fehlt, römisch gesprochen, im Gegensatz zum Nießbraucher, Superficiar, Emphyteuta eine actio in rem, mittelst deren er gegen jedermann die Verpflichtung, in seinen Gebrauch oder Genuß der Sache nicht störend einzugreifen, oder ihm die entzogene Sache zurückzugeben, durchsetzen könnte.

Ebenso wenig aber steht ihm der relative Schutz des juristischen Besitzers zur Seite. Wenn Ihering[15]) in dieser Beziehung bemerkt: „Die Erkenntniß der Rechtsstellung des Pächters und Miethers wird durch den kahlen Satz, daß sie keinen juristischen Besitz haben, eher verdunkelt als gefördert", so ist das insofern vollkommen zutreffend, als eben eingehender gefragt werden muß, ob und welche der possessorischen Interdicte dem Miether zustanden oder fehlten. Unzweifelhaft entbehrt er das gegen Störungen gerichtete interdictum uti possidetis, während dasselbe dem Precaristen, dem bösgläubigen Besitzer, selbst dem Diebe zusteht.[16]). Ja es wird juristischer Besitz und Miethherstellung derart als mit einander unverträglich betrachtet, daß die Einräumung eines Precarium an den Miether, um ihn des Besitzesschutzes theilhaftig zu machen, ausgeschlossen ist. Nur so weit ging man, aber anscheinend nur in der Theorie, daß man dem Miether ein precarium zum bloßen in possessione esse, also ohne juristischen Besitz gestattete.[17])

Erst dadurch, daß der Miether rechtswidrig den Eigenthümer oder einen anderen Besitzer aus dem Besitz setzt, erlangt er selbst den Besitzes-

---

[14]) fr. 25 § 1 D. loc. cond. 19, 2, c. 9 Cod. de loc. et cond. 4, 65, fr. 32 D. loc. cond., fr. 120 § 2 de legatis I, fr. 59 § 1 D. de usufr. 7, 1.

[15]) Rechtsschutz gegen injuriöse Rechtsverletzungen, in den Jahrbüchern für Dogmatik 23 S. 261.

[16]) fr. 6 § 2 D. de precario 43, 26: et fructuarius et colonus et inquilinus sunt in praedio et tamen non possident. § 5 Inst. de interd. 4, 15. Aber auch die iuris quasi possessio wird im Gegensatz zum usufructus bei der Miethe und Pacht nicht anerkannt. Vgl. Savigny, Recht des Besitzes 7. Aufl. S. 283 und 472.

[17]) fr. 10 D. de adq. vel am. poss. 41, 2. Vgl. auch fr. 33 §§ 1. 6 i. f.

schutz. Die Freude ist aber nur von kurzer Dauer, da er nunmehr durch vindicatio bez. interdictum unde vi alsbald entfernt werden kann.[18])

Bezüglich des Schutzes gegen Entsetzung ist so viel sicher, daß, wenn der Miether oder Pächter entsetzt wird, der Eigenthümer das interdictum unde vi hat.[19]) Daß daneben auch dem Miether das interdictum unde vi oder doch das interdictum de vi armata zugestanden habe, wird freilich behauptet. Doch giebt es dafür einerseits keinen zwingenden Quellenbeweis, und andererseits ist die Zuständigkeit des Interdicts mit der sonstigen Auffassung der Miethherstellung seitens des römischen Rechts schwer vereinbar.[20])

Nach einer bestimmten Richtung ist allerdings dem Miether oder Pächter eines Grundstücks ein selbständiger Rechtsschutz gegen Dritte gegeben. Wenn gegen Willen oder Wissen des Grundsstücksinhabers auf einem Grundstücke eine auf das Grundstück einwirkende Handlung (opus in solo factum, Pflügen, Steinwerfen, Beschädigen von Bäumen ꝛc.) vorgenommen wird, so ist damit das interdictum quod vi aut clam begründet und kann sich auch der Miether desselben bedienen.[21]) [22])

Privilegirt ist im fiscalischen Interesse (ad tuenda vectigalia publica) der Pächter eines locus publicus. Er sowohl wie seine etwaigen socii können sich gegen jeden gewaltsamen Eingriff mittelst des interdictum de loco publico fruendo schützen.[23])

D. de usurp. 41, 3. Bekker, Recht des Besitzes S. 68, Degenkolb, Platzrecht und Miethe S. 170 ff., Ziebarth, Realexecution und Obligation S. 156.

[18]) fr. 12, fr. 18 pr. D. de vi 43, 16.

[19]) fr. 1 § 22, 23 u. fr. 20 D. de vi 43, 16.

[20]) In Betracht kommen vornehmlich Cic. pro Tullio 44 mit Cic. pro Caecina 91, 104, fr. 1 § 9, fr. 3 D. de vi 43, 16. Vgl. Keller, Semestria ad Ciceronem I S. 301, 324—341, Savigny a. a. O. S. 424 ff., Meischeider, Besitz und Besitzesschutz S. 121, 452, Bekker, Recht des Besitzes S. 92 ff. — Ihering a. a. O. S. 262 stellt das Gegentheil als ausgemachte Wahrheit hin.

[21]) fr. 11 § 14, fr. 12, fr. 16 pr. D. quod vi aut clam 43, 24, Windscheid a. a. O. II § 465 A. 1, Ziebarth a. a. O. S. 142 ff., Ihering a. a. O. S. 262 ff., Thon, Rechtsnorm und subjectives Recht S. 317.

[22]) Nach Ihering (a. a. O. S. 285 ff.) soll dem Miether ein weiterer Rechtsschutz durch die actio injuriarum gegeben sein. Als Beweis dienen Deductionen aus allgemeinen Sätzen. Daß die Römer diese Folgerungen thatsächlich gemacht haben, ist historisch nicht zu erweisen. Eine Erörterung darüber, inwieweit actio legis Aquiliae, vi bonorum raptorum, ex lege Cornelia, quod metus causa und ad exhibendum in Betracht kommen können (Ziebarth a. a. O. S. 142 ff.), erscheint hier entbehrlich.

[23]) fr. 1 D. de loco publico fruendo 43, 9, Ziebarth a. a. O. S. 157, Degenkolb a. a. O. S. 31, 204.

Man bezeichnet heute die Stellung des römischen Miethers zur Sache als Detention (Innehabung, Gewahrsam).[24]) Bei den römischen Juristen wird das Wort detentio nur sehr selten und „außerhalb der Besitzlehre" gebraucht.[25]) Sehr erklärlich, wenn die Stellung des Miethers zur Sache mehr wie prekär war, wenn mit der Detention im Allgemeinen keine positiven Rechtswirkungen für den Detentor verknüpft sind, wenn in Bezug auf die Ausübung des corpus possessionis für den juristischen Besitzer Miether und Sclave ganz gleichgestellt werden, und wahrscheinlich die Stellvertretung durch Miether aus der Stellvertretung durch Sclaven sich entwickelt hat.[26])

Der Miether hat also zunächst Dritten gegenüber den Schutz seiner Interessen lediglich vom Vermiether zu erwarten. Zeigt sich der Vermiether im Falle einer Störung oder Entsetzung des Miethers säumig oder widerwillig, so ist es um die Stellung des Miethers zur Sache geschehen. Es bleibt ihm freilich die actio conducti gegen den Vermiether, aber doch nur zu dem Ende, um Geldersatz zu erhalten.[27])

Nicht minder prekär steht der Miether gegenüber dem Vermiether selbst. Wirft ihn dieser eines Tages mit Gewalt vor die Thür — und von einer solchen drastischen Behandlung (repellere, expellere, eiicere) ist in den Quellen bedenklich oft die Rede[28]) — so bleibt ihm freilich seine actio conducti, welche ihm, namentlich wenn er sich durch Strafstipulation

---

[24]) Vgl. Ziebarth a. a. O. S. 13 ff.

[25]) Näheres bei Bekker a. a. O. S. 324.

[26]) fr. 25 § 1 D. de acq. vel amitt. poss. 41, 2: nec inter colonum et servum nostrum, per quem possessionem retinemus, quidquam interest. Vgl. fr. 3 §§ 8 u. 12, fr. 45 eod., fr. 1 § 22 D. de vi 43, 16, c. 12 pr. C. de acq. et retin. poss. 7, 32, Kniep, vacua possessio I S. 97 ff. Gegen eine zu weitgehende Durchführung dieser Parallele kämpft Wendt, Das Faustrecht, in den Jahrbüchern für Dogmatik 21 S. 238 ff. Vgl. auch Geller, Die Miethe, in Grünhuts Zeitschr. f. d. Privat- u. öffentliche Recht, V S. 359.

[27]) Es ist daher begreiflich, daß Professoren und Studenten in Bologna die Verordnung Kaiser Barbarossa's v. November 1158 (Auth. Habita, Tit. Cod. ne filius pro patre 4. 13), welche aus Mitleid mit den Universitätsangehörigen [qui amore scientiae facti exules de divitibus pauperes semetipsos exinaniunt, vitam suam multis periculis exponunt] diesen unter Anderem das Privilegium sicheren Aufenthalts am Studienorte verliehen hatte [ut secure habitent], practisch dahin auslegten, daß sie beliebig Miether austreiben könnten, um sich die ihnen genehmen Wohnungen zu verschaffen. 30 Jahre später schritt Papst Clemens III. gegen diesen Unfug, bei dem auch die Wohnungen der Commilitonen nicht geschont wurden, ein, indem er Excommunication androhte. (Cap. 1 X. de loc. et cond. III, 18).

[28]) Wendt a. a. O. S. 249, Ziebarth a. a. O. S. 125.

gesichert hatte[29]), ausreichenden Schadensersatz bringen kann. Aber — darüber besteht nicht der geringste Zweifel — ein Mittel, den Wiedereinlaß in die Wohnung durchzusetzen, hat er nicht.[30])

Aber darf der Miether sich nicht wehren, so daß er in dem, freilich für römische Verhältnisse durchaus ungewöhnlichen Falle, daß seine Machtmittel die Sclaven und Clienten des Hausherrn niederzuhalten vermögen,[31]) sitzen bleibt? Die jetzt herrschende Ansicht, zuerst von Dernburg und Träger aufgestellt, dann von Ziebarth und Degenkolb näher begründet, versagt dem Miether — wenigstens für die classische Zeit — das Recht zur Vertheidigung. Sie hält gegen jeden Abwehrversuch das interdictum unde vi für begründet und nimmt an, daß der Vermiether auch vor Ablauf des Vertrages mittelst interdictum uti possidetis oder rei vindicatio die Räumung der Miethssache durchsetzen konnte, ohne daß der Miether sein Recht aus dem Miethsvertrage wirksam vorzuschützen im Stande war.[32]) Näher begründeten Widerspruch gegen die herrschende Meinung hat nur Wendt[33]) erhoben, und man wird diesem auch zugeben müssen, daß der directe Beweis der herrschenden Meinung aus den Quellen nicht so zwingend ist, als wie er namentlich von Ziebarth angesehen wird. Gleichwohl ist, wenn man die Gesammtheit der römischen Rechts- und Kulturanschauungen in Bezug auf das Miethsverhältniß, den Be-

---

[29]) fr. 54 § 1 D. locati 19, 2, c. 15 C. de loc. 4, 65.

[30]) So auch Wendt a. a. O. S. 243 ff.

[31]) Wendt, a. a. O. S. 249.

[32]) Dernburg, Pfandrecht II S. 65, preußisches Privatrecht I § 290 Anm. 4, Pandekten II § 111 S. 293, Träger, Ueber die Rechtsparömie: Kauf bricht Miethe in der Zeitschrift für Civilrecht und Proceß 18 S. 63, Ziebarth a. a. O. S. 10, 124 ff., Degenkolb in der kritischen Vierteljahrsschrift 9 S. 225 ff., sowie Platzrecht und Miethe S. 150, 167, 220. Zustimmend ferner: A. Pernice, Labeo I S. 467, Sohm, Der Begriff des Forderungsrechts in Grünhut's Zeitschrift für das Privat- und öffentliche Recht IV S. 468, Geller, in derselben Zeitschrift V S. 361, Thon, Rechtsnorm und subjectives Recht S. 313, 314, Vangerow, Pandekten III § 643. Anm. 2 a. E., Brinz, Pandekten II § 331 Anm. 39, 45, 48, Windscheid, Pandekten II § 400 Anm. 7. (Windscheid's Vorbehalt für den Fall, daß aus der eigenen Erklärung des Vermiethers in der Klage eine Verpflichtung desselben, die Sache dem Miether zu belassen, hervorgehe, ist inconsequent.)

[33]) A. a. O. S. 235—251. So auch schon früher Randa, Der Besitz nach österreichischem Recht S. 418 Anm. 19d und Ruhstrat, Ueber das constitutum possessorium in Ihering's Jahrbüchern für Dogmatik 14 S. 372. Vgl. aus der älteren Literatur: Sintenis, Das praktische gemeine Civilrecht II § 118 Anm. 117 Nr. 1 a. E., Glück, Pandektencommentar 18 S. 22, Mühlenbruch, Cession S. 278 Anm. 67.

sitzesschutz und die Detention in Betracht zieht, das Ergebniß der herrschenden Meinung das wahrscheinlichere.[34])

[34]) Die in erster Linie in Betracht kommenden Stellen mögen, da sie auch für die späteren specielleren Erörterungen von großer Bedeutung sind, hier zum Abdruck gebracht werden:

a) fr. 20 D. de adq. vel am. poss. 41, 2. (Marcellus):

Si quis rem, quam utendam dederat, vendiderit emptorique tradi iusserit nec ille tradiderit, alias videbitur possessione dominum intervertisse, alias contra. nam nec tunc quidem semper dominus amittit possessionem, cum reposcenti ei commodatum non redditur: quid enim si alia quaepiam fuit iusta et rationabilis causa non reddendi, non utique ut possessionem eius interverteret?

b) fr. 12 D. de vi. 43. 16 (Marcellus):

Colonus eum, cui locator fundum vendiderat, cum is in possessionem missus esset, non admisit: deinde colonus vi ab alio dejectus est: quaerebatur, quis haberet interdictum unde vi. dixi nihil interesse, colonus dominum ingredi volentem prohibuisset an emptorem, cui iussisset dominus tradi possessionem, non admisit. igitur interdictum unde vi colono competiturum ipsumque simili interdicto locatori obstrictum fore, quem deiecisse tunc videretur, cum emptori possessionem non tradidit, nisi forte propter iustam et probabilem causam id fecisset.

c) fr. 18 pr. D. de vi 43. 16 (Papinianus):

Cum fundum qui locaverat vendidisset, iussit emptorem in vacuam possessionem ire, quem colonus intrare prohibuit: postea emptor vi colonum expulit: de interdictis unde vi quaesitum est. placebat colonum interdicto venditori teneri, quia nihil interesset, ipsum an alium ex voluntate eius missum intrare prohibuerit: neque enim ante omissam possessionem videri, quam si tradita fuisset emptori, quia nemo eo animo esset, ut possessionem omitteret propter emptorem, quam emptor adeptus non fuisset. emptorem quoque, qui postea vim adhibuit, et ipsum interdicto colono teneri: non enim ab ipso, sed a venditore per vim fundum esse possessum, cui possessio esset ablata. quaesitum est, an emptori succurri debeat, si voluntate venditoris colonum postea vi expulisset. dixi non esse iuvandum, qui mandatum illicitum susceperit.

Der Streit dreht sich hauptsächlich darum, ob unter der iusta et probabilis (rationabilis) causa non reddendi, welche Marcellus zweimal als Einwand gegen das Interdict des Eigenthümers zuläßt (fr. 20 D. de acq. vel am. poss. 41, 2, fr. 12 D. de vi 43, 16) nicht das Miethsrecht selbst mit einbegriffen sein kann, wie dies die Scholien zu Bas. 60, 17, 18: ἢ ὡς μήπω τυχὸν πληρωθέντων τῶν τῆς μισθώσεως χρόνων (Vel si nondum impleta fuerint tempora locationis) wollen. Ziebarth formulirt den Einwand dahin: „der Verpächter kann den Pächter dejiciren, wenn er nicht etwa Pächter ist,“ und findet denselben in dieser Fassung mit Recht lächerlich. Wenn man aber den Satz so faßt: „der Verpächter kann den Pächter, welcher der Uebergabe der Pachtsache an den neuen

Eine eigenthümliche Folgerung aus dieser prekären Stellung des conductor zog das römische Recht für den Fruchterwerb des Pächters. Derselbe erwirbt die von ihm selbst gezogenen Früchte nicht, wie der Eigenthümer oder bonae fidei possessor, gleich bei der Trennung vom Boden, auch nicht, gleich dem Nießbraucher, durch einseitige Besitzergreifung, sondern erst durch Uebergabe der Frucht seitens des Eigenthümers des Bodens und der auf demselben gewachsenen Früchte, welche freilich durch die, übrigens in jedem Augenblicke widerrufliche Erlaubniß zur einseitigen Aneigung ersetzt werden kann.[35])

Weitere Unvollkommenheiten der Rechtsstellung des Miethers bestehen darin, daß er nicht nur im Falle nothwendiger Reparaturen, sondern auch dann ohne Anspruch auf Entschädigung räumen muß, wenn der Vermiether die Sache für sich und die Seinigen nothwendig hat,[36]) daß endlich der Miether unter Umständen die Entschädigung wegen Nichtgewährung der Miethswohnung verliert, wenn er nicht eine andere, vom Vermiether ihm angebotene Wohnung annehmen will.[37])

Nach diesen allgemeinen Erörterungen ist der hier speciell interessirenden Frage nach dem Einflusse einer Veräußerung der vermietheten Sache auf die Rechtsstellung des Miethers näher zu treten.

Wenn namentlich in älterer Zeit vielfach gelehrt wurde, der Eigenthümer und Vermiether sei berechtigt, die vermiethete Sache ohne jede Rücksichtnahme auf die Rechte des Miethers zu veräußern, so ist dieser Satz für das römische Recht mindestens ein schiefer. Richtig ist, daß die Veräußerung selbst in ihrer Gültigkeit durch die Nichtberücksichtigung der Rechte des Miethers nicht beeinträchtigt wird. Wenn aber nun gesagt wird:[38]) Qui fundum fruendum vel habitationem alicui locavit, si aliqua ex causa fundum vel aedes vendat, curare debet, ut apud emptorem quoque eadem pactione et colono frui et inquilino habitare liceat: alioquin prohibitus is aget cum eo ex conducto, so ist das nicht etwa, wie wohl behauptet ist,[39]) ein bloßer guter Rath, sondern

---

Erwerber sich widersetzt, austreiben, es sei denn, daß er die pflichtmäßige Fürsorge für die Fortdauer des Miethsrechts unter dem neuen Erwerber unterlassen hat," so bekommt der Satz einen guten Sinn, ohne aber damit für das römische Recht als zu Recht bestehend erwiesen zu sein.

[35]) fr. 16 pr. D. de praescr. verb. 19, 5, fr. 6 D. de donat. 39, 5, fr. 62 § 8 D. de furtis 47, 2. Thon, Rechtsnorm und subjectives Recht S. 306.

[36]) c. 3 Cod. de loc. et cond. 4, 65. Glück, Pandektencommentar 17 S. 373 ff.

[37]) fr. 9 pr., fr. 60 pr. D. loc. cond. 19, 2.

[38]) fr. 25 § 1 D. loc. cond. 19, 2 (Gajus). Sintenis prakt. gem. Civilrecht II § 118. A. 117.

[39]) Ruhstrat, a. a. O. S. 373, Colberg, Paroemia Kauf bricht Miethe S. 5.

es wird damit schon im Munde des Gajus, ganz gewiß aber im Sinne des Justinianischen Gesetzbuches, der Rechtssatz ausgesprochen, daß der Vermiether im Falle einer Veräußerung dem Miether gegenüber vertragsmäßig verpflichtet ist, dafür zu sorgen, daß dem Miether seine Benutzung auch bei dem neuen Erwerber verbleibt und daß wegen Erfüllung dieser Verpflichtung die actio conducti begründet ist. Der Vermiether handelt rechtswidrig, wenn er die Sache verkauft oder verschenkt, oder zum Vermächtniß aussetzt, ohne für den Miether gesorgt zu haben.

Zur Erfüllung dieser Verbindlichkeit hat der Veräußerer den neuen Erwerber durch Vertrag (bez. Testament) zu verpflichten, daß derselbe den Miether für die Dauer seines Vertrages in der gemietheten Wohnung belassen muß.[40])

Es wird in solchen Fällen vielfach noch die weitere Verabredung getroffen sein, daß künftig der neue Erwerber statt des Vermiethers den Miethszins beziehen solle. Namentlich bei der Vermiethung der ganz oder

---

In der älteren Litteratur tritt diese Stelle durchaus hinter der c. 9 Cod. de loc. 4. 65 zurück.

[40]) c. 9 Cod. de locato 4,65 (Imp. Alexander a. 234): Emptori quidem fundi necesse non est stare colonum, cui prior dominus locavit, nisi ea lege emit. verum si probetur aliquo pacto consensisse, ut in eadem conductione maneat, quamvis sine scripto, bonae fidei iudicio ei quod placuit parere cogitur. — An diese Stelle sind seit den Glossatoren die Erörterungen über die hier behandelte Frage vorzugsweise angeknüpft worden.

In der Krüger'schen Codexausgabe, nach welcher die Stelle hier abgedruckt ist, ist die abweichende Lesart colono nur für den Codex Montispessulanus H. 82 angemerkt.

Dagegen wird in der Literatur von der glossa ordinaria (drei zur Zeit hier von Herrn Professor Pescatore benutzte Codexhandschriften mit voraccursischen Glossen [Ms. Monac. 22, Berol. lat. fol. 275, 408] haben dagegen die Lesart emtori colonum) bis auf die Gegenwart fast durchweg die Lesart Emptorem — colonus zu Grunde gelegt. Erwähnt wird freilich in der accursischen Glosse und später z. B. bei Odofredus die Lesart emptori — colonum; dieselbe wird aber ihres angeblich minder guten Sinnes wegen verworfen.

Nur in dem demnächst zu erwähnenden Zoll-Zaunschliffer'schen Streit suchten Zoll und seine Anhänger die Lesart emptori — colonum für ihre Ansicht zu verwerthen.

Bei der Lesart emptori — colonum ist, wie Mommsen im Anschluß an die Scholien zu den Basiliken (ἐᾶν ἔχειν) vorschlägt, hinter stare ein sinere zu ergänzen bezw. hinzuzudenken. Dann ergeben die beiden Lesarten sachlich dasselbe.

Eine Erörterung über die lex venditionis zu Gunsten der Miether in fr. 53 § 2 D. de action. emti venditi 19. 1. Vgl. auch fr. 13 § 30 eod. u. fr. 1 § 15 D. de dote praelegata 33. 4. — Ziebarth, a. a. O. S. 148.

theilweise zum Vermiethen bestimmten insulae wird das, gleichwie bei den modernen Miethskasernen, die Regel gebildet haben.[41])

Die Eigenthumsübertragung vollzieht sich dadurch, daß der bisherige Eigenthümer dem neuen Erwerber die Sache übergiebt, oder dem Miether den Auftrag ertheilt, die Sache zu übergeben, oder endlich den neuen Erwerber anweist, den Besitz zu ergreifen. Der Miether ist — darüber besteht für den Fall, daß ihm sein Benutzungsrecht gesichert bleibt, kaum ein Zweifel — verpflichtet, die Uebertragung von Besitz und Eigenthum zu dulden, wenn er sich nicht dem interdictum unde vi aussetzen will.[42])

Am klarsten gestaltet sich nun das weitere Verhältniß zwischen dem neuen Erwerber und dem Miether, wenn, wie es die c. 9. cit. in ihrem zweiten Theile voraussetzt,[43]) der neue Erwerber mit dem Miether, wenn auch nur durch formloses pactum, die Abrede getroffen hat, ut in eadem conductione maneat. Es sind dann direct zwischen Miether und Erwerber die Actionen auf Fortsetzung des Verhältnisses gegeben.

Aber auch wenn eine solche Vereinbarung unterblieben ist, treten Unzuträglichkeiten nicht ein, wenn Jeder der Betheiligten seinen vertragsmäßigen Verpflichtungen nachkommt.

---

[41]) Solche Miethskasernen pflegten entweder in der Weise verwaltet zu werden, daß der Eigenthümer einen Vicewirth (insularius, aedificio praepositus) einsetzt, welcher für Rechnung des Principals die Vermiethung der einzelnen coenacula, maeniana, diaetae, cubicula, tabernae, pergulae besorgt und daher rechtlich als institor behandelt wird, (fr. 5 § 1 D. de instit. act. 14 3, fr. 16 § 1. D. de usu et habitatione 7. 8) oder so, daß der Eigenthümer die ganze insula an einen Unternehmer vermiethet (locare per aversionem), welcher seinerseits mit Nutzen, in dem Falle des fr. 30 pr. D. loc. 19, 2 33$\frac{1}{3}$ pCt., im Einzelnen weiter vermiethete. Vgl. fr. 35 pr. D. loc. 19, 2. Bei dem Verkauf solcher insulae war die Clausel mercedem insulae accessuram esse emptori, bez. ut emptori mercedes inquilinorum accederent, anscheinend ein stehender Theil des Vertragsformulars (Ziebarth, a. a. O. S. 10 u. 149). Ist die insula aber zur Zeit des Verkaufs uno pretio locata, so hat der Käufer, wie fr. 53 pr. D. d. a. empti venditi 19, 1 und fr. 58 pr. D. loc. 19, 2 (vgl. a. fr. 49 pr. D. d. a. empti venditi 19, 1, fr. 13 D. qui potiores in pignore 20, 4, fr. 1 § 15 D. de dote praelegata 33, 4 und fr. 25 § 4 D. sol. matr. 24, 3) besonders aussprechen, nur die Miethe des Hauptmiethers (conductor), nicht die Leistungen der Untermiether (inquilini) zu beanspruchen. Vgl. Dernburg, der Aeltere, Abhandlungen, Beiträge zur Lehre vom Verhältnisse des Käufers zum Miether, I S. 39, A. Pernice, Labeo I S. 467, Overbeck, Pompeji, 3 Aufl. S. 232, Nissen, Pompejanische Studien S. 379.

[42]) fr. 20 D. de acq. vel am. poss. 41, 2, fr. 12 u. 18 pr. D. de vi 43, 16 S. o. S. 8 A. 34.)

[43]) Vgl. Brinz, Pandekten II. S. 760 A. 44. Anders Ziebarth a. a. O (S. 150.

Der Miether kann aus dem Verkauf des Hauses einen Grund zum Rücktritt vom Vertrage nicht entnehmen. [44]) Er bleibt zur Zahlung des Miethszinses verpflichtet, freilich, wenn nicht ein neuer Vertragsschluß hinzugekommen ist, nicht gegenüber dem neuen Erwerber, sondern gegenüber seinem Vermiether. Letzterer hat im Falle der Clausel mercedem emptori accessuram den Miethszins an den Käufer abzuführen. [45])

Umgekehrt darf der neue Erwerber den Miether nicht austreiben. Freilich ist die Ansicht, daß der Miether selbst in dieser Beziehung aus der Abrede des Verkäufers mit dem neuen Erwerber eine actio gegen den Letzteren habe, nicht begründet. [46]) Aber da dem Verkäufer auch

---

[44]) Man hat sich für den Rücktritt auf fr. 32 D. loc. cond. 19, 2 berufen, Dernburg, der Aeltere, Abhandlungen S. 42 ff. Brinz a. a. O. A. 43. Zustimmend anscheinend auch Dernburg, Pandekten II § 111 A. 28. Vgl. auch Glück, Pandekten-Commentar 18. S. 26, Mühlenbruch, Cession. 2. Aufl. S. 312 ff., Gesterding, Ausbeute von Nachforschungen 3 S. 210 A. 4. Dem gegenüber wollen Andere diese Stelle als Ausnahmebestimmung für den Fall der Veräußerung durch Legat betrachten (Sintenis a. a. O. II § 118 A. 117 Z. 2, Unterholzner, Schuldverhältnisse S. 331). Windscheid (Pandekten II § 361 A. 2, § 400 Anm. 7) nimmt als stillschweigende Voraussetzung für den Fall der Stelle an, daß nicht dafür gesorgt ist, daß der Pächter unter dem Legatar in dem Grundstück verbleiben kann. Uebrigens spricht die Stelle dem Erben nur die Forderung gegen den Pächter ab, insoweit sie darauf geht, ut eum fundum coleret, und zwar aus dem thatsächlich offenbar zutreffenden Grunde, quia nihil heredis interesset. Sie macht den Erben ferner gegenüber dem colonus, qui colere vult, sed ab legatario prohibetur, haftbar. Daß aber der Erbe von dem Pächter, solange dieser vom Legatar nicht behindert wird, die Pacht nicht oder doch dann nicht fordern könne, wenn der Pächter auf die Bewirthschaftung des Grundstücks verzichtet, sagt die Stelle nicht. Der Grund, quia nihil heredis interesset, würde hier offenbar nicht zutreffen. Vgl. Vangerow, Pandekten § 643 A. 2 Z. 2, Puchta, Pandekten § 369, Träger a. a. O. S. 72, Ziebarth a. a. O. S. 146 ff., Schmidt a. a. O. S. 362. — Die Stelle würde hier ganz aus der Erörterung ausscheiden, wenn man mit Wendt a. a. O. S. 261 ff. annehmen könnte, daß es sich gar nicht um locatio conductio rei, sondern um locatio conductio operis handele.

[45]) fr. 13 § 11. D. de act. empti venditi 19. 1: Si in locatis ager fuit, pensiones utique ei cedent, qui locaverat; idem et in praediis urbanis, nisi si quid nominatim convenisse proponatur. Vgl. auch fr. 25 § 4. D. Solut. matr. 24, 3. — Sintenis a. a. O. II § 118 A. 111.

[46]) Diese ältere Ansicht (vgl. Glück, Pandekten-Commentar 18 S. 12, Friedlieb über die Dinglichkeitsstiftung des Mieth- und Pachtrechtes, in der Zeitschrift für Civilrecht und -Proceß 19 S. 437, Gesterding a. a. O. 3 S. 244) ist neuerdings von Unger (die Verträge zu Gunsten Dritter in den Jahrbüchern für Dogmatik 10 S. 21 A. 25, vgl. ferner Bähr, Verträge zu Gunsten Dritter das. 6 S. 182, Jhering, passive Wirkungen der Rechte das. 10 S. 568, Busch, Verträge zu Gunsten Dritter S. 66, Schmidt in der Zeitschr. für hannoversches

nach dieser Richtung die actio venditi gegen den Erwerber zusteht, so steht bei allseitiger Pflichterfüllung der Miether gerade so, als wenn er direct dem neuen Erwerber gegenüber zur Fortbenutzung der Wohnung berechtigt wäre.

Kommt aber der Erwerber seiner Verpflichtung, den Miether in der Wohnung zu belassen, gleichwohl nicht nach, so kann sich der Miether zwar mit seiner actio conducti an den Vermiether halten, welcher wiederum aus der actio venditi gegen den neuen Erwerber Regreß nimmt. Es fehlt aber, wenn man in der früher erwähnten Streitfrage hinsichtlich der Erhebung von Einwendungen aus obligatorischen Verhältnissen gegen possessorische Interdicte [47]) der herrschenden Meinung beitritt, an der Möglichkeit, sich gegenüber dem neuen Erwerber in der Sache zu behaupten.

Vom Standpunkte der entgegengesetzten Anschauung würde sich der Miether wenigstens dann wehren können, wenn ihm sein Vermiether die actio venditi abtritt. [48])

Es ist nunmehr der entgegengesetzte Fall zu betrachten, daß der Veräußerer es pflichtwidrig unterlassen hat, die Abrede mit dem Käufer zu treffen, daß der Miether in der Wohnung bleiben könne.

Es entsteht zunächst die Frage: Wie vollzieht sich in diesem Falle die Eigenthumsübertragung an den Erwerber? Seitdem mancipatio und in iure cessio, welche ohne körperliche Einwirkung auf den veräußerten Gegenstand das Eigenthum übertragen konnten, [49]) außer Gebrauch gekommen waren, und der Eigenthumsübergang in Folge einer freiwilligen Veräußerung unter Lebenden nur durch Besitzübertragung vermittelt werden

---

Recht 9 S. 362 ff.) wieder aufgenommen. Sie läßt sich aber für das rein römische Recht weder aus den beiden, den vorliegenden Specialfall betreffenden Stellen (c. 9. Cod. de loc. 4, 65 u. fr. 25 § 1 D. loc. 19, 2, s. o. S. 9 u. 10 A. 40), noch aus allgemeinen Grundsätzen herleiten. Vgl. Brinz, Pandekten II S. 760 A. 44, Windscheid, Pandekten II § 400 A. 7, Vangerow, Pandekten III § 643 A. 2 Z. 1, Sintenis a. a. O. II § 118 A. 117, Träger a. a. O. S. 71 A. 11. Durch Schuldübernahme mit Beitritt bez. Cession können freilich directe Beziehungen zwischen Miether und Erwerber hergestellt werden, Windscheid II § 400 A. 7. Daß aber bei den Römern so verfahren sei, läßt sich nicht erweisen. Ziebarth a. a. O. S. 149 ff. weist auf den in fr. 25 § 4 D. Solut. matr. 24, 3 eingeschlagenen Weg hin.

[47]) S. o. S. 7 A. 32.

[48]) Vgl. darüber Glück, Pandekten-Commentar 18 S. 27 mit Anm. 50 Mühlenbruch, Cession S. 312, Vangerow, Pandekten 3 § 643 A. 2 zu Anfang.

[49]) Für das classische Recht ist eben wegen des Bestehens von mancipatio und in iure cessio die Frage von geringer Bedeutung. Wendt a. a. O. S. 254.

konnte, war es allerdings unmöglich, ein Grundstück gegen den Willen des detinirenden Miethers zu tradiren. Auch durch constitutum possessorium oder longa manu traditio läßt sich die Eigenthumsübertragung hinter dem Rücken des Miethers, welcher das corpus possessionis inne hat, nicht bewirken.[50])

Gleichwohl muß man, wenn man in der früher entwickelten Streitfrage über die einredeweise Geltendmachung des Miethsrechtes gegenüber den possessorischen Interdicten der herrschenden, solche Einreden ausschließenden Meinung beitritt, zugeben, daß die Eigenthumsübertragung doch auf die Dauer vom Miether nicht verhindert werden kann. Er hat sich durch seinen Widerstand gegen die Tradition einer Besitzentsetzung des vermiethenden Eigenthümers schuldig gemacht, und kann nun von diesem mittelst des interdictum unde vi entfernt werden, worauf dann die Tradition ohne weiteres Hinderniß vor sich geht.[51])

Duldet dagegen der Miether die Tradition, so ist er dem nunmehr zum Eigenthümer gewordenen Käufer gewissermaßen auf Gnade und Ungnade ergeben. Er kann von diesem jederzeit mittelst Selbsthülfe und eventuell durch interdictum unde vi bez. rei vindicatio entsetzt werden.[52])

Auf sein Miethsrecht kann er sich dem gegenüber nicht berufen. Nach der herrschenden Ansicht schon deshalb nicht, weil er selbst seinem Vermiether gegenüber solche Einwendungen gegen jene Rechtsmittel nicht

---

[50]) Vgl. über diese freilich sehr bestrittene Frage: Savigny, Recht des Besitzes S. 320, Bekker, Recht des Besitzes S. 314, Gesterding, Ausbeute von Nachforschungen 3 S. 223 ff., 260 ff., Dernburg, der Aeltere, a. a. O. S. 6 ff., Träger a. a. O. S. 60 ff., Colberg a. a. O. S. 14, Ziebarth a. a. O. S. 1 ff., 146 ff., Harburger constitutum possessorium S. 25, 58, Ruhstrat, Ueber das constitntum possessorium in Jhering's Jahrbüchern für Dogmatik 14 S. 341 ff. und im Magazin für das deutsche Recht der Gegenwart 3 S. 273 ff., Randa, a. a. O. S. 417 ff., Wendt a. a. O. S. 251 ff., Hauser, Stellvertretung im Besitz S. 53, Exner in den Verhandlungen des 15. deutschen Juristentages I S. 9, Geller, Die Miethe in Grünhut's Zeitschr. f. d. priv. u. öff. R. der Gegenwart V S. 354, Vangerow, Pandekten III § 643 Anm. 2 a. E., Windscheid, Pandekten II § 400 Anm. 7 u. I § 155 Anm. 8c, Brinz, Pandekten II S. 761 Anm. 47. — Ferner R. G. E. 11 S. 53, Seuffert, Archiv 24. 210, 30. 8, 31. 203. — Für die hier vertretene Ansicht fr. 2 § 1 D. de act. empti venditi 19, 1. Nicht dagegen spricht fr. 30 § 6 de acq. vel amitt. poss. 41, 2.

[51]) S. o. S. 8 f. und die dort abgedruckten fr. 20 D. de acq. vel am. poss. 41, 2, fr. 12, 18 D. de vi 43, 16.

[52]) fr. 25 § 1, 32 D. loc. cond. 19, 2, c. 9 Cod. loc. locat. 4, 65 (s. o. S. 9 u. 10 A. 40), Sintenis a. a. O. II § 118 A. 117 Z. 1, Windscheid a. a. O. II § 400 A. 7, Brinz a. a. O. II § 331 A. 44, Degenkolb, Träger, Friedlieb, Geller in den angegebenen Schriften, Schmidt in der Zeitschr. f. hannoversches Recht 9 S. 361.

haben würde.[53]) Aber auch nach der entgegengesetzten Ansicht nicht, weil die Einwendung, ebenso wie die actio conducti nur in personam wirken würde und daher bloßen Singularsuccessoren des Verpflichteten nicht entgegengesetzt werden kann.

Beläßt dagegen der neue Erwerber den Miether in der Wohnung, so kann dieser aus der Thatsache der Veräußerung ein Recht zum Rücktritt nicht entnehmen, sondern erst aus der thatsächlichen Behinderung. Er bleibt daher auch verpflichtet, seinem ursprünglichen Vermiether den Miethszins zu bezahlen.[54])

Für den Fall, daß die Sache nicht verkauft, sondern die Verfügung des Vermiethers bez. seiner Erben dadurch aufgehoben wird, daß die vermiethete Sache legirt oder an derselben ein Nießbrauch bestellt wird, gestalten sich die Verhältnisse in ganz analoger Weise. Da aber in diesen Fällen Eigenthum bez. Nießbrauch auf den neuen Erwerber ohne Tradition übergehen, so fällt jede Möglichkeit für den Miether fort,[55])

---

[53]) In diesem Sinne sagt Ziebarth a. a. O. S. 11: „Nicht der Kauf und nicht das dingliche Recht des Käufers brechen die Detention des Miethers, sondern diese war von vornherein zerbrechlich und konnte von dem Vermiether selbst in jedem Augenblick gebrochen werden."

[54]) Darüber, daß aus fr. 32 D. loc. cond. 19, 2 das Gegentheil nicht gefolgert werden kann, s. o. S. 12 Anm. 44. Nach allgemeinen Grundsätzen folgt aber aus der pflichtwidrigen Unterlassung der Fürsorge für den Miether seitens des Vermiethers noch nicht ein Rücktrittsrecht des Miethers, solange derselbe thatsächlich nicht behindert wird. Auch von einem Unberechtigten kann man, worauf Sintenis a. a. O. Anm. 117 zu Anfang mit Recht hinweist, gültig miethen und hat man dann die Miethe so lange zu zahlen, als man den Gebrauch der Miethssache hat. fr. 7, fr. 9 pr. u. § 6. D. locati conducti 19, 2. — Ueber das Rücktrittsrecht bei Behinderung fr. 24 § 4 D. loc. cond. 19, 2.

[55]) a) fr. 120 § 2 D. de legatis I: Fructus ex fundo pure legato post aditam hereditatem a legatario perceptos ad ipsum pertinere, colonum autem cum herede ex conducto habere actionem.

b) fr. 32 D. locati conducti 19, 2: Qui fundum colendum in plures annos locaverat, decessit et eum fundum legavit. Cassius negavit posse cogi colonum, ut eum fundum coleret, quia nihil heredis interesset; quod si colonus vellet colere et ab eo, cui legatus esset fundus, prohiberetur, cum herede actionem colonum habere: et hoc detrimentum ad heredem pertinere: sicuti si quis rem, quam vendidisset nec dum tradidisset, alii legasset, heres eius emptori et legatario esset obligatus.

Die Wittwe erhält aber das zur dos generaliter relegata gehörige verpachtete Grundstück erst zurück, nachdem sie zur Duldung des Pächters gegen Fortbezug der Pacht sich verpflichtet hat. fr. 1 § 15 D. de dote praelegata 33, 4.

c) fr. 59 § 1 D. de usufr. 7, 1: Quidquid in fundo nascitur vel quidden Uebergang des dinglichen Rechts auf den neuen Erwerber zu verhindern.

Dagegen sind die creditores in possessionem missi an die nicht fraudulösen Vermiethungen des Schuldners gebunden.[56])

In allen Fällen, in denen der Miether durch die besprochenen Verhältnisse gegen seinen Willen an dem Genuß der Wohnung behindert wird, bleibt ihm seine actio conducti gegen den ursprünglichen Vermiether zur Geltendmachung seines Interesses. Auch die Erben des Vermiethers haften, selbst wenn sie, wie im Falle der Veräußerung der Miethssache durch Legat, ohne alles eigene Verschulden sind.[57])

Nicht selten wurde die Wirkung der actio dadurch verstärkt, daß für den Fall der Vertreibung des Miethers gegen seinen Willen eine Conventionalstrafe stipulirt und vielleicht durch Pfand oder Bürgen gesichert wurde.[58])

Aber auch ohne dieses gewährte die actio conducti, von ethischen Momenten ganz abgesehen, dem Miether einen nicht unwirksamen Schutz. Denn die Römer verstanden bekanntlich bei der Schadensersatzfestsetzung keinen Spaß. Sie legten, auch wenn nicht dem iuramentum in litem des Beschädigten die Festsetzung überlassen war, das Hauptgewicht darauf, daß der Beschädigte vollen Ersatz auch seiner nicht genau in Gelde zu veranschlagenden Schäden und Unbequemlichkeiten erhielt, und griffen deshalb im Zweifel lieber etwas zu hoch als zu niedrig.[59]) Außerdem stand hinter der Schadensersatzpflicht das strenge, auch die Person nicht schonende Executionsrecht, welches auch der vermögenslosen speculativen Unredlichkeit die Lust benehmen mußte, sich der Zahlung zu entziehen. Auf der anderen Seite erhält aber der Miether das nicht, worauf er

---

quid inde percipitur, ad fructuarium pertinet, pensiones quoque iam antea locatorum agrorum, si ipsae quoque specialiter comprehensae sint, sed ad exemplum venditionis, nisi fuerint specialiter exceptae potest usufructuarius conductorem repellere. Dazu Wendt a. a. O S. 253.

[56]) fr. 8 § 1 D. de rebus auctor. iud. poss. 42, 5.

[57]) fr. 25 § 1, fr. 32 D. loc. cond. 19, 2, fr. 120 § 2 D. de legat. I. Windscheid, Pandekten II § 400 A. 7. Vangerow, Pandekten III § 643 A. 2. Z. 1. Sintenis a. a. O. II § 118 A. 117, Schmidt a. a. O. S. 361. Ebenso wenn in Folge sonstigen Wegfalls des Eigenthums des Vermiethers der Miether vertrieben wird. fr. 25 § 4 Solut. matr. 24. 3.

[58]) fr. 54 § 1 D. loc. cond. 19, 2, c. 15 C. de loc. et cond. 4, 65. Vgl. Brinz, Pandekten II S. 759 Anm. 39, Wendt a. a. O. S. 250, Ziebarth a. a. O. S. 152.

[59]) Vgl. Ziebarth a. a. O. S. 34, 35, 140.

ein Recht hat. Er will nicht Geld, sondern den Genuß einer ihm zusagenden Wohnung.

Wenn im Vorstehenden der Kürze wegen in erster Linie der Miether eines Hauses genannt ist, so beziehen sich doch die dargelegten Rechtsnormen in gleicher Weise auf den Pächter eines fruchttragenden Grundstücks.

Für die Miethe beweglicher Sachen ist zu beachten, daß das interdictum unde vi und das interdictum quod vi aut clam nicht in Betracht kommen, und daß an die Stelle des interdictum uti possidetis das im classischen Recht durchaus abweichende interdictum utrubi tritt.

Eine Ausnahmestellung hatte in Folge eines zweiten in dieser Materie hervortretenden fiscalischen Privilegiums der Pächter eines fiscalischen Grundstückes. Er blieb auch nach der Veräußerung im ungestörten Fruchtgenuß und zahlte seine Pacht an den neuen Erwerber, ohne daß es dieserhalb besonderer Verabredung bedurfte. Der Fiscus sollte eben von der Haftung für verhinderten Fruchtgenuß gegenüber dem Pächter befreit bleiben.[60])

Schließlich ist die Frage aufzuwerfen, ob es nach römischem Recht nicht Mittel gab, dem Miether eine festere Rechtsstellung zu verschaffen, ihn also namentlich einer actio in rem bez. possessorischer Interdicte theilhaftig zu machen.

Man könnte dabei einmal an die Personalservituten, benannte (ususfructus, usus, habitatio) oder unbenannte, denken.[61]) Bei diesen, vorzugsweise im Interesse von Vermächtnissen geschaffenen Gebilden,[62]) erhielt der Bedachte ein selbständiges dingliches Recht. Des Erblassers „wohlthätige Absicht sollte gesichert sein und nicht von dem curare debere desjenigen, auf den das Eigenthum überging, abhängen".[63]) Allein der Gedanke, sich statt des Mieths- oder Pachtrechts solche Servituten bestellen zu lassen, ist offenbar den Römern niemals gekommen.[64])

---

[60]) fr. 50 D. de iure fisci 49, 14. Vgl. Friedlieb a. a. O. S. 437, Vangerow, Pandekten III § 643 A. 2 Z. 1, Glück, Pandektencommentar 18 S. 32, Sintenis a. a. O. II § 118 A. 117, 5, Ziebarth a. a. O. S. 149, Gesterding a. a. O. S. 243, Schmidt a. a. O. S. 366, Träger a. a. O. S. 71, Unger a. a. O. S. 21, Runde, Beiträge zur Erläuterung rechtlicher Gegenstände I S. 44 und aus der älteren Literatur: Lauterbach, Hertius, Berger, Berlich, Cocceji, Hahn, Hellfeld, Ern. Just. Müller, Joh. Ludw. Schmidt.

[61]) So Glück, Pandektencommentar 18 S. 47, 48.

[62]) Windscheid, Pandekten I § 202 a. E.

[63]) Schuppe, Der Begriff des subjectiven Rechts S. 202.

[64]) Vgl. a. Ziebarth a. a. O. S. 156, 157.

Eine noch nähere Verwandtschaft mit der Miethe haben Superficies und Emphyteusis. Beide gewähren die Nutzung von Grundstücken; die erstere in Bezug auf Gebäude, die andere hinsichtlich der fruchttragenden Grundstücke. Sie geben dem Nutzungsberechtigten eine selbstständige dingliche Rechtsstellung, actio in rem und possessorische Interdicte.[65])

Gleichwohl aber waren beide nicht geeignet, an die Stelle der gewöhnlichen Miethe oder Pacht zu treten. Es handelt sich bei ihnen um dauernde, auf Generationen berechnete Verhältnisse. Bei der Superficies wird in der Regel vorausgesetzt, daß der Superficiar auf dem ihm überlassenen Platze das Gebäude selbst errichtet, um dasselbe eigenthumsgleich zu benutzen.[66]) Beide Institute passen nicht für die Verhältnisse, auf welche Zeitpacht und Wohnungsmiethe berechnet sind.

Außerdem ist zu beachten, daß dieselben, vor allem die Emphyteusis erst später sich entwickelt haben, und daß sie sich zunächst nicht auf Privatgrundstücke bezogen.[67])

Als weitere Sicherungsmittel für den Miether sind, aber erst seit den Postglossatoren, vom eidlichen Versprechen ganz abgesehen, empfohlen worden: pactum de non alienando und Pfandbestellung (Generalhypothek, Specialhypothek an der vermietheten Sache, Faustpfand), auch beides vereinigt.[68])

Gewiß sind diese Mittel in Rom niemals zur Anwendung gebracht worden. Sie führen aber auch nicht zum Ziel. Das pactum bewirkt keine Nichtigkeit der Veräußerung. Auch das Pfandrecht, selbst das Faustpfand oder die Specialhypothek an der vermietheten Sache, konnte dem Miether nur den Ersatz des Interesses, nicht aber das Verbleiben in der Wohnung sichern.[69])

---

[65]) Degenkolb a. a. O. S. 55 ff., 92 ff., Geller a. a. O. S. 330 ff.

[66]) Degenkolb a. a. O. S. 46 ff.

[67]) Ziebarth a. a. O. S. 157, Degenkolb a. a. O. S. 103 ff., Keller, Pandekten § 21, Lequesne, du louage à longue durée.

[68]) Vgl. Dionysius Gothofredus zu c. 9 Cod. de loc. et cond. 4, 65 und die dort Citirten: Bartolus, Socinus, Jason de Mayno, Guilielmus Ociacus, Negusantius. Salicetus ad c. 9 Cod. macht hierbei die praktische Bemerkung: Et ideo dixi cautelam esse ut conductor faciat sibi fieri instrumentum locationis, quia in eo continuo reperietur hypotheca bonorum. Das sub hypotheca bonorum war schon damals dieselbe stehende Floskel in jedem Schriftstück, wie noch heute in den gemeinrechtlichen Bezirken ohne Grundbuch.

[69]) Ziebarth a. a. O. S. 152 ff., Glück a. a. O., Dernburg, Pfandrecht 1 S. 514, Sintenis, gem. Civilrecht II S. 674.

Bei den bisherigen Erörterungen ist der Fall unterstellt worden, daß der Vermiether vollberechtigter Eigenthümer war und daß in Folge einer Veräußerung seitens des Vermiethers dem Miether die Miethssache entzogen war. Es bedarf kaum der Bemerkung, daß davon der Fall, daß der Vermiether nur ein beschränktes Recht, z. B. einen Nießbrauch an der Sache hatte, und daß in Folge des Wegfalls dieses Rechts der Miether entsetzt wird, durchaus zu scheiden ist. In diesem letzteren Falle muß mit dem Wegfall des Rechts des Vermiethers auch das Miethsverhältniß fallen. Ein Anspruch auf Schadensersatz ist dem Miether im Allgemeinen nicht gegeben, wenn nicht der Vermiether sich als Eigenthümer gerirt hatte.[70])

Wenn man das Gesammtergebniß dieser Erörterungen über das rein römische Recht überschaut, so zeigt sich, daß Unzuträglichkeiten für den Miether nur dann entstehen, wenn von der anderen Seite rechtswidrig verfahren wird, indem dann dem Miether der ausreichende Schutz fehlt. Da nun heute wie damals weitaus die meisten Rechtsverhältnisse so verlaufen, daß jeder der Betheiligten den Anforderungen des Rechts nachkommt, so ist anzunehmen, daß praktisch in den meisten Fällen einer Veräußerung eine Schädigung des Miethers nicht eingetreten ist.

Da aber eine gute Rechtsordnung nicht bloß Anforderungen an die Betheiligten zu stellen hat, sondern auch die Möglichkeit sichern muß, daß denselben entsprochen wird, und da dieselbe in letzterer Beziehung eben die ausnahmsweisen Fälle des Widerstrebens gegen die Rechtsordnung ins Auge fassen muß, so ist diese Betrachtung keineswegs geeignet, die gegen die Trefflichkeit der römischen Ordnung der vorliegenden Frage zu Tage tretenden Bedenken zu zerstreuen.

§ 2. Werthschätzung des römischen Rechts in der heutigen Wissenschaft. Zusammenhang mit der römischen Cultur.

Solange man das römische Recht als ratio scripta, als das für alle Zeiten bestimmte beste und vernünftigste Recht betrachtete, konnte man folgeweise nicht umhin, auch die römische Gestaltung des Verhältnisses des Miethers zum Erwerber der Miethssache als die allein zweckmäßige und der logisch-juridischen Consequenz entsprechende zu bezeichnen, von der man ohne einen verhängnißvollen Bruch mit fundamentalen Rechtssätzen, insbesondere mit der principalen Unterscheidung von dinglichen und persönlichen Rechten sich nicht entfernen dürfe.

---

[70]) fr. 9 § 1 D. loc. cond. 19, 2, Brinz, Pandekten II § 331 A. 38.

Glück[71]) fand den Satz, daß der Singularsuccessor an den Miethsvertrag nicht gebunden sei, „so auffallend er auch scheint", der Rechtsanalogie vollkommen gemäß, dem Naturrechte nicht zuwider und auch den Verbindlichkeiten der Verträge nicht entgegen, weil dem Conductor in allen Gesetzen die Klage aus dem Contract gegen den Locator gestattet wird.

Nicht viel anders urtheilt Savigny:[72]) „Für eine quasi possessio des Miethers fehlt es an einem selbständigen Rechtsverhältniß, woran diese consequent angeknüpft werden könnte. Hauptsächlich aber ist kein practisches Bedürfniß einer künstlicheren Behandlung vorhanden, da der Miether stets eine Contractsklage hat, wodurch er den Schutz des Vermiethers in Anspruch nehmen kann. Wenn aber der Vermiether durch Veräußerung oder Usucapion das Eigenthum verliert, so hört ohnehin alles Recht des Miethers in Beziehung auf die gemiethete Sache auf; es ist also keine Veranlassung mehr da, einen Besitz für ihn zu schützen, er hat überhaupt nur noch eine Contractsklage auf Entschädigung gegen den Vermiether, die ihm aber auch für jedes wirkliche Interesse hinreicht."

Auch Puchta[73]) nennt die Regel, daß der Käufer nicht in die Obligation des Verkäufers eintritt, eine natürliche.

Friedlieb[74]) meint: „Wie sehr nun auch für den Miether das Interesse an einer für die ganze Dauer der Miethszeit gesicherten Innehabung des Miethsobjects obwaltet, so gewährt doch das rein logisch-juridische Wesen des vom objectiven Recht ohne weiteren normativen Zusatz lediglich in seiner specifischen Natur anerkannten Miethsgeschäfts dem Miether keine solche Garantie."

Gengler[75]) betrachtet ebenfalls das römische Recht „als auf streng logischer Consequenz beruhend, da jeder neue Hauserwerber dem Miether durch keine obligatorische Thatsache verpflichtet und das vom Ersteren acquirirte dingliche Recht, welches jetzt mit dem persönlichen des Miethers collidirt, diesem an Stärke überlegen ist".

Aehnlich sagt Beseler:[76]) „Da durch den Miethvertrag nur ein obligatorisches Rechtsverhältniß begründet wird, so läßt sich dasselbe gegen einen dinglichen Anspruch dritter Personen nicht aufrecht erhalten und daher entspricht die Regel: Kauf bricht Miethe, wenn sie auf die Zeit

---

[71]) Pandektencommentar 18 S. 14.

[72]) Recht des Besitzes (7. Aufl.) S. 130.

[73]) Pandekten § 369 a. E.

[74]) a. a. O. S. 435.

[75]) Deutsches Privatrecht. 3. Aufl. S. 415.

[76]) Deutsches Privatrecht § 108.

nach der Uebertragung des Eigenthums an den Käufer bezogen wird, durchaus den allgemeinen Grundsätzen des gemeinen Rechts."

Kant[77]) hatte schon vordem ausgeführt: „Die Verwechslung des persönlichen Rechts mit dem Sachenrecht ist noch in einem anderen, unter den Verdingungsvertrag gehörigen Falle, nämlich dem der Einmiethung (ius incolatus), ein Stoff zu Streitigkeiten. — Es fragt sich nämlich: ist der Eigenthümer, wenn er sein an Jemand vermiethetes Haus (oder seinen Grund) vor Ablauf der Miethszeit an einen Anderen verkauft, verbunden, die Bedingungen der fortdauernden Miethe dem Kaufcontracte beizufügen, oder kann man sagen: Kauf bricht Miethe (doch in einer durch den Gebrauch bestimmten Zeit der Aufkündigung)? — Im ersteren Falle hätte das Haus wirklich eine Belästigung (onus) auf sich liegend; ein Recht in dieser Sache, das der Miether sich an derselben (dem Hause) erworben hätte, welches auch wohl geschehen kann (durch Ingrossation des Miethscontracts auf das Haus), aber alsdann kein bloßer Miethscontract sein würde, sondern wozu noch ein anderer Vertrag (dazu sich nicht viel Vermiether verstehen würden) hinzukommen müßte. Also gilt der Satz: Kauf bricht Miethe, d. h. das volle Recht in einer Sache (das Eigenthum) überwiegt alles persönliche Recht, was mit ihm nicht zusammen bestehen kann; wobei doch die Klage aus dem Grunde der letzteren dem Miether offen bleibt, ihn wegen des aus der Zerreißung des Contracts entspringenden Nachtheils schadenfrei zu erhalten."

An einer anderen Stelle[78]) sagt Kant dagegen, daß in dem Satze: Kauf bricht Miethe etwas, was der Natur des Vertrages nach, d. i. an sich ein Sachenrecht sei (die Miethe), für ein bloß persönliches gelte, wenn die Frage sei, auf welche Principien ein Gerichtshof im bürgerlichen Zustande anzuweisen sei, um in seinen Aussprüchen, wegen des einem Jeden zustehenden Rechts am sichersten zu gehen.

Das ist offenbar keine Rechtsphilosophie, sondern eine dilettantenhafte Paraphrase der damaligen gemeinrechtlichen Dogmatik. Die heutigen Philosophen wollen denn auch, wie nach dieser Probe begreiflich ist, in Kant's Rechtslehre Spuren von Altersschwäche finden.

Lasalle[79]) meint, es sei richtig, daß der Grundsatz: Kauf bricht Miethe, nicht dem Vermiether, sondern nur dem Käufer das Recht gebe, den Pachter aus Besitz zu setzen. Aber es sei sehr falsch, hieraus zu

---

[77]) Metaphysische Anfangsgründe der Rechtslehre 1797 (Sämmtliche Werke, herausgegeben von Hartenstein. Bd. 7 S. 90).

[78]) S. 103.

[79]) System der erworbenen Rechte, 2. Aufl. I S. 328 ff.

folgern, daß er dem Vermiether gar kein Recht gebe. Er gebe ihm nämlich gerade das Recht, den Käufer mit diesem Recht auszurüsten. Er reservire ihm das Recht, dem Käufer unmittelbar das directe Nutzungsrecht mit Eigenthum zugleich einzuräumen, wenn er auch für sich selbst der directen Form dieses Nutzungsrechts für bestimmte Zeiten entsagt habe.

Durch diese Dialectik ist freilich das nemo plus iuris umgangen. Es ist dabei aber übersehen, daß der römische Vermiether die Pflicht hat, unter allen Umständen dem Miether die Nutzung der Miethssache zu gewähren.

Ganz anders wie Kant steht ein moderner Rechtsphilosoph zu der Frage. Schuppe[80]) betrachtet das Eigenthum als den der natürlichen Einheit des Dinges entsprechenden Inbegriff aller erdenklichen directen wie indirecten „Benützungsrechte" (die Veräußerungsbefugniß mit eingeschlossen). Mit jeder Uebertragung einer Benutzungsbefugniß, also auch mit der Uebertragung des Wohnungsrechts an den Miether, scheide diese aus dem Vermögen des Eigenthümers aus. Es sei ein Theil des Eigenthums weggegeben. Das römische Recht, welches es zulasse, daß Jemand das Benutzungsrecht seines Wohnhauses zunächst durch Vermiethung auf 5 Jahre einem Anderen übertragen könne, gleichwohl ihm aber dieses Benutzungsrecht in der Beziehung belasse, daß der Miether es verliere, sobald der Eigenthümer einem Käufer sein Eigenthum und damit alle denkbaren Benutzungsbefugnisse übertrage, mache das Unmögliche, d. h. daß Jemand etwas noch einmal übertrage, was er bereits weggegeben hatte, möglich.

Der Hinweis auf die rein persönliche Natur des römischen Miethsverhältnisses erkläre den römischen Standpunkt noch nicht. Auch wenn das Recht des Miethers nur das obligatorische Recht auf die Leistung des Wohnenlassens wäre, so wäre doch das Thun des Miethers, das Bewohnen der Wohnung, dasselbe wie bei einem dinglichen Benutzungsrecht. Der Unterschied bestehe nur in denjenigen Consequenzen, welche eben in Frage stehen, und welche durch die Unterscheidung der Rechte, des dinglichen an der Wohnung und des obligatorischen gegen den Vermiether, begründet werden sollen. Vertragsmäßig könne der Miether sich der Exmission durch den neuen Erwerber unterwerfen; das Exmissionsrecht sei aber keine juristisch unvermeidliche Consequenz aus der Natur der Sache. Auch der nur persönlich verpflichtete Vermiether habe, da „ein Recht haben, aber nicht ausüben dürfen" ein Widerspruch in sich selbst sei, für die Dauer des Miethsvertrages das Benutzungsrecht nicht

---

[80]) Der Begriff des subjectiven Rechts, S. 189—212.

mehr, könne es also auch nicht übertragen. Für den Fall des Eigenthumserwerbs an gestohlenen Werthpapieren nach Art. 307 H. G. B. sei man einig, daß der verkaufende Dieb ein Unrecht begehe, und daß nur aus einem besonderen, keineswegs aus der Natur der Sache folgenden Grunde, nämlich zur Sicherheit des Verkehrs, positiv bestimmt sei, daß die rechtswidrige Handlung Eigenthum übertrage. Bei der Miethe sei ein solcher besonderer Grund entweder nicht vorhanden oder es sei klar, daß es sich nicht um eine Consequenz aus der rechtlichen Natur des Miethsverhältnisses handele.

Der Grund der römischen Auffassung liege darin, daß die Römer, welche im Eigenthum nicht den Inbegriff der Benutzungsrechte gesehen, sondern zu seinem Object direct die körperliche Sache selbst gemacht hätten, es für unmöglich gehalten hätten, bei Uebertragung des Eigenthums einzelne von solchen Benutzungsrechten auszunehmen.

Die von Schuppe erörterte Frage, ob der Nichtübergang der Pflichten aus dem Miethsvertrage auf den Erwerber der Miethssache nicht mit dem Satze, daß Niemand mehr Rechte übertragen könne, als er selbst hat, in Widerspruch stehe, ist übrigens in nachrömischer Zeit schon sehr früh aufgeworfen worden.

Die drei vorerwähnten Handschriften mit voraccursischen Glossen[81]) bemerken sämmtlich als Parallelstelle zur c. 9 C. de loc. et cond. 4, 65 das fr. 54. D. de R. J. 50, 17: Nemo plus iuris ad alium transferre potest, quam ipse habet, und zwar eine mit dem Zusatz: contra. In gleichem Sinne führen sie übereinstimmend an: fr. 67 D. de contrah. empt. 18, 1: Alienatio cum fit, cum sua causa dominium ad alium transferimus, quae esset futura, si apud nos ea res mansisset, idque toto iure civili ita se habet, praeterquam si aliquid nominatim sit constitutum, sowie die Regel des fr. 16 § 1 D. pro socio 17, 2, daß der Käufer eines Gesellschaftsantheils an den von seinem Verkäufer vereinbarten Ausschluß der Theilung gebunden ist.

Nach dem Vorgange von Jacobus Gothofredus[82]) suchte man später der unbequemen Regel dadurch auszuweichen, daß man sagte: „sie geht auf den Erben, nicht auf den successor singularis, den die Handlungen seines Auctors nicht verbinden“.[83])

Die Naturrechtslehrer des vorigen Jahrhunderts haben aber ähnliche Bedenken: „Kauf bricht nach dem Naturrecht nicht Miethe“. „Denn,

---

[81]) S. oben S. 10 A. 40.

[82]) Commentarius in Tit. Dig. de divers. reg. iur. ad fr. 54. p. 242.

[83]) Glück, Pandekten-Commentar 18 S. 18.

so begründet Gros,[84]) der Verkäufer kann seinem Miethsmanne selbst nicht vor geendigter Miethszeit den Gebrauch der Sache entziehen, mithin die Befugniß dazu auch nicht auf den Käufer übertragen." Hufeland[85]) bemerkt dazu: „Der Staat darf dies bestimmen, denn er sagt hier in der That weiter nichts, als daß jeder Miethscontract im Staate nicht anders geschlossen werden solle, als unter der Bedingung, daß die gemiethete Sache nicht verkauft werde."

Zeiller[86]) meint: „das dem Miether zugestandene Recht ist als ein dingliches Recht zu betrachten, welches gegen Jedermann stattfindet, mithin auch gegen denjenigen, der in der Zwischenzeit das (beschränkte) Eigenthum verkauft hat. Nach dem Naturrecht bricht also der Kauf die Miethe nicht".

Gesterding sagt: „Aber welche Ungerechtigkeit liegt nicht in diesem Satz (Kauf bricht Miethe)!" „Kann ein früherer Vertrag durch einen späteren, können früher erlangte Rechte durch später erworbene vernichtet werden? Kann derjenige, welcher den Vertrag schloß, ihn einseitig selbst wieder aufheben, kann er dem Mitcontrahenten Rechte entziehen, die er ihm einmal eingeräumt hat?" „Schon ältere Rechtsgelehrte — und zwar solche, die sich von dem großen Haufen absonderten — wandten auf dies Verhältniß, wenn man auf die Natur der Sache sieht, mit vollem Recht den Grundsatz an nemo plus iuris in alium transferre potest quam ipse habet". „Unwiderleglich sind alle (Zweifel), welche darauf gerichtet sind, daß nach dem Naturgesetz der Kauf die Miethe nicht bricht." „Nach dem Naturrecht hat der Pächter den Besitz und es kann der Verpächter und sein Nachfolger vor dem Ende der Pachtzeit selbigen nicht entziehen." „Das ius expellendi beruht bloß auf den Ideen der Römer über die Natur des Besitzes".

Auch Dernburg, der Aeltere[87]), erkennt an, daß dem Entgegenhalten des nemo plus iuris ein tieferer Gedanke zu Grunde liegt, als der ist, der sich im ersten Augenblick darbietet.

Dem modernen gemeinrechtlichen Juristen scheint der Einwurf kaum beachtenswerth. Der Satz, daß persönliche Verpflichtungen des Eigenthümers in Bezug auf eine Sache die dingliche Rechtsstellung desselben in keiner Weise beeinträchtigen, und daß deshalb der neue Erwerber nicht hafte, weil er die Sache frei von der persönlichen Verpflichtung des Veräußerers erwerben mußte, ist uns durch unsere Erziehung nach den

---

[84]) Lehrbuch der philosophischen Rechtswissenschaft, § 234 A. 2 S. 122.

[85]) Lehrsätze des Naturrechts, 2. Aufl. § 641 Anm. 2 S. 339.

[86]) Natürliches Privatrecht § 134.

[87]) Abhandlungen I S. 9.

gängigen Pandektencompendien derart in Fleisch und Blut übergegangen, daß wir ihn als eine Consequenz aus der Natur der Sache betrachten. Und dennoch: wenn auf die Frage: Warum bleibt der neue Erwerber dem Nießbraucher gegenüber verpflichtet, dem Miether gegenüber aber nicht? erwidert wird: weil Ersterer ein dingliches Recht hat, Letzterer aber nicht, so erweist sich das bei näherer Betrachtung nicht als eine Antwort, sondern nur als eine Umschreibung der Frage. Wenn der neue Erwerber den Miethsvertrag nicht auszuhalten braucht, so hat er, wenn man die Sache losgelöst von den Fesseln der romanistischen Dogmatik betrachtet, eine günstigere Rechtsstellung erlangt als sein Rechtsurheber. Gewisse Benutzungsbefugnisse, welche bereits dem Miether übertragen waren, werden diesem genommen und auf den neuen Erwerber übertragen.

Es bleibt vor allem die Frage zu lösen: „Warum hat das römische Recht dem Miether dingliches Recht und Besitzesschutz versagt? Handelt es sich dabei um eine nothwendige Consequenz aus der Natur der Sache oder ist es eine Eigenthümlichkeit, welche sich nur aus besonderen römischen Verhältnissen erklären läßt?"

Hören wir zunächst, wie die modernen Dogmatiker das römische Recht nach dieser Richtung hin zu construiren versuchen.

Windscheid[88]) sagt: „Der Pächter will nicht etwa die Sache nur in einzelnen ihrer Beziehungen sich aneignen, er will sie gar nicht sich aneignen. Sein Wille ist nicht auf die Unterwerfung der Sache gerichtet, sondern auf die Unterwerfung des Willens des Verpächters."

Ziebarth[89]) führt diese Auffassung noch weiter aus: „Der Vermiether übergiebt nicht die Sache ein für allemal zu selbständigem Rechte, denn das hieße ein dingliches Recht constituiren, sondern er gewährt die Sache täglich, stündlich von Neuem; es liegt nicht ein einmaliger Willensact vor, sondern eine ununterbrochene Kette von Willensacten, die in jedem Augenblicke abgerissen werden kann, und deren Abreißen dem Miether den Boden unter den Füßen so lange wegnimmt, bis er durch Richters Macht die Kette wieder angeknüpft hat."

Die deutlichste und — abschreckendste Ausmalung des Bildes findet sich bei Sohm:[90]) „Der Miether ist nach römischem Recht und ebenso nach heutigem gemeinen Recht nicht berechtigt, in dem gemietheten

---

[88]) Pandekten I § 149 A. 2.

[89]) a. a. O. S. 45.

[90]) Der Begriff des Forderungsrechts in Grünhut's Zeitschr. f. d. private und öffentl. Recht der Gegenwart. 4 S. 459ff.

Hause zu wohnen, daselbst einzuziehen, sich dort aufzuhalten u. s. w. Wäre er dazu berechtigt, so würde er ein dingliches Recht haben." „Weil er aber ein bloßes Forderungsrecht hat, so hat er nur das Recht, daß der Vermiether ihn wohnen lasse." „In jeder Einwirkungshandlung des Miethers auf die Sache sieht das Recht nicht des Miethers Handlung, sondern eine Handlung des Vermiethers." „Der Miether hat als solcher gar nicht den Willen, die Sache zu besitzen, sondern nur den Willen, daß der Vermiether ihn besitzen lasse." „Zwischen dem Miether und der Sache steht die Person des Vermiethers mitten inne, welche die Unterwerfung der Sache unter den Willen des Miethers herbeiführt und fortdauernd vermittelt. Der Vermiether bleibt der Herr der Sache, und (vom Standpunkt des Privatrechts aus gesehen) sein freier Wille ist es, welcher dem Miether in jedem Augenblicke den Nutzen der Sache zuwendet. Ganz das Gleiche bedeutet der bekannte Rechtssatz, daß der Pächter eines Feldgrundstückes die Früchte durch Tradition, nicht wie der Usufructuar durch einseitige Perception zum Eigenthum erwirbt. Aus keinem anderen Grunde, als weil der Pächter kein Recht hat, die Früchte der Sache zu ziehen, sondern nur ein Recht, daß der Verpächter die Fruchtziehung ihm gewähre. Jede Fruchtziehungshandlung des Pächters ist juristisch eine Fruchtziehungshandlung des Verpächters, und aus dessen Hand nimmt er demzufolge durch Besitzübergabe, nicht durch einseitige Besitzergreifung jede einzelne Frucht entgegen."

„Der Pächter, welcher vor Ablauf seiner Pachtperiode sich dem unrechtmäßigen, willkürlichen Expulsionswillen seines Verpächters widersetzt, und sich im Besitze des gepachteten Grundstückes behauptet, ist demnach nicht in Vertheidigung (Ausübung), sondern in Ueberschreitung seines Rechts begriffen. In demselben Moment, in welchem er dem Willen des Verpächters opponirt, vollzieht er einen Act verbotener Selbsthülfe, einen Dejectionsact, d. h. eine unrechtmäßige Gewaltthat, er überwindet die Person des Verpächters, um sich, was bisher nicht der Fall gewesen, in ein unmittelbares Verhältniß zur Sache zu setzen. Ihm steht nur zu, den Nutzen der Sache nicht durch eigene Handlung, sondern durch Gewährung des Verpächters zu empfangen. Jede einseitige Handlung zum Zwecke der „Ausübung" des Forderungsrechts ist nicht Ausübung eines Rechts, sondern Unrecht. Es giebt keine Ausübung des Forderungsrechts durch Handlung des Gläubigers und daher keine berechtigte Eigenmacht, weil dem Gläubiger als solchem keinerlei Handlung zuständig ist."

Gewiß wird Niemand behaupten wollen, daß die hier wiedergegebene römische Anschauung der Natur der Sache und dem heutigen Rechtsbewußtsein entspräche. Man könnte ebenso gut die Existenz eines Rechtsbewußtseins überhaupt leugnen, und es ist hundert gegen eins zu wetten, daß man auch nicht einem einzigen deutschen Bauern oder Handwerksmann diese Anschauung plausibel machen wird, da sie nichts als eine Carricatur der realen Verhältnisse ist. Kartoffeln pflanzt auch der Pächter auf dem Acker und nicht auf dem Willen des Verpächters. Daher bemerkt Geller:[91]) „Diese Theorie mag sehr geistreich sein, aber sie erinnert an die Anekdote, die man sich von einem wissenseifrigen Jünger Aesculaps erzählt, der, als ihm ein früherer Patient, dem er den sicheren Tod prognosticirt hatte, frisch und gesund herumgehend gezeigt wurde, den Spöttern erwiderte: Wissenschaftlich ist und bleibt der Mann todt! So stellt auch die obige Lehre die Zumuthung an uns, daß wir uns den concreten Erscheinungen verschließen, daß wir das thatsächlich bestehende Machtverhältniß des Miethers zur Sache ignoriren, daß wir uns die unmittelbare Fruchtziehung des Pächters als ein Entgegennehmen derselben aus der Hand des Verpächters denken, daß wir das Wohnen der Miethspartei im Hause in ein fortwährendes Anliegen um Gestattung der Wohnung einerseits und ein fortwährendes Gewähren derselben andererseits zerlegen, daß wir mit einem Worte nicht unsere Begriffe den Thatsachen, sondern diese unseren Begriffen accommodiren.“[92])

Thon[93]) kritisirt das römische Recht in folgender Weise: „Ob dieser römisch-rechtliche Satz (daß der Fruchterwerb des Pächters auf eine Tradition des Eigenthümers zurückzuführen ist) unserem heutigen Rechtsbewußtsein entspricht, ist eine Frage, die hier nur aufgeworfen sein soll.“ „Es ist (für das heutige Recht) nicht richtig, daß der Vermiether täglich und stündlich das Haus neu zu gewähren habe. Eine derartige Zumuthung steter Willensanspannung wäre unerträglich und undurchführbar. Würde ein solches Verlangen ernsthaft gestellt, so könnte kein gewissenhafter Mann jemals vermiethen. Nimmt man es aber mit dem Gebote in der Praxis nicht so genau, wozu stellt man es denn theoretisch auf? Ist es doch auch für das Interesse des Miethers völlig müßig. Solange dieser das Haus bewohnt, hat er alles, was er begehren kann. Ob der Vermiether in jedem Augenblicke an das Vertragsverhältniß denkt

[91]) a. a. O. S. 357.

[92]) Daß die Theorie vom Standpunkt der römischen Doctrin keineswegs unberechtigt ist, gibt Geller zu.

[93]) Rechtsnorm und subjectives Recht S. 307, 308, 311.

oder ob er Haus und Miethe zeitweilig vergißt, oder willensunfähig wird oder stirbt, ja ob der Vermiether die Ueberlassung des Hauses bereut und sich nach demselben zurücksehnt: dies alles kann dem Miether gleichgültig sein. Er genießt das, was ihm der Vertrag gewähren sollte. Er hat eine Wohnung; was der Vermiether betreffs derselben denkt oder wünscht, kann dem Miether weder helfen noch schaden."

„Kein noch so gewissenhafter Mann wird einem so ungerechtfertigten Ansinnen (mitten in der Miethszeit auszuziehen) weichen. Trotz des Verbots wird er unbedenklich im Gefühl seines guten Rechts in der Wohnung verbleiben. Er wird sich an die Sache halten, die ihm vertragsmäßig überwiesen ist, und wird den ferneren Schritten des Gegners ruhig entgegensehen."

Schloßmann[94]) meint, warum die unmittelbare Beziehung der Person zur Sache bei der Sachmiethe in geringerem Maße vorhanden sein solle, als z. B. beim Nießbrauch, sei schlechterdings nicht zu sagen.

Aehnlich sagt Rückert:[95]) „Diese Verhältnisse (Leihe, Pacht, Miethe) sind an und für sich dinglicher Natur. Es findet hier ganz die nämliche unmittelbare Einwirkung auf die Sache statt, wie bei dinglichen Rechten, und liegt das nämliche, völlig berechtigte Interesse vor, jeden Dritten von einer Einwirkung auf die Sache auszuschließen. Das Recht des Zeitpächters oder Miethers ist einer Emphyteuse oder einem Nießbrauch ganz analog, der Unterschied in Hinsicht des materiellen Gehalts besteht vornehmlich darin, daß jenem regelmäßig nur eine vorübergehende Dauer gesichert sein wird. Wie kann aber, wenn der Usufructus für die Lebenszeit des Berechtigten besteht, das Recht des Miethers dagegen auf eine nach dem Kalender bestimmte und meist kürzere Zeit bestellt wird, dieser Umstand dem Letzteren die dingliche Natur rauben? Man weiß auch dafür, daß diese Verhältnisse nicht dinglicher Natur seien, keinen Grund anzugeben, als daß die dinglichen Klagen fehlen, und wenn man fragt, warum sie nicht gegeben werden, so wird von dem Mangel einer dinglichen Natur gesprochen. Mit solchen Cirkelfolgerungen ist aber der Sache kein Genüge gethan."

Geller[96]) führt aus: „Wir finden also den Miether einerseits in einer unmittelbaren körperlichen Beziehung zur Sache, die er thatsächlich in seiner Gewalt hat und ohne jede Ingerenz des Vermiethers gebraucht, andererseits in einer persönlich idealen Beziehung zum Vermiether. —

---

[94]) Der Vertrag S. 263.

[95]) Untersuchungen über das Sachenrecht der Rechtsbücher S. 63.

[96]) a. a. O. S. 320.

Ihrem stofflichen Inhalte nach und ohne Rücksicht auf das Dogma stellt sich also die Miethe der juristischen Analyse als ein zusammengesetztes Rechtsverhältniß dar, zusammengesetzt aus einem dinglichen Gewaltverhältnisse des Miethers zur Sache und aus einem persönlichen obligatorischen Verhältnisse zum Vermiether."

Meischeider[97]) sagt ähnlich: „Das Problem, eine rechtsdogmatische Erklärung dafür zu geben, daß der Eigenthümer der redliche Besitzer, der Dieb und Räuber, der Pfandgläubiger, der Precarist, der Sequester und der Emphyteuta den animus possidendi und damit Besitz haben, während beides dem Usufructuar, dem Pächter, dem Commodatar und dem Depositar abgesprochen wird, ist ebenso unlöslich wie die Quadratur des Cirkels."

Bekker[98]) stimmt dem zu und bemerkt im Weiteren: „Es mußte (unter gewissen, hier nicht interessirenden Voraussetzungen) das Billigkeitsgefühl verletzen, derartigen (possessorischen) Schutz dem ersichtlichen malae fidei possessor gewährt, höchst gutgläubigen Inhabern von Sachen aber, wie z. B. Pächtern, Commodataren, Mandataren, Depositaren verweigert zu sehen, darum, weil diese offen einräumten, die Stücke von anderen Berechtigten in die Gewalt erhalten zu haben." „Es ist anzunehmen, daß gerade derartige Regungen des allgemeinen Rechtsgefühls zur Entwickelung mancher iura in re aliena und der entsprechenden quasi possessiones geführt haben. Daß gleichwohl eine große Reihe schutzbedürftiger und nach dem modernen Bewußtsein schutzberechtigter Fälle bei den Römern ungeschützt geblieben, ist allbekannt." „Es waren Versehen, derartige Befugnisse (possessorische Interdicte) vielen rechtmäßigen Detentoren (Pächtern, Commodataren u. s. w.) zu versagen, weil diese im regelrechten Verlaufe der Dinge auf eine Vindication sich nicht einzulassen haben." Er betont, daß auf die Erklärung solcher in die Augen fallender Specialitäten des römischen Besitzrechts aus einem philosophischen Grunde von vornherein zu verzichten ist. „Diesem bunten Wechsel der Erscheinungen kann doch nicht eine sich stets gleich bleibende Ursache zu Grunde liegen." Und seine allgemeine Bemerkung: „Die traurige Gestalt, in welcher die Römer die possessio, Recht und Lehre, uns hinterlassen haben, werden wir begreifen und darum verzeihen, aber nicht billigen und noch weniger festhalten dürfen" bezieht sich wohl nicht in letzter Linie gerade auf die vorher erwähnten Punkte.

Ihering[99]) fragt: „Warum sollten nicht diejenigen Personen,

[97]) Besitz und Besitzesschutz S. 19.
[98]) Recht des Besitzes S. 23, 197, 235, 352, 357.
[99]) Ueber den Grund des Besitzesschutzes S. 39, 30.

welche, wie der Pächter und Miether, ein auf ihre Erben übergehendes, relativ geschütztes Recht an der Benutzung der Sache haben, für ihren auf das Nutzungsverhältniß gerichteten Willen dieselbe Anerkennung und denselben Schutz begehren dürfen, wie der dem jederzeitigen Widerruf ausgesetzte Precarist, wie der durch ein jederzeit mögliches Zahlungsanerbieten zu entfernende antichretische Pfandgläubiger, wie der sein Recht auf seine Erben nicht transmittirende Usufructuar? Es ist eitel Spitzfindigkeit, wenn man einwendet, sie hätten nicht den Willen, zu besitzen. Regelmäßig haben sie von dem Unterschied zwischen Detention und juristischem Besitz nicht die geringste Vorstellung, ihr Besitzwille ist von dem jener anderen Personen in nichts verschieden. Aber, wird man einwenden: sie dürfen ihn nicht haben. Nun gut, dann liegt der Grund, warum ihnen der Besitz abgesprochen wird, nicht in ihrem Willen, sondern in der Rechtsregel. Nicht darum fehlt ihnen der Besitz, weil ihnen der Wille fehlt, sondern man spricht ihnen den Willen ab, weil das Recht ihnen keinen Besitz einräumt."

Wenn Bruns den Umstand, daß Commodat und Miethe kein dingliches Recht, somit keine unmittelbare Herrschaft über die Sache geben, zur Erklärung zu benutzen sucht, so frage ich: Hat denn der Precarist ein dingliches Recht? Er hat nicht einmal ein relatives, wie es doch dem Pächter zur Seite steht, das Precarium kann ihm jederzeit entzogen werden. Und doch hat er den juristischen Besitz! Man setze einmal den Fall, das römische Recht hätte sich über das Besitzverhältniß beider Personen gar nicht ausgesprochen — und ich möchte wissen, ob irgend Jemand dasselbe aus der Idee der Freiheit und der Unverletzlichkeit des Willens herausdeducirt haben würde. Der Pächter hat nach römischem Recht keinen possessorischen Schutz, und dieser Satz galt in Rom früherhin auch für die Pächter der agri vectigales, — bis sie durch das prätorische Edict petitorischen und possessorischen Schutz erhielten. War diese Neuerung mit ihrem Willen in Zusammenhang, ging mit ihm eine solche Veränderung vor, daß der Pächter sich gedrungen fühlte, dementsprechend sich als Besitzer anzuerkennen? Schwerlich wird doch wohl Jemand glauben, daß der Pächter eines ager vectigalis einen anderen Willen gehabt habe, als ein sonstiger Pächter." [100])

[100]) Im Anschluß daran bemerkt Ihering, Rechtsschutz gegen injuriöse Rechtsverletzungen in den Jahrbüchern für Dogmatik 23 S. 260: „Der Auffassung der Römer ist der Gedanke, daß ein abgeleitetes contractliches Verhältniß zur Sache den Besitzesschutz ausschließe, fremd". Das dürfte aber doch für die ältere Anschauung wohl nicht zutreffen.

An einer anderen Stelle[101]) sagt Ihering, welcher der gemeinrechtlichen Lehre vorwirft, die berechtigten Interessen des Pächters und Miethers in empfindlicher Weise preisgegeben zu haben: „So enthält es in der That keine Uebertreibung, wenn der Verfasser der obigen Schrift (Capesius, Erlaubte nächtliche Ruhestörung) von einer Schutz- und Rechtlosigkeit des Miethers spricht.“

Dernburg[102]) fragt ebenfalls: „Warum aber hat der Miether und Pächter keinen juristischen Besitz? Warum genügt ihre Absicht des Miethbesitzes nicht, um als animus possidendi zu gelten?

Die neuere, gemeinrechtliche Wissenschaft hat die verhängnißvolle Neigung, derartige Fragen aus allgemeinen theoretischen Principien zu beantworten. Man bezeichnet als Erforderniß des Besitzes den animus domini, und, da diese Absicht dem Miether und dem Pächter fehlt, soll er des Schutzes seines Besitzes durch Interdict entbehren. In Wahrheit ist die Frage des selbständigen Besitzesschutzes des Miethers und Pächters eine wirthschaftliche und sociale, nicht eine logische und dialectische. Die Römer verweigerten den Miethern und Pächtern den Besitzesschutz, weil dieselben durchschnittlich den ärmeren Klassen angehörten, weil das römische Recht durch die Interessen der reicheren Klassen vorzugsweise bestimmt war. Die ganz andere wirthschaftliche und sociale Stellung, welche in Deutschland und in der Jetztzeit Miether und Pächter einnehmen, muß zu einer anderen Behandlung ihres Besitzes und ihres Rechtes führen. Alles spricht dafür, ihren Miethbesitz anzuerkennen und folgerecht auch sie als die Gleichberechtigten anzusehen. Dieser Schritt ist bereits in einem großen Theil von Deutschland, vor allem Preußens, gemacht worden. Es wäre zu beklagen, wenn man versuchen würde, ihn zurückzuthun und, wohin einflußreiche Bestrebungen gehen, die römischen Anschauungen in dem künftigen, deutschen Gesetzbuche zu restauriren. Sollte dies geschehen, so wäre dies ein neuer Beweis dafür, wie befangen wir neueren Juristen oft in Abstractionen sind, die wir aus herkömmlichen Definitionen gewinnen, und wie schwer es uns oft fällt, dem gegenüber mit freiem und offenem Blick die wirthschaftliche und sociale Sachlage, die Bedürfnisse der Zeit und die sich hieraus ergebenden Anforderungen zu würdigen.“

An anderen Orten nennt er die römische Auffassung des Miethsverhältnisses eine künstliche. Er spricht von befremdlichen Erscheinungen

---

[101]) Rechtsschutz gegen injuriöse Rechtsverletzungen in den Jahrbüchern für Dogmatik 23 S. 263, 284.

[102]) Entwickelung und Begriff des juristischen Besitzes S. 68 ff.

des römischen Rechtes, von denen es schwer begreiflich sei, daß sie sich bei der Vermiethung von Immobilien und insbesondere bei Pachtverhältnissen entwickelt hätten. [103])

A. Pernice [104]) geht davon aus, daß die ältere römische Zeit sehr geneigt gewesen sei, der speculativen Unredlichkeit weit entgegenzukommen. Miethe und Kauf hätten damals nicht unter der Herrschaft der fides gestanden, so daß sich die Contrahenten besondere Treue und Brüderlichkeit nicht geschuldet hätten. [105]) Nicht bloß die Theologen und Kanonisten des Mittelalters, sondern auch jüngere Praktiker hätten mit Recht darauf hingewiesen, wie unsittlich der Satz und wie schwierig die Grenze zwischen erlaubter Circumscription und verbotenem dolus zu ziehen sei. Er sagt dann speciell in Bezug auf die vorliegende Frage: „Die Gestaltung der Wohnungsmiethe in classischer Zeit, ohne Besitz und dingliches Recht des Inquilinen, ist eine durchaus künstliche und auf Compromissen ruhende. Der Grund, weswegen ihm das dingliche Recht versagt blieb, möchte außer in rein juristischen Erwägungen — dem Widerspruche, den die ältere Wissenschaft in einem ad tempus bestellten dinglichen Rechte fand, und der inneren Bedingtheit des Miethsanspruches überhaupt — doch auch in wirthschaftlichen Verhältnissen zu suchen sein. Zur Miethe wohnen in Rom nur tenuiores, namentlich in den großen Miethskasernen, die erst ein Vicewirth im Ganzen zu pachten pflegt. Ein anständiger, in Rom nicht ansässiger Mann miethet sich ein ganzes Haus für sich. Es lag nicht im Sinne der Juristen, solchen untergeordneten Leuten — Freigelassenen, Dichtern und Clienten — dem Capitale gegenüber einen besonders wirksamen Rechtsschutz angedeihen zu lassen."

Schon Dernburg, der Aeltere,[106]) hatte, allerdings in Bezug auf die Darstellung, welche Gesterding [107]) vom römischen Recht gegeben hatte, bemerkt: „Man sieht es dem ehrlichen deutschen Gesterding an, wie er immer den römischen Mantel vors Gesicht nimmt, um nicht zu erröthen." Er spricht, immer im Sinne der Gesterding'schen Auffassung, von dieser angeblichen „römischen Erzschelmerei", um schließlich auszurufen: „Sollte man, wenn man eine solche Sprache liest, nicht am Rechte verzweifeln, und dasselbe nicht eher für ein Vademecum der Kniffik und Pfiffik, als für die Kunst des Guten und Edlen halten?"

---

[103]) Pfandrecht II S. 65, Pandekten II S. 288.

[104]) Labeo 1. S. 454, 467.

[105]) Nach fr. 22 § 3 D. loc. cond. 19, 2 ist das invicem se circumscribere auch bei der locatio-conductio gestattet.

[106]) a. a. O. S. 9, 21.

[107]) Ausbeute 3 S. 215 ff.

Gemünzt sind diese Bemerkungen, wie gesagt, auf Gesterding's Ausführungen, sie treffen aber auch die römische Lehre selbst.

Träger[108]) bezeichnet die Anschauungsweise der römischen Juristen als eine künstliche und den thatsächlichen Verhältnissen zuwiderlaufende, fremdartige, deren Consequenzen mit den Erscheinungen des täglichen Verkehrs in empfindlichen Conflict gerathen. „Mit den Anforderungen und Bedürfnissen des täglichen Verkehrs standen die römisch-rechtlichen Grundsätze in grellem Widerspruche und versetzten, namentlich in größeren Städten, deren Geschäfts- und Bevölkerungsverhältnisse einen häufigeren Wechsel der Hauseigenthümer mit sich brachten, den Miether in eine prekäre schutzlose Lage."

Ziebarth[109]) nennt das Verfahren eines Hauseigenthümers, der dem Miether die Umzugskosten zahlt und ihn zum Ausziehen auffordert, weil das Haus verkauft sei, ein unehrenhaftes, wortbrüchiges. Er giebt zu, daß die Behauptung, der Vermiether könne mit seinen Interdicten jederzeit den Miether seines vertragsmäßigen Genusses berauben, auch wenn sie noch so sehr dem Wesen des Besitzes entspräche, auch wenn sie noch so deutlich in den Quellen bestätigt würde, doch für unser Rechtsgefühl etwas höchst Befremdendes behält. „Wie könnte man heutzutage," sagt er an einer anderen Stelle in Hinblick auf die Sprache der römischen Juristen, „eine Abhandlung über Miethsverträge schreiben, worin jedes dritte Beispiel von „Herauswerfen", „Nicht wieder hereinlassen" u. dgl. handelte." Gegen Savigny[110]) bemerkt er insbesondere: „Das praktische Bedürfniß nach directem Schutz gegen Dritte hätte der große Rechtslehrer, zumal hinsichtlich unseres selbständig entwickelten Pächterstandes nicht bestreiten sollen. Warum bestand denn bei der superficies die Möglichkeit und das Bedürfniß? Und doch ist die superficies nichts als eine conductio „non ad modicum tempus" und es ist völlig willkürlich, dieses modicum tempus näher zu bestimmen." Der Rechtshistoriker Degenkolb,[111]) stellt ganz in Uebereinstimmung mit dem Philosophen Schuppe, den Satz hin: „Der Identificirung des Eigenthums mit der Sache im Gegensatz der dinglichen Rechte liegt ein logischer Fehler zu Grunde." Im Weiteren bemerkt er: „Der Satz Kauf bricht Miethe ist neuerdings mit großer Schärfe und mit vollem Recht aus der von Anfang an zerbrechlichen Natur der Miethe erklärt worden. Auch der

---

108) a. a. O. S. 59 ff., 77, 78.
109) a. a. O. S. 9, 22. 125, 216.
110) s. o. S. 20.
111) Platzrecht und Miethe S. 150, 152, 169, 170.

unmittelbare Grund jener Zerbrechlichkeit liegt deutlich vor: er besteht in der Eigenschaft des sog. Miethsbesitzes als bloßer Detention." „Allein mit diesem Ergebniß tritt erst die eigentliche Kernfrage in den Vordergrund. Wir fragen: wenn aus der Detention jene absolute Zerbrechlichkeit der Miethe in dinglicher Beziehung folgt, warum gewährt man dem Miether nur Detention? warum nicht Rechtsbesitz und dingliche Klage? Die Frage ist nicht damit beantwortet, daß man die bloß obligatorische Berechtigung des Miethers als seinem Willen entsprechend und dies wieder als etwas Natürliches erklärt. Mit der ersten Behauptung wird die Frage nur anders gestellt. Die zweite Behauptung ist nicht bloß petitio principii, sondern eine der Wirklichkeit, wie uns scheint, geradezu widersprechende Fiction. Die rein obligatorische Miethe ist künstlich". „Der einleuchtendste Beweis gegen die Natürlichkeit der bloß obligatorischen Miethe ist die praktisch vorliegende Probe mit dem dinglichen Miethrecht. Ihr gegenüber die obligatorische Miethe als das schlechterdings Natürliche ausgeben, heißt darauf verzichten, die dinglich geschützte Miethe zu verstehen. Man frage Miether und Vermiether in dem Gebiete des preußischen A. L. R., ob sie den dinglichen Schutz des Miethers als etwas Unnatürliches empfinden. Die einmüthige Antwort wird verneinend lauten. Und das ist sehr natürlich. Ist es wahr, daß die Interessen des Miethers und zwar seine sachlich durchaus begründeten, vernünftigen Interessen in dem Entschädigungsanspruch aufgehen? Wenn dies nicht der Fall ist, so erkläre man, wie es möglich ist, in der rein obligatorischen Miethe ein Stehenbleiben bei der einfachen logisch-juridischen Natur des Miethsvertrags zu erblicken?" [112])

Von blinder Vorliebe für die geschilderten Zustände der Vergangenheit, welche man gelegentlich dem Rechtshistoriker zu imputiren pflegt, war auf diesem Gebiete bei den Romanisten der Gegenwart wenig zu bemerken. Und von einem Gegensatze zwischen Romanisten und Germanisten könnte nur insofern gesprochen werden, als die Germanisten eine bessere Meinung von dem römischen Rechte zeigten, als die Romanisten. [113])

---

[112]) Vgl. über Verträglichkeit der Miethe mit dinglichem Schutz nach römischem Recht S. 31.

[113]) Man vergleiche zu den früher Angeführten noch Heusler, Gewere S. 464 ff., welcher von einer gewissen Schwärmerei für die römische Besitzlehre nicht freizusprechen ist. Seine Bemerkungen richten sich in erster Linie freilich dagegen, dem Miether neben dem Eigenthümer Sachbesitz zu gewähren und so zu einem mehrfachen Sachbesitz an derselben Sache zu gelangen. Sie gehen aber über dieses Ziel hinaus, insofern sie dem Miether überhaupt dingliches Recht und

Doch haben auch noch in neuerer Zeit Romanisten sich des römischen Rechtes und seiner Brauchbarkeit für die Gegenwart angenommen. Wendt [114]) meint: „Unter Laien, zumal wenn sie ihren einseitigen Interessenstandpunkt vertreten, wird ein Hauseigenthümer oft herb als unredlich und wortbrüchig verurtheilt, wenn er sein Haus verkauft und von den Miethern intempestive die Räumung begehrt. Dies Urtheil ist jedenfalls in seiner einseitigen Befangenheit unrichtig. Man stelle sich nur auf den gegnerischen Standpunkt. Soll ein Hauseigenthümer eine günstige Gelegenheit zum langersehnten Verkaufe vorübergehen lassen und auf eine Chance verzichten, die sich ihm zum zweiten Male vielleicht gar nicht wieder bietet? Man thut ihm entschieden Unrecht, wenn man von ihm fordert, daß er die eigenen Interessen gegen die seiner Miether schlechthin zurücksetzen soll. Wohl bleibt eine billige Vereinigung das zu erstrebende. Im Uebrigen wird aber die Entschädigungspflicht m. E. genügen, wenn wirklich einer der Miether in Bedrängniß und Kosten gerathen sollte. Freilich für Unbequemlichkeiten und aufzugebende Affectionsinteressen ist in unserem Rechte noch keine Entschädigungspflicht anerkannt. Um mehr handelt es sich aber bei den Miethern in der Regel gar nicht."

Die zwei Grundgedanken dieser Ausführung sind also:

1. Man darf der speculativen Tendenz des Vermiethers nicht zumuthen, ein Benutzungsrecht, welches er für eine bestimmte Zeit rechtlich bindend garantirt hat, zu respectiren, wenn ihm dadurch ein Gewinn entgeht.
2. Für den Miether genügt die freilich regelmäßig rechtlich factisch oder processualisch gar nicht zu realisirende, Entschädigungspflicht.

Seitdem Georg Heinrich Ayrer, [115]) in seiner Einladungsschrift ad domum propriam, in quam ex conducticia nuperrime migravi, der Freude seines Herzens über sein Ausscheiden aus dem armseligen Stande der Miether Ausdruck gegeben hat, ist allerdings ein so unbedingter Lobspruch der römischen Gestaltung unserer Frage wohl nicht mehr geworden.

---

auch iuris quasi possessio versagen wollen. Daß das Gegentheil in der That nur auf Kosten der juristischen Consequenz sich erreichen lasse, wird aber nur behauptet und dafür, daß die juristische Consequenz beim Nießbraucher Dinglichkeit und Besitz erheische, beim Miether aber nicht, eine Erklärung nicht gegeben.

[114]) a. a. O. S. 237.

[115]) De genere act. adversus conductorem, opuscula I, 6 S. 219 ff.

Von einem anderen Standpunkte aus vertheidigt Kuntze [116]) — ohne übrigens den ganzen Fragencomplex für erledigt ausgeben zu wollen — das römische Recht. Er führt aus, dingliche Miethen und Pacht seien ein schwerer Hemmschuh für die Verkehrsbewegung der Güter selbst. Der moderne Verkehr dränge nach möglichster Freiheit des Umlaufs der Güter, werde der längeren Dauer der Mieth- und Pachtverhältnisse immer abholder, daher die durch Kaufsübertragung gefährdeten Interessen immer weniger belangreich sein dürften.

Auf den ersten Blick könnte auch Bruns [117]) als Vertheidiger der Vortrefflichkeit des römischen Rechtes erscheinen. In Wahrheit handelt es sich aber bei Bruns nur um eine Erklärung der römischen Herausbildung des Miethsrechtes, nicht um den Nachweis seiner Brauchbarkeit für die Gegenwart. Er sagt: „Vom Standpunkte einer objectiv über den Parteien stehenden legislativen Zweckmäßigkeit ist das (die Annahme der „Natürlichkeit eines dinglichen Elementes in der Miethe") gewiß richtig. Wenn man sich aber die erste Entstehung und Bildung des Miethbegriffes im Volksleben vergegenwärtigt, so ist es das Einfachste und insofern auch das Natürlichste, daß der Vermiether dem Miether nicht mehr Recht einräumt, als nothwendig ist, um den Zweck der Miethe, das frui zu erreichen. Dazu reicht aber die römische Obligation des Vermiethers unzweifelhaft aus. Allerdings ist es für den Miether bequemer und vortheilhafter, ein „dingliches Element in seiner Miethe zu haben, allein an sich kann die Miethe auch ohne das sein, wie das römische Recht zeigt". „Daß im modernen Rechtsbewußtsein eine solche Hinneigung zu einer so zu sagen Verdinglichung der Miethe oder Verselbständigung des Miethsrechtes stattfindet, ... ist gar nicht zu läugnen." Und wenn er später gegen Jhering den Satz vertheidigt, daß der Detentor nach der römischen Auffassung gar keinen unmittelbaren Willen in Beziehung auf die Sache habe, so unterläßt er doch nicht zu bemerken, daß die heutige Rechtsanschauung über diesen Standpunkt hinausgehe. Der einzig mögliche Standpunkt, den man für das heutige Recht einnehmen könne, sei der des Quasibesitzes in der Analogie vom Nießbrauch. „Nach römischem Rechte war diese Annahme nicht möglich, weil danach der animus des Miethers direct nur auf die Verpflichtung des Vermiethers gerichtet ist, und er die Sache selber nur indirect aus dessen Person haben und nutzen will, sein Habenwollen der Sache daher für Dritte sowohl als den Vermiether selber gar keinen äußeren Angriffspunkt bietet."

116) Bei Holzschuher, Theorie und Casuistik des gem. Civilrechts III § 299 S. 882.

117) Die Besitzklagen S. 238, 243, 296.

Wenn nach allem diesem die Erforscher des römischen Rechtes zur Zeit fast einig darin sind, daß die römische Gestaltung des Miethsrechtes eine unnatürliche und unzureichende ist, so ist es begreiflich, daß man bemüht gewesen ist, diese Eigenthümlichkeiten, diese merkwürdige Zerbrechlichkeit des Miethsverhältnisses aus besonderen rechtlichen oder wirthschaftlichen Verhältnissen zu erklären. Manche dieser Versuche sind schon in den vorstehend mitgetheilten Aeußerungen der Schriftsteller wiedergegeben.

Träger [118]) findet die Erklärung in dem Princip der möglichst geringen Beschränkung des Eigenthums durch dingliche Rechte, in der regelmäßigen Zulassung nur **eines** Besitzes an derselben Sache und in der rücksichtslosen Auseinanderhaltung von Eigenthum und Obligation.

Ziebarth [119]) meint ebenfalls, daß das römische Eigenthum absichtlich möglichst frei und uneingeschränkt gehalten wurde.

Degenkolb [120]) findet den Grund dafür, daß die römische Miethe rein obligatorisch geblieben sei, in der zeitlichen Begrenzung, welche der Absolutheit der dinglichen Rechte zuwider sei, und in der inneren Bedingtheit des Miethsrechtes. Wegen beider Eigenschaften habe sich die Miethe nach den Rechtsanschauungen der Römer, namentlich denen der älteren Zeit, nicht zur Constituirung eines civilrechtlichen ius in re aliena geeignet. Daß der Vermiether nur vorbehaltlich seines Besitzrechtes und vorbehaltlich der Räumung des Miethers im Falle eigenen Bedarfs verpflichtet sei, erkläre sich daraus, daß die Miethe ursprünglich ein Realvertrag gewesen sei, bei welchem der Miether ein anderes Recht, als bei Nichterfüllung den Miethszins zurückzufordern, nicht gehabt habe. [121])

Den Ursprung der locatio-conductio verlegt Degenkolb in die römische Verwaltung, „welche in Form und Inhalt ihrer Rechtsgeschäfte nicht schlechterdings an die Schranken des Privatrechts gebunden war.“ [122]) Vor allem ist sie ihm eine Form der Verleihung öffentlicher Ländereien, ohne daß er indeß dieser ein höheres Alter als der locatio-conductio operis [123]) zuschreiben will. Locare würde nach seiner Ansicht in der natürlichen Bedeutung des Vergebens eines locus am besten auf die

---

118) a. a. O. S. 53—56.

119) a. a. O. S. 156.

120) Platzrecht und Miethe S. 127—137, 154, 167, 183 ff.

121) Zustimmend Pernice, Labeo S. 466. — Bekker, Actionen I S. 159 A. 77: „könnte sich diese Herleitung gefallen lassen, hat aber Zweifel aus der nicht jüngeren locatio conductio operarum. Darüber Pernice a. a. O. I S. 468.

122) Dazu Mommsen, römisches Staatsrecht 2, S. 957, Göppert, in der Zeitschr. f. Rechtsgesch. 4, S. 254, Heyrovsky, leges contractus S. 70.

Landpacht passen, conducere, zusammenführen auf Sclaven- und Viehmiethe. Er hält es aber für wahrscheinlicher, daß bei der locatio-conductio diese Worte von vornherein schon die abstractere, auf alle Arten passende Bedeutung „vergeben bezw. davontragen“ gehabt hätten.

Dernburg[124]) glaubt, daß die älteste Art der Sachmiethe bei den Latinen, welche ursprünglich sämmtlich Eigenthümer oder Precaristen waren, die Vermiethung von Spannvieh und Sclaven gewesen sei.

Dafür sprächen auch die Ausdrücke locare (Aufstellen), conducere (Wegführen). Dann wäre nicht nur der Mangel gesetzlicher Kündigungsfristen, sondern vor allem das Nichtgebundensein des Käufers an die Vermiethungen des Verkäufers erklärt. Daß sich letzteres bei der Ackerpacht und Wohnungsmiethe entwickelt hätte, wäre schwer begreiflich. Die spätere Uebertragung dieser Sätze auf die späteren Fälle sei dann möglich gewesen, ohne daß man den „blanken Classenegoismus“ hätte herauskehren müssen.

In wesentlich anderer Weise und mehr in der Richtung Degenkolbs erklärt Mommsen[125]) die Entwickelung der Miethe. Die locatio-conductio hätte sich ebenso wie die emtio-venditio im Gemeindevermögensrecht entwickelt.[126]) Locare (placiren, unterbringen) passe auf Verdingung von Staatsländereien und öffentlichen Unternehmungen. Bei der Annahme des apparitor (l. operarum) sei dagegen dieser, nicht der Staat, der locator. Conducere (zusammenbringen) beziehe sich in erster Linie auf den Apparitorenvertrag, welcher demnach der älteste sein würde, und sei dann auf die anderen Fälle übertragen, aber so, daß nicht mehr die Gemeinde, sondern der Private der Conducent war. Diese publicistischen Verträge seien später in das Privatrecht übernommen. Bis dahin habe es also für privatrechtliche Miethsverträge überhaupt keinen Rechtsschutz, oder doch keinen unter der Herrschaft der bona fides stehenden Rechtsschutz gegeben.[127])

Es kann nicht die Aufgabe dieses Gutachtens sein, über die mit-

---

[123]) Die l. c. operarum (Sklavenmiethe) ist ihm ursprünglich l. c. rei. Dagegen Mommsen, Die römischen Anfänge von Kauf und Miethe, Zeitschr. der Savignystiftung für Rechtsgeschichte, Rom. Abth. VI, S. 268.

[124]) Pandekten II S. 287, 288.

[125]) a. a. O. S. 266 ff. und Staatsrecht 2, S. 441 u. 1, S. 165, Pernice, Labeo I, S. 468, Heyrovský, a. a. O. S. 106.

[126]) Als Anklänge an diese Periode erscheinen ihm das Erforderniß der festen Geldsumme als Gegenleistung und die Pachtremissionen. Vgl. auch Heyrowsky, a. a. O. S. 107.

[127]) Vgl. a. die Ausführungen von Geller a. a. O. S. 324—330.

getheilten Anschauungen und Erklärungsversuche ein abschließendes Urtheil zu geben.

Daß man auf rechtsphilosophische Gründe für die prekäre Gestaltung der römischen Miethe verzichten muß, dürfte evident sein.

Culturhistorisch liegt für die Anfänge der römischen Entwickelung die Erklärung in dem Erfahrungssatze, daß bei primitiver Entwickelung der Ackerpacht und der Wohnungsmiethe die Interessen des mächtigeren Vermiethers gegenüber denen des abhängigen Miethers in den Vordergrund zu treten pflegen. Warum nicht im Laufe der weiteren Entwickelung des Miethswesens und mit dem Fortschreiten der Cultur ein besserer Rechtsschutz sich für den Miether herausgebildet hat, ist damit freilich noch nicht erklärt.[128]) Indeß wenn man sich vergegenwärtigt, daß

---

[128]) Es hat den Anschein, als ob der Pächter- und Mietherstand im römischen Gebiet fortdauernd ein untergeordneter geblieben ist.

Es gab in Italien keinen angesehenen Pächterstand. Nur kleine Leute sind Pächter (Mommsen, römische Geschichte 3. Aufl. 1, S. 828, Pernice, Labeo I, S. 466 unter Berufung auf Columella de re rustica I, 7).

Für das Wohnungswesen haben die pompejanischen Ausgrabungen das Meiste zur Aufklärung beigetragen. In Pompeji haben sich keine eigentlichen Miethscasernen gefunden (Richter, insula, im Hermes 20, S. 98), wohl aber Häuser, in welchen Nebenwohnungen zum Vermiethen eingerichtet sind und welche man hier insulae nennt. So das aus zwei vereinigten Häusern bestehende, jetzt sogenannte Haus des Pansa (Jordan, Topographie der Stadt Rom S. 539, Overbeck, Pompeji, 3. Aufl. S. 291, 309, Guhl und Koner, das Leben der Griechen und Römer 2, S. 81), welches ein ganzes Häuserviertel einnimmt. Das eigentliche Haus bewohnt der angesehene und reiche Eigenthümer. Dasselbe ist aber von tabernae (Läden, z. Theil mit Mühlen- und Bäckereinrichtung) umgeben, welche im Allgemeinen mit dem Haupthause nicht in Verbindung stehen, aber zum Theil mit Hinterzimmern bez. mit Zimmern im oberen Stockwerk (coenacula) versehen sind, zu welchen eine besondere Treppe führt. Zwischen den Läden befinden sich aber auch eine Reihe kleiner Parterrewohnungen ohne Geschäftslocal. Ob aus dem Geschmeide und dem Silbergeld, welches man bei dort entdeckten Frauengerippen vorgefunden hat, auf eine anständige Wohlhabenheit der Bewohnerinnen geschlossen werden muß (so Overbeck a. a. O. S. 292), mag dahingestellt bleiben. Aehnliche Einrichtungen am Hause des Holkonius (Overbeck a. a. O. S. 259), insbesondere für eine Färberei. Es werden aber auch Einzelwohnungen im Obergeschoß vermiethet. In der casa del balcone pensile war eine aus drei erkerartig vorspringenden Zimmern (maenianum) bestehende Miethswohnung, von welcher, obwohl sie den Haupteingang mit dem Eigenthümer gemeinsam hat, die Privatwohnung, welche sich in ihrer äußeren Erscheinung sehr vortheilhaft von diesem unansehnlichen, schmucklosen, nothdürftig beleuchteten Miethsquartier abhebt, vollständig abgeschlossen werden konnte. Ein aufgefundener Helm weist auf einen pensionirten Gladiator als Bewohner hin (Overbeck a. a. O. S. 232).

Auf das Haus des Pansa soll sich eine Vermiethungsanzeige (Corp. Inscr. Lat. IV, 138 Jordan a. a. O. I, 1, S. 539, Nissen, pompejanische

auch heute noch im Gebiete des gemeinen Rechts ähnliche Zustände wie vor zwei Jahrtausenden in Rom bestehen, so wird man dem Beharrungs-

Studien S. 379, 600) beziehen, inhalts deren in der Insula Arriana Polliana von den nächsten Iden des Juli ab Ladenwohnungen (tabernae cum pergulis suis) und herrschaftliche Quartiere (cenacula equestria) zu vermiethen sind. Eine andere Vermiethungsanzeige (im Museum in Neapel, Corp. Inscr. Lat. IV. 1136, Overbeck a. a. O. S. 425 ff., Nissen a. a. O. S. 379, 600) kündigt an, daß eine Vermietherin auf ihren Grundstücken zu vermiethen hat ein elegantes Bad (balneum venereum) und 900 (!) tabernae, pergulae, cenacula. Interessant ist die Zeitangabe, von den Iden des August ab auf 5 Jahre hintereinander. Am Schluß stehen die bis jetzt noch nicht sicher erklärten Zeichen: S. A. D. L. E. N. C. (vgl. Mommsen bei Orelli-Henzen III. S. 469 u. Corp. Inscr. Lat. 1136).

Ueber Wohnungsverhältnisse und Wohnungsnoth in Rom enthält Vorzügliches die Schrift von Pöhlmann, die Uebervölkerung der antiken Großstädte im Zusammenhange mit der Gesammtentwickelung städtischer Civilisation dargestellt, Nr. 24 der Preisschriften der Fürstlich Jablonowski'schen Gesellschaft.

Im Einzelnen ist aber bezüglich des Wohnungswesens in Rom noch Manches dunkel. Vor allem ist der Gegensatz domus und insula, gewöhnlich mit Privathaus für einzelne Familien und Miethshaus für zahlreiche Inquilinen wiedergegeben, ebenso wenig wie die Einrichtung der insulae in sicherer Weise festgestellt. (Vgl. Becker und Marquardt, römische Alterthümer 5, 1, S. 226). Der Name insula (Richter a. a. O. 20, S. 91—100, Jordan, a. a. O. I, S. 541 ff.) rührt offenbar von dem ambitus her, den die einzelnen Gebäude nach Vorschrift der 12 Tafeln nach allen Seiten frei haben mußten. Er wird aber beibehalten, nachdem die Häuser hart aneinandergerückt sind. (Gelegentlich wird der Name insula auch auf das Häuserviertel (vicus) übertragen). Richter sucht unter Berufung auf 2 Inschriften (Orelli 4351 u. Corp. Inscr. Lat. VI, 2 n. 10 248) und eine Reihe von Berechnungen auf Grund des römischen Stadtplans nachzuweisen, daß später diese insulae vielfach unter mehrere Eigenthümer vertikal oder in anderer Weise getheilt gewesen seien, und daß auch die einzelnen Theile den Namen insula geführt hätten.

Die Reste des Stadtplans (vgl. Jordan, forma urbis Romae) können (nach einer Notiz des Herrn Professor Gilbert hier) die Unklarheit betreffs des Verhältnisses zwischen insulae und domus nicht heben, man kann verschiedene domus und lange Reihen von tabernae unterscheiden, während große Miethskasernen schwer nachzuweisen sind.

In Rom sind natürlich viel eher Wohnungen und andere Räume vermiethet worden, als es eigentliche Miethskasernen gab. Es wurden auch, obwohl das nur selten vorgekommen zu sein scheint, ganze domus vermiethet (z. B. Cic. ad Quint. fratrem 2, 3, 7). Dagegen ist es nicht üblich und wohl auch nicht angängig, ein solches Haus an mehrere Miethsparteien zu vermiethen. Daher darf der Nießbraucher die domus nicht durch Theilung in einzelne coenacula zu einer Miethswohnung umgestalten. Er kann sie nur im Ganzen (quasi domus) vermiethen. (fr. 13 § 8. D. de usufr. 7, 1.)

Einer der ältesten Fälle der Lokalmiethe wird die Vermiethung der in Staatseigenthum stehenden tabernae (Verkaufsbuden) gewesen seien, welche sich am Markt,

vermögen gewiß einen erheblichen Antheil daran zuschreiben. Letzterem ist es auch wohl zur Last zu legen, wenn nicht nur für Miethe und

---

unter den Hallen des Erdgeschosses fast aller öffentlichen Gebäude, namentlich der Theater und Circus fanden. (Jordan, Topographie der Stadt Rom I, S. 483.) Die tabernae der Wechsler und Fleischer sind schon im 5. Jahrhundert der Stadt vorhanden (Jordan a. a. O. I, 1, S. 500, Marquardt, Verw. 2. 146). Die Tabernen am forum wurden nach dem Brande vom Jahre 541 d. Stadt wieder aufgebaut (Livius 27, 11 a. E.).

Für die Entwickelung des Miethswesens bei Privathäusern müssen namentlich die in Pompeji gefundenen Verhältnisse den Hauptanhalt geben. Danach ist es wahrscheinlich, daß in Rom, ehe es zur Erbauung eigentlicher Miethskasernen kam, an den domus Räume angebracht gewesen sind, welche nicht mit dem Hauptgebäude in Verbindung standen, sondern ihren besonderen Eingang von der Straße hatten. Sie mögen von Anfang an nicht zur Vermiethung, sondern zur gratuita habitatio für Klienten und Freigelassene gedient haben; allmählich wird man aber zur unentgeltlichen, zunächst natürlich sehr prekären Ueberlassung übergegangen sein. Diese Nebenräume heißen tabernae, wenn sie zur ebenen Erde liegen; coenacula, wenn sie im oberen Stockwerk belegen sind. Im letzteren Falle pflegen sie ihre besondere Treppe zu haben. (Festus p. 54. coenacula, ad quae scalis ascenditur.) Eine derartige Einrichtung hatte, wohl noch nicht zu Miethszwecken, nach Livius 39, 14 schon im Jahre 566 der Stadt das Haus der vornehmen Römerin Aebutia. Um die Angeberin der Bacchanalien, die Dirne Hispala, im coenaculum super aedes sicher unterzubringen, wird die nach der Straße führende besondere Treppe verschlossen und ein besonderer Eingang von dem Haupthause her eingerichtet.

Es scheint nun, wenn ein Nichtfachmann eine Vermuthung äußern darf, als ob die Miethsräume in den insulae nicht nur die gleichen Namen (tabernae oder pergulae und coenacula), sondern auch die gleiche Einrichtung gehabt hätten, wie diese Nebenräume der domus. Daraus dürfte sich schließen lassen, daß das Miethshaus aus der domus herausgewachsen ist. Während auf der einen Seite Bürgerhäuser im alten Stil sich ganz freihalten von solchen Nebenbauten und allmählich zu Palästen für Vornehme und Reiche mit Vorhof und Park werden (Jordan a. a. O. S. 536), rückten andere Häuser näher aneinander, Nachbarhäuser werden dazu gekauft, die Zahl der tabernae und coenacula wird vermehrt (Jordan a. a. O. S. 537). Die eigentliche domus tritt in den Hintergrund, verschwindet vielleicht ganz. Die coenacula werden größer. Mancher miethet nun ein coenaculum, um dasselbe in einzelnen cubicula und exedrae an Aftermiether abzugeben (coenaculariam exercere, (fr. 5 § 1 D. de his qui effud. 9, 3). Einzelne Theile, das medianum (Flur) oder, wenn in fr. 5 cit. menianum zu lesen ist, der Altan können dabei gemeinschaftlich bleiben.

Vor allem aber zwingt schon zu Ende der republikanischen Zeit das Bedürfniß zu immer größeren Dimensionen. Die Häuser thürmen sich in einer bei der damaligen Bauweise (Holz- und Fachwerk) höchst gefährlichen Weise in vier und fünf Stockwerken auf. Man wohnt in Kellerwohnungen und unter dem Dache zusammengepfercht. Einstürze und Brände, bei denen eine Reihe von Miethern ihr Leben verliert, gehören zu den gewöhnlichsten Vorkommnissen. (Bekker-Marquardt, römische Alterthümer 5, 1, S. 226, Friedländer, römische Sittengeschichte I S. 25,

Pacht von unbeweglichen und beweglichen Sachen, sondern auch für Dienstmiethe und Werkverdingung eine gemeinsame Regelung dauernd bei-

---

Jordan, a. a. O. I S. 535, Pöhlmann, a. a. O. S. 89—99, Brissonius. selectarum ex iure civili antiquitatum lib. I cap. I, fr. 3 § 8 D. de in rem verso 15, 3, c. 1 C. de aedificiis privatis 8,10, Aurel. Victor epit. 13, Strabo 5 p. 235, Plinius 3, 67, Vitruvius 2, 17, Martial., 1. 117. Aber die alte Einrichtung ist in ihren Grundzügen geblieben, ja heute noch aus dem Alterthum herübergenommen, in Rom zu sehen. „Jedem, der zuerst nach Rom kommt, sagt Richter, a. a. O. 97, wird aufgefallen sein, daß der Unterstock der Häuser, selbst da, wo keine Kaufläden sind, in der Regel nicht aus Fenstern, sondern aus Thüren besteht." „Das Haus hat natürlich nur einen Eingang, alle übrigen Thüren führen in Einzelräume, die mit dem Hause in gar keinem Zusammenhang stehen. Gelegentlich führt aus dem unteren Raume eine Treppe in den darüberliegenden Mezzanino und damit ist denn die Wohnung abgeschlossen. Hier wohnen in schlechten Quartieren arme Handwerker und Handelsleute, in besseren werden sie zu Läden benutzt, der darüberliegende Mezzanin zum Lager, zur Werkstatt 2c." (vgl. auch Nissen a. a. O. S. 609). Die Parterrelocale (tabernae) sind nicht immer Läden, sondern auch Wohnungen für geringere Leute (taberna = omne utile ad habitandum aedificium, Ulpian. in fr. 183 D. de V. S. 50, 16, pauperum tabernas, Horat. Oden I 4, 13, Nissen a. a. O. S. 600). „In den tabernae oder pergulae hält der Argentarius seine Wechslerstube (Plin. 21, 8), der Künstler sein Atelier (Plin. 36, 84), der Lehrer seine Schule (Sueton. Aug. 94), der Händler seine Butike (Juvenal. 11, 136), hier nimmt die Meretrix ihre Besuche an (Plaut. Pseudolus 1, 2, 78, 92). (Notiz des Herrn Prof. Gilbert.) Die Straßen wurden in großem Umfange zu gewerblichen Zwecken mitbenutzt und dadurch der Straßenverkehr eingeengt (Martial. VII, 61, Pöhlmann, S. 78).

Auch in der insula werden noch gratuitae habitationes für Freigelassene und Clienten gegeben (fr. 5 § 1 D. de his qui effud. 9, 3. Legat einer taberna cum caenaculo in einer insula nebst Waaren, Werkzeug und Hausrath an den Freigelassenen Pardula nach fr. 7 D. de instructo vel instrum. legato 33, 7. Nissen a. a. O. S. 600). Im Wesentlichen dienen aber die insulae zum Erwerb durch Vermiethen (über die Art und Weise s. o. S. 11 A. 41).

Nach Jordans Ansicht soll insula in der Bedeutung von Miethswohnung vor Cicero nicht nachweisbar sein. Jedenfalls bildet aber, wenn nicht schon zu dieser Zeit, so doch sehr bald darauf der Ertrag der Miethshäuser einen bedeutenden Theil des Vermögens der Wohlhabenden (Jordan a. a. O. S. 537).

Ueber die Miethspreise finden sich folgende Notizen:

Sulla wohnt als junger Mann in knappen Verhältnissen für 3000 Sesterzen jährlich in einem Hause, dessen oberes Stockwerk ein Freigelassener für 2000 Sesterzen inne hat. (Plutarch, Sulla 1, 2, 4, Pernice, Labeo I S. 467, Meierotto, Ueber Sitte und Lebensart der Römer, 2. Aufl. II S. 104, Friedländer, Sittengeschichte III S. 78). — Aemilius Lepidus, der für eine Jahresmiethe von 2400 Sesterzen ein Haus gemiethet hat, wird wegen Verschwendung vor den Censor citirt (Vellejus Paterc. 2, 1 u. 10, Meierotto a. a. O. S. 105). — Coelius läßt auf den Vorwurf, er zahle 12000 Sesterzen Miethe, entgegnen,

behalten wurde. Es war auch dieser Umstand mit Nothwendigkeit ein gewichtiges Hinderniß, wenn es sich darum handelte, Wohnungsmiethe und Ackerpacht so zu regeln, wie es dem speciellen, durch diese Einrichtungen zu befriedigenden wirthschaftlichen Bedürfnisse entsprach.

---

er gebe nur 4000 Sesterzen für eine Miethswohnung in der insula des P. Clodius (Cicero pro Caelio VII, 17, Meierotto a. a. O. S. 106). — Pomponius, in schlechten Verhältnissen, wohnt zur Miethe in einem Hause an der Tiber für 3000 Sesterzen (Bekker, Gallus I S. 63).

Bis zum Betrage von 2000 Sesterzen (435 M.) gingen die Miethsnachlässe Cäsars. Es ist das also die Wohnungsmiethe für die unteren Klassen (Sueton., Caesar 36, Dio Cassius 42, 51. 48, 9. Pernice a. a. O. I S. 467, Friedländer a. a. O. I S. 21).

Die Miethspreise sind also keineswegs gering. Juvenal klagt III, 166 über die hohen Preise für die armseligsten Wohnungen (vgl. auch Pöhlmann, S. 76, 84).

Für die untergeordnete Stellung des inquilinus spricht noch Folgendes: Der Vicewirth (insularius) bildete nach Richter a. a. O. S. 100 die unterste polizeiliche Instanz. Nach oben war derselbe dem Vicomagister verantwortlich. Der praefectus vigilum kann ihn geißeln lassen, wenn er die Feuerpolizei nicht genügend handhabt. (Rescript der Kaiser Severus und Antoninus nach fr. 5 D. de officio praef. vigilum 1, 15, Jordan, Topographie der Stadt Rom I, 1, S. 541.) Wie mag da erst mit den dem insularius untergebenen Inquilinen verfahren sein? Alles in allem: Zur Miethe wohnen im Wesentlichen die auf Korn- und Brotspenden angewiesenen 200 000 (Richter a. a. O. S. 97), die geringen Handwerker und Gewerbetreibenden, welche besonders zu schützen die herrschende Klasse nicht geneigt war.

Pöhlmann schildert (S. 88 ff. und 106 ff.) die sich üppig entfaltende Baustellenjobberei und das gewerbsmäßige Wohnungsvermietherthum. Das Haus sei zur Waare geworden; dem Eigenthümer sei es nicht um ruhigen Besitz, sondern um möglichst hohen Gewinn zu thun gewesen, sei es durch Vermehrung der daraus zu ziehenden Rente, sei es durch möglichst vortheilhaften und raschen Umsatz. Das Monopol der Hausbesitzer wurde zu Ungunsten der großen Masse der Bevölkerung ausgebeutet. Vermiether und Miether stehen im Verhältniß wie Herr und Höriger. Der Wohnungswechsel ist ein sehr starker. Die allgemeine Unsicherheit des Wohnens war eine der wirksamsten und nachhaltigsten Ursachen der Wohnungsnoth.

Daß zu diesen Zuständen ein Miethsrecht, welches den Miether im Allgemeinen und insbesondere jedem neuen Erwerber des Hauses gegenüber rechtlos machte, vortrefflich paßte, liegt auf der Hand Die römischen Juristen ließen es sich daher auch nicht verdrießen, mit ihren angeblich logischen Folgerungen aus der persönlichen Natur der Miethe und dem dinglichen Recht der Eigenthümer dem Dinge ein ehrbares juristisches Mäntelchen anzuziehen und die für jeden Unbefangenen klar zu Tage liegende Wahrheit zu verschleiern, daß der Verkäufer des vermietheten Hauses auf den Erwerber Rechte überträgt, die er bereits dem Miether eingeräumt hatte.

§ 3. Germanisches Recht.

Im Mittelalter erfolgte die zeitweise Ueberlassung von Ackergrundstücken und Häusern seitens des Eigenthümers an Nichteigenthümer in wesentlich anderen Formen als in denen der römischen oder modernen Miethe. Eine Zeitpacht oder Häusermiethe im heutigen Sinne hat sich erst verhältnißmäßig spät in Deutschland entwickelt. „Eine rein persönliche locatio-conductio nach römischer Weise" sagt Arnold,[129]) „blieb dem Mittelalter fremd."

In der älteren Zeit gab es in den Städten neben dem Eigenthum nur Verleihung zu hofrechtlichem Besitz an Unfreie gegen bestimmte Abgaben ohne dingliches Recht. Seit dem 12. Jahrhundert entwickelt sich aber aus dieser hofrechtlichen Verleihung die Häuserleihe an Freie, ebenfalls gegen eine übliche zu entrichtende ewige Rente, aber vererblich, veräußerlich (jedoch nur mit Zustimmung der Leiheherrn) und mit festem dinglichen Recht. Bei der Verleihung ist vielfach nur der Bauplatz vorhanden. Das Haus errichtet der Leiher, welcher häufig einen Theil des Bodens oder Nebengebäude weiter verleiht. Die Leihe steht offenbar der römischen Superficies[130]) oder Emphyteusis näher als der locatio-conductio, weshalb denn auch die geistlichen Gerichte, welche römisches Recht anzuwenden hatten, diese Häuserleihe unter die Grundsätze von der Emphyteusis brachten. Deutschrechtlich ist das Verhältniß als getheilte Gewere, als getheiltes dingliches Recht zu betrachten. Wie sich im weiteren Verlaufe der Entwickelung aus dem Leiherecht Eigenthum mit Zinspflicht und schließlich durch Ablösung des Zinses freies Eigenthum entwickelt hat, interessirt hier nicht.

Obwohl nun die Stadtrechte und Rechtsbücher öfter der Miethe als der Leihe gedenken, während bei den Urkunden das Umgekehrte der Fall ist, hat Arnold die Ueberzeugung gewonnen, daß die Miethe bis zum Ausgange des 14. Jahrhunderts zu den Seltenheiten gehört hat. Es sei auf Probe oder zu vorübergehenden Anläßen (Hoftagen, Messen) an Fremde vermiethet. Als dauerndes Verhältniß habe sie nirgends dem nach festen Verhältnissen strebenden städtischen Leben der älteren Zeit entsprochen. Mit der Beweglichkeit des Lebens gegen Ende des 15. Jahrhunderts in Folge der Vollendung der Geldwirthschaft und des Auf-

---

[129]) Das Folgende beruht auf Arnold, Zur Geschichte des Eigenthums in den deutschen Städten, insbes. S. 34—36, 49, 58, 141 ff., 153, 192, 196, 259, 303. Vgl. Arnold, Studien zur deutschen Culturgeschichte S. 270 ff.

[130]) Ausführung des Vergleichs bei Arnold, Eigenthum S. 196.

kommens von nicht an den Ort gebundenen Berufsständen sei die eigentliche Miethe häufiger geworden. In jüngeren Städten, namentlich Residenzstädten und Universitätsstädten, sei nun gleich damit angefangen. Es sei aber oft schwer, im einzelnen Falle Leihe und Miethe zu unterscheiden.[131])

Auch auf dem Lande[132]) handelt es sich ursprünglich nur um Verleihung an Hörige zu Hofrecht (schlechte Leihe auf Widerruf oder Herrengunst). Der Hörige hat bestimmte Lieferungen an Früchten, Federvieh, Eiern und Käse zu machen und unterliegt dem Besthauptsrecht. Eine weitere Stufe in der Entwickelung bildet die Landsiedelleihe.[133]) Anfangs ist dieselbe der Zeitpacht ähnlich. Durch längere Pachtperioden und regelmäßige Erneuerung wird dieselbe factisch erblich und nimmt den Charakter der Dinglichkeit an. Aus der Leihe zu Landsiedelleihe wird im 14. und 15. Jahrhundert vielfach die Leihe zu Mergelrecht, wenn das dem Landsiedel regelmäßig nicht zustehende Recht der Besserung hinzutritt, wenigstens soweit es auf das Mergeln ankam.[134])

Ueber diese Mittelstufen hinaus entwickelt sich dann die Erbleihe. Namentlich die stets erbliche Leihe zu Waldrecht hat von Klöstern und weltlichen Grundherren geübt ganz wesentlich zur Urbarmachung deutschen Bodens beigetragen.. Der Bauer, welchem gegen eine Jahresrente und mit dem Rechte der Besserung ein Stück Wald übergeben wird, um den Wald auszuroden, Haus und Hof zu errichten und das Uebrige in Ackerland zu verwandeln, erlangt eine Art Nutzeigenthum.

Leihe auf Zeit und Zeitpacht sind freilich ebenfalls schwer zu unterscheiden. Die römischen Fälle der locatio-conductio und Emphyteusis sind nicht ausreichend, um alle Fälle hiernach abzutheilen.[135])

---

[131]) Beispiele von Miethe und Pacht geben: Lörsch und Schröder, Urkunden zur Geschichte des deutschen Privatrechts Nr. 94 v. Jahre 1229 (Vermiethung eines Kellers zu Köln auf 8 Jahre), Nr. 139 v. Jahre 1299 (Vermiethung eines Hauses zu Frankfurt am Main auf Lebenszeit des Miethers), Nr. 158 v. Jahre 1320 (Verpachtung einer Mühle zu Wismar auf 4 Jahre), Nr. 198 v. Jahre 1379 (Verpachtung von Acker auf unbestimmte Zeit zu Wörth am Main).

[132]) Vgl. Arnold, Ansiedelungen und Wanderungen deutscher Stämme namentlich S. 545 ff, 580 ff.; dazu Geschichte des Eigenthums S. 34, 55, 145, 193.

[133]) Reiches Material bei Lennep, Abhandlung von der Leihe zu Landsiedelrecht.

[134]) Unter Besserung, welche beim Abzug vom Grundherrn vertragsmäßig vergütet werden muß, verstand man Mist und Mergel (Oberbesserung) und Gebäude (Besserung). Vgl. Arnold, Ansiedelungen S. 591. — Factisch kommt die Besserung auch bei der Landsiedelleihe in Betracht. Das. S. 583. Vgl. auch Sachsenspiegel II Art. 53.

[135]) Arnold, Eigenthum S. 193.

Das germanische Recht hatte, wie die Geschichte der Leihe zeigt, den Trieb, jede Ueberlassung einer Sache zum Gebrauche an Andere dinglich zu gestalten. Daher kann Heusler[136]) sagen: „Nicht nur die Pachtverhältnisse an Immobilien, sondern auch alle aus Miethe, Leihe, Hinterlegung entstandenen Gewaltverhältnisse über bewegliche Sachen sind im deutschen Recht dinglich gestaltet. Haus- oder Wohnungsmiethe, in der Art der römischen locatio-conductio gedacht und construirt, ist dem alten Recht unbekannt, jede Leihe bringt für den Miether ein dingliches Recht mit sich, und erst unter dem Einfluß des römischen Rechts ist in den Städten neben die dingliche Leihe die rein persönliche locatio-conductio getreten. Bei beweglichen Sachen stehen Vermiethung, Leihe (Commodat), Hinterlegung bezüglich der Beschaffenheit des Rechts des Empfängers der Sache auf gleicher Linie mit der Verpfändung, in allen Fällen erhält der Empfänger die Sache in seine Gewere und damit unter sein dingliches Recht." „Rein obligatorische Pachtverhältnisse im Sinne der römischen locatio-conductio hat das deutsche Recht nicht zur Erscheinung gebracht, denn es kennt eine Detention nur auf Seiten desjenigen, der kein Recht auf Innehaben hat (des Verwalters, Amtmanns), nicht aber auf Seite dessen, der auf Grund eines Rechtes inne hat. Wer die Nutzung des Gutes bezieht, hat die Gewere, und wer in Geweren ist, übt ein dingliches Recht aus. Der Bezug der Nutzung aus dem Gute mußte als Ausdruck einer Herrschaft über die Sache erscheinen, und die knappen obligationenrechtlichen Normen hätten hier in keiner Weise ausgereicht zu einer befriedigenden Gestaltung des Verhältnisses. Rechtlich und wirthschaftlich übrigens (beide Factoren greifen hier zusammen) war die dingliche Gestaltung von Anfang an nothwendig; rechtlich, weil, wo Nutzung war, auch Gewere und dingliches Recht sein mußte, wirthschaftlich, weil mit einer Leihe auf beliebige Kündigung der Ausbau des Landes nicht möglich gewesen wäre. Aus letzterem Grunde ist die ganze geschichtliche Entwickelung der Leihe eine fortlaufende Verstärkung des dinglichen Rechtes des Bebauers am Gute und ein Aufsteigen des ursprünglichen abgeleiteten Besitzrechtes zu vollem Eigenthum".

Nach dieser Darlegung sollte man annehmen, daß es keinem Zweifel unterliege, daß nach deutschem Rechte, ebenso wie bei der Leihe, auch bei Zeitpacht und Miethe dingliches Recht, Gewere an dem Miethsgrundstück vorhanden gewesen wären.[137]) Als feststehend betrachtet man das

---

[136]) Institutionen des deutschen Privatrechts I S. 378, II S. 178.

[137]) Vgl. über diese Frage Albrecht, Gewere S. 118, 278, Bluntschli,

jedoch nur hinsichtlich der Pacht. Es folgt das sowohl aus, freilich nur vereinzelten, Quellenbelegen, [138]) als vor Allem daraus, daß die allgemeine Voraussetzung für die Gewere: de it in nut unde in gelde hebbe [139]) bei der Pacht vollkommen zutrifft. Nach denselben allgemeinen Gesichtspunkten müßte aber auch dem Miether einer unbeweglichen Sache die Gewere zustehen, und wenn ihm dieselbe gleichwohl in den Rechtsquellen abgesprochen würde, so wäre das eine, aus der dargelegten geringen Bedeutung der Miethe und ihrer fast ausschließlichen Verwendung für vorübergehende Verhältnisse zu erklärende Besonderheit. [140]) Gleichwohl wird auch von Heusler dem Miether die Gewere abgesprochen. In Wirklichkeit kann aber die einzige, gegen die Miethsgewere ins Feld geführte [141]) Quelle, das Brünner Schöffenbuch, [142]) aus der Mitte des 14. Jahrhunderts, deshalb gar nicht in Betracht kommen, weil dieses Werk in stärkster Weise von romanistischen Anschauungen beeinflußt ist. [143]) Andernfalls müßte man auch dem germanischen Pächter die Gewere absprechen. Denn auch diesem will sie das Brünner Schöffenbuch nicht gewähren. [144]) Der Miether einer beweglichen Sache hat unzweifelhaft dingliches Recht an der Sache. [145])

In einer anderen Richtung scheint die germanische Pacht und Miethe schwächer zu sein, als die römische locatio-conductio. Nach dem

---

Deutsches Privatrecht § 54, Stobbe, Deutsches Privatrecht II § 72 u. III § 186, Rückert, Untersuchungen über das Sachenrecht der Rechtsbücher S. 131, Laband, Vermögensrechtliche Klagen S. 161 ff., Heusler, Gewere S. 114 ff. und S. 462, v. Brünneck, Zur Geschichte der Miethe und Pacht in der Zeitschr. d. Savignystift. f. Rechtsgeschichte, Germ. Abth. I S. 151 ff.

[138]) Darunter die später zu erwähnende Stelle aus Beaumanoir, les coutumes de Beauvoisis (34, 13).

[139]) Richtsteig Landrechts, 26 § 6.

[140]) v. Brünneck a. a. O. S. 153.

[141]) Heusler, Gewere S. 119, vgl. S. 465. Institutionen II S. 9 spricht derselbe von späteren „Stadtrechten“, jedoch ohne Citate.

[142]) § 284: Emphiteosis differt a locatione — quia iste possidet naturaliter sicut fructuarius sed conductor non. § 340: Rusticis eisdem interrogantibus diffinitive responsum est, quod possidet aliquis hereditatem vel rem aliam non solum, si ipse persona propria possideat, sed etiam, si ejus nomine possessione rei aliquis sit, licet etiam ille ejus juri subjectus non sit, qualis colonus est, vel inquilinus — ipse possidere videtur. Rößler, Die Stadtrechte von Brünn S. 130, 156.

[143]) Stobbe, Geschichte der deutschen Rechtsquellen 1 S. 527, Heusler, selbst a. a. O. S. 462.

[144]) Vgl. v. Brünneck a. a. O. S. 154.

[145]) Heusler, Institutionen II S. 10.

Recht des Sachsenspiegels [146]) sind die Erben des Verpächters an den auf Zeit geschlossenen Pachtvertrag ihres Erblassers nicht gebunden. Doch müssen dem Pächter die Früchte, welche nach deutscher Auffassung dem gebühren, welcher die Bestellung vorgenommen hat, ersetzt werden. [147])

Der Grund dieser Bestimmung [148]) liegt in dem s. g. Beispruchsrecht. Der Eigenthümer bedarf zur Veräußerung eines Grundstückes die Zustimmung der Erben. [149]) Eine Verpachtung ist eine partielle Veräußerung; sie ist daher ohne Zustimmung der Erben nicht wirksam, insoweit sie über den Tod des Verpächters hinaus den Erben den Genuß des Grundstücks entziehen würde. [150])

So ist die Bestimmung auf der anderen Seite geeignet, die germanische Auffassung der Pacht als eines dinglichen Rechtes und der Verpachtung als einer Disposition über das Grundstück ins Licht zu setzen. [151])

Vorstehende Bemerkungen sollen über die wirthschaftliche und juristische Bedeutung von Pacht und Miethe im deutschen Rechte die für den hier verfolgten Zweck erforderliche Orientirung geben.

Was nun die Frage der Einwirkung einer Veräußerung auf den Bestand des Pacht- und Miethsverhältnisses betrifft, so kann es bei der dargelegten späten Entwickelung dieser Institute nicht befremden, daß ältere Rechtsquellen über die Frage, ob Kauf Miethe brechen soll oder nicht, vielfach noch nichts enthalten. So schweigen die Hamburger

---

[146]) Anders nach altschwedischem Recht. v. Amira, Nordgermanisches Obligationenrecht I S. 625.

[147]) Sachsenspiegel III Art. 77 § 1: Dut en man sin lant beseiet ut to tinse oder to plege to besceidenen iaren, dat man't ime weder beseiet late; to svelker tiet he binnen den iaren stirft. man sal't den erven beseiet weder laten, wende he is in nicht lenger gewereu ne mochte, wen die wile dat he levede. § 2. Die erven solen ok von der sat sogedanen tins oder plege geven jeneme, an den it gut geboret, als man jeneme solde. die it ut dede; wende it sines selves pluch nicht ne beging do he starf.

[148]) Lewis, Die Succession des Erben in die Obligationen des Erblassers S. 131 ff., Colberg a. a. O. S. 25, v. Brünneck a. a. O. S. 169.

[149]) Sachsenspiegel I Art. 52, Lewis a. a. O. S. 23.

[150]) Daher sagt die Glosse zu Sachsensp. III Art. 77: In welkem gude die vormider bedarf siner erven willen und vulbort, oft he dat verkofte, dar bedarf he ok eres willen, oft he dat dede umme bescheit. — Wente met der vormidinge muchte man den erven er egen also vaste entfernen. alse met vorkopende.

[151]) Auch der Nachfolger in der Pfründe ist an die von seinem Vorgänger geschlossenen Verpachtungen nicht gebunden. Vergl. die Urkunde Nr. 198 bei Lörsch und Schröder, wo für den Fall, daz ein ander cappelân den Pächter abe wolte driben. Ersatz der Besserung stipulirt wird.

Stadtrechte von 1270 und 1292 über die Frage gänzlich. Auch die Revision von 1497 hat an dem Gesetzbuche in dieser Hinsicht nichts geändert. Dagegen findet sich in der von dem Leiter dieser Revision, dem Bürgermeister Hermann Langenbeck, verfaßten Glosse [152]) die Bemerkung, daß nach Hamburger Gewohnheitsrechte, im Gegensatze zum römischen Rechte, welches bekanntlich in Hamburg schon früh nicht nur studirt, sondern auch in Vorlesungen behandelt wurde, [153]) die Miethe dem Kauf vorgeht: De koper ysz ock plichtich to holdende dat bescheet in dem kope bespraken; so me denne hure moth holden de de vorkoper beschedeth, ut dicta L. Emptor, vele meer de de wonheyt effte recht bestediget; ghelik tho Hamborch schudt, dar hur brickt koep; dat ysz: hur gheyt vor sick al wert dat ghudt vorkofft, so moth de koper de hur dulden.

Das Statut von 1603 dagegen hat den Satz in den Gesetzestext selbst (II, 9, 13) aufgenommen: „Wann einer sein Hauß auff ein oder mehr Jahr verheuret hat, und mitlerweile dasselbige verpfendet, verkaufft oder sonst alienirt; so soll solcher Contract allezeit dem Heurer an seinem habenden Rechte und nach restierender zeit, unvorfenglich sein."

Das Hamburgische Stadtgebiet gehört zu der geringen Zahl gemeinrechtlicher Territorien, welche sich in dieser Beziehung bis auf die Gegenwart vom römischen Rechte frei erhalten haben. [154])

Die nordischen Quellen sprechen sich schon um die Mitte des 13. Jahrhunderts über die Frage aus.

Das jütsche Low von 1240 bestimmt in Buch 2, Cap. 32, Satz 3: [155]) „Hwilc hus ther man loeghoer thet oer hans eghet til leghoemal oer utoe." (Ein gemiethetes Haus wird für die Dauer der Miethe als ein eigenes geachtet.)

Das jütsche Low gilt noch heute in dem größten Theile Schleswigs mit über 360 000 Einwohnern. [156])

Aehnlich verordnet das danske low Christians V. von 1683. (V. 8, Art. 13): „Hvilket Huus mand lejer, det beholder og bruger hand som

152) Zu G. XIV, Lappenberg, die ältesten Stadt-, Schiff- und Landrechte Hamburgs S. 244.

153) Stobbe a. a. O. II S. 22.

154) Baumeister, Das Privatrecht der freien und Hansestadt Hamburg I S. 356.

155) Citirt in dem, allein noch vorhandenen, neueren dänischen Text nach Kofod Ancher, den Jydske Lovbog.

156) Roth, System des deutschen Privatrechts I S. 80.

sit eget, indtil Lejemaal er ude, og Leje gaar for Eje, til Fardag er ude, om end skiönt Ejermanden soelger Huset til een anden." (Welches Haus man miethet, das behält und braucht man wie sein eigenes, bis das Miethziel aus ist und Miethe geht vor Eigen, bis der Fahrtag aus ist, wenngleich der Eigner das Haus an einen Andern verkauft.)

Diese Bestimmung gilt im Deutschen Reich in den kleinen durch den Wiener Frieden von 1864 an Schleswig abgetretenen Gebietstheilen.[157])

Das im Jahre 1274 durch König Magnus Hakonarson publicirte Gesetzbuch für Norwegen bestimmte, daß der Pächter für die Dauer seines Vertrages unbeeinflußt durch eine etwaige Veräußerung im Besitz des Grundstücks bleibt. Die Stelle lautet nach v. Brünneck a. a. O. S. 145: Landslög VII, 1 — ef mathr leigir iörth af landz drotne. tha skal hann a theirri iörthu bua sua lengi sem vattar hans vitu at hann tok ser ardar mala. Nu tho at mathr gefi iörth sina etha seli. etha giallde etha skipti. tho skal sa hafa ardar mala sinner tok. (wenn Jemand pachtet Erde vom Landherrn, dann soll er diese Erde so lange bewohnen, als seine Zeugen wissen, daß er Pflugzeiten pachtete. Obgleich nun der Mann verschenkt seine Erde oder verkauft oder in Zahlungsstatt giebt oder theilungshalber überläßt, so soll jener seine Pflugzeiten haben, die er pachtete).

Nach altschwedischem Recht[158]) wird zwar durch den bloßen Eigenthumswechsel der Pachtvertrag nicht gebrochen. Nach Oestgötalagen (nach 1285) kann aber der neue Erwerber den Vertrag auffagen. Der Pächter hat dann nur Ansprüche an seinen Vermiether. Also im Wesentlichen römisches Recht. Uplandslagen (1295) und Westmannalagen (gegen 1320) lassen ein Abtreibungsrecht des neuen Erwerbers zu, wenn dieser das Gut selbst beziehen will. Dagegen bestimmt Södermannalagen (gegen (1325): Nu kan maþer iorþ þe giptaþ oer i skipti eller i köpe fa þa scal þoer gipt fore landboa sta. (Es kann einer Land, welches verpachtet ist, in Tausch oder in Kauf erwerben; dann soll die Pacht vor dem Pächter Bestand haben.)

Bei der Miethe scheint es bei der kurzen Dauer derselben und ihrer leichten allgemeinen Löslichkeit nicht zur Ausbildung von Specialregeln über den Einfluß der Veräußerung auf die Miethe gekommen zu sein.[159])

---

[157]) Roth, Deutsches Privatrecht I S. 84. Vgl. aber § 34 d. preuß. Ges. v. 27. Mai 1873.

[158]) Nach v. Amira a. a. O. S. 625. Für die Rechtsvergleichung ist es auch von Interesse, daß die älteren schwedischen Rechte Miethe und Pacht als Realverträge leicht zerbrechlicher Art auffassen, das. S. 320ff.

[159]) Vgl. über das Miethsrecht v. Amira a. a. O. S. 693ff.

Auch im südfranzösischen Recht findet sich der Satz „Kauf bricht Miethe nicht“ schon im 13. Jahrhundert. Es bestimmen die Coutumes von Toulouse v. 1283, de loc. et cond. Nr. 4:[160]) Est usus seu consuetudo Tolosae, quod si aliquis locaverit alicui domum, operatorium, casalem, vineam terram, seu aliquem alium honorem ad certum tempus quod locator per propriam mansionem vel per aliquod quod iste fecerit, post dictam collocationem sive sit venditio, impigneratio, donatio vel alienatio, vel aliquid aliud non potest ipse collator vel alius pro eo, vel ejus nomine revocare collocationem praedictam quousque tempus collocationis sit finitum.

Bei den deutschen Rechtsquellen des 13. und im Anfang des 14. Jahrhunderts, welche dem Kauf einen Einfluß auf das Gebrauchsrecht absprechen, handelt es sich vielfach noch um die Leihe; oder es bleibt doch zweifelhaft, ob Leihe oder Zeitpacht und Miethe gemeint sind. Dahin gehören:

1. Privilegium Friedrichs II. für Regensburg von 1230, § 14:[161]) Item quicunque civis acquisierit bona vel a monasteriis vel ab aliis quibuslibet personis, vineas, domos vel alias possessiones, ad spacium vitae unius vel plurium personarum, si contingat dominum cuius sunt bona vendere, vel infeudare, vel obligare illa, non minus habebit ille, qui acquisivit bona, in eisdem bonis iuxta quod dictum est ius, quod acquisivit, ei qui tunc bonis dominatur censum soluturus.
2. Handfeste der Stadt Freiburg im Uechtlande (Schweiz) vom 28. Juni 1249 § 69:[162]) Si aliquis burgensis aliquid, quod alter burgensis teneat, ab aliquo emerit, ipse burgensis possessor in eodem iure illud ab emptore tenere debet, quo iure tenebat a venditore.
3. Frankfurter Urkunde vom 18. October 1278 über eine erbliche Verleihung:[163]) Preterea si nos vendere contigerit ipsam pensionem, ius hereditarium apud dictos pensionarios remanebit et erit per omnia eis salvum, venditione huiusmodi non obstante.
4. Oberrheinischer Hoffessenvertrag von 1299:[164]) — mit dirre selben gedinge wird och die hovestat von den hoveherrn wegen ver-

160) Nach v. Brünneck a. a. O. S. 183.
161) Gaupp, deutsche Stadtrechte I S. 170.
162) Gaupp a. a. O. II S. 95.
163) Lörsch und Schröder a. a. O. Nr. 123.
164) Nach von Brünneck a. a. O. S. 149.

koft, enweg gegeben, oder swie sie verendert wirt, an swen sie gevellet, der sol den hovesessen diese gedinge stete lan.

5. Handfeste von Burgdorf v. 1316 § 109. Beinahe wörtlich wie die Freiburger Handfeste.[165])

In anderen Quellen ist die Beziehung auf Miethe und Zeitpacht klar:

1. Stadtrecht von Brilon von 1290 Nr. 4 [166]): Item laudamus, arbitramur ac arbitrando statuimus, quod nullus burgensium nostrorum debet alium nostrum burgensem circumvenire vel supplantare emptione vel conductione in agris vel in decimis intra annos quibus conductor aut emptor agrorum vel decimarum debet eorum redditus possidere.
2. Appingadammer Bauernbrief von 1327, § 4 [167]): Item si quis domum vel aream locatam vendiderit, conductor possidebit eam, usque ad terminum anni, quem conduxit.
3. Goslarer Statut aus der Zeit vor 1359 [168]): Sat en en hus ut, — dat ne mach he nicht mer bekomeren, he ne hebbe dat ghelost: he ne mach it ok nicht vormeden, denne bente uppe de tyd dat it up gheboden wert unde des vrede ghewarcht is. — Wanne dat al overgan is, so ne mach is de nicht leng gheweren de dat ut ghesat heft an medinghe oder an anderen dinghen, it ne si de medinghe gheschen — er der sattinghe — dat mot he deme irlekghen deme he de sattinghe ghedan heft.
4. Rechtsbuch nach Distinctionen aus der zweiten Hälfte des 14. Jahrhunderts II, 4, 5 [169]): Had eyn man sin hus adder sin eygen vormid, unde vorkouft daz sint der zeith: der daz gemit hadd, der had sin ingedinge. Wulde on der abetribe, der is gekouft hette, des en sal nicht sin.
5. Ein Bremer Schöffenspruch aus dem Jahre 1375.[170])

Der Fall ist dadurch interessant, daß der **Satzungsgläubiger** das Grundstück verpachtet hat. Es wird entschieden, daß der Eigen-

---

165) Gaupp a. a. O. II S. 131.

166) Seibertz, Urkundenbuch zur Land- und Rechtsgeschichte von Westphalen I Nr. 434 S. 526.

167) Richthofen, Friesische Rechtsquellen S. 296.

168) Stobbe, Geschichte der deutschen Rechtsquellen I S. 518, Göschen, Die Goslarischen Statuten S. 24 Z. 19.

169) Stobbe a. a. O. I S. 411, Ortloff, Das Rechtsbuch nach Distinctionen S. 118.

170) Oelrichs, Sammlung alter und neuer Gesetzbücher der Stadt Bremen S. 155.

thümer auch nach Einlösung der Pfandschuld gehalten ist, die Verpachtung gelten zu lassen.

Das spätere Bremische Recht ist zu dem Grundsatz „Kauf bricht Miethe“ übergegangen. Doch ist der Vermiether im Falle des Verkaufes zur Zahlung der Jahrschaar (Jahresmiethe) als fester Entschädigung verbunden [171]).

6. Vor allem aber verdient bemerkt zu werden, daß das vorerwähnte Brünner Schöffenbuch, obwohl es sich hinsichtlich des Besitzes des Miethers oder Pächters auf den römischen Standpunkt gestellt hat, den Satz „Kauf bricht nicht Miethe“ festhält (§ 139) [172]):

Si hospes domum ante finem conventionis commodi inquilini vendiderit, propter hoc inquilinum a commodo, quod convenit, excludere non valebit, sic sententiatum est in consilio civitatis.

Aus der Zeit nach 1400 stammen:

1. Züricher Rathserkenntniß von 1487 [173]): Uff hütt haben sich min herren beid Rät erkennt: von den hüser keller und söliche gemachen wegen, so man verlicht, also das mit welichen gedingen ouch was zyts und zilen yeman dem anndernn söliche ob gemellte gemach licht, das ouch der so empfacht by sölichen gedingen zilen und zit bliben und Im die also gelassen werden söllen, ungehindert ob die deren sy sind, söliche gemach verkoufften oder selbs dar In ziechen wöllten, dann es nit des minder by der lichung die zil und zit, so einer empfangen hat, an allen abbruch bliben sol.

In späterer Zeit ist in Zürich der Satz „Kauf bricht Miethe“ in der Weise durchgedrungen, daß auch das obligatorische Verhältniß zwischen Miether und Vermiether durch den Kauf aufgelöst wurde. [174])

2. Ostfriesisches Landrecht v. 1515, [175]) II. Cap. 270:

„Huera is vaster, den Koep. Wairumme, we den andern Lant verhueret, so mach he em dat nicht nemen, so lange alse syne Jaermaelen dueren; Und de Huermann sall syne Huera wol betaelen. Will he dene dat Lant averst nicht laten, so sall

---

[171]) Post, Entwurf eines gemeinen deutschen und hansestadtbremischen Privatrechts II S. 139.

[172]) Rößler a. a. O. S. 71.

[173]) Bluntschli, Staats- und Rechtsgeschichte der Stadt und Landschaft Zürich 2 S. 271 (279).

[174]) Bluntschli a. a. O.

[175]) Stobbe a. a. O. 2 S. 345, Wicht, Das ostfriesische Landrecht S. 588.

he id eme vor Neye Jaer upseggen, und geven em ein Jaer Huera, indeme he dat einen andern will verhueren. Dan will de Lant-Herr dat sülven bruicken, so mach men dan den Huerman up Meye affdryven, eder mit Rechte affkündigen; is Lant-Recht. Van Huiß-Huera ist oek als vorgeschreven."

Diese Bestimmung verdient besondere Beachtung. Auf der einen Seite statuirt das Ostfriesische Recht eine große Zerbrechlichkeit der Miethe. Der Vermiether kann durch Kündigung vor Neujahr den Heuerling ohne Rücksicht auf die ihm zustehenden Heuerjahre zum nächsten Mai abtreiben, und zwar sowohl dann, wenn er das Land selbst gebrauchen will, als auch dann, wenn er dasselbe an einen Andern zu verheuern wünscht. Der Unterschied zwischen beiden Fällen ist nur der, daß in dem letzteren Falle eines Jahres Heuer als Entschädigung gegeben werden muß. Auf der anderen Seite gilt aber der Grundsatz: Heuer ist fester als Kauf. Kauf und Eigenthumswechsel sind an sich ohne Einfluß auf den Bestand der Heuer. Natürlich ist aber die Stellung des Heuerlings gegenüber dem neuen Erwerber ebenso zerbrechlich, wie sie es gegenüber dem ursprünglichen Vermiether war. Auch der neue Erwerber kann den Miether nach vorgängiger Kündigung zum nächsten Mai mit oder ohne Entschädigung austreiben, wenn er das Grundstück anderweit vermiethen oder selbst benutzen will.

3. Jülichsches Landrecht v. 1537 Art. 14, 2 [176]): wan neir eyner syne Erffschafft zoo zemliche jären zo pacht uys dede, und verkouffde dairnae eyme anderen — dieselvyge Erffschafft, so sal der gelder schuldich syn, die pachtjaren deme pechter zo halden.

4. Das Verdener Statut v. 1582 bestimmt unter der Ueberschrift „Koep breckt Hure" (Stat. 12): So jemand dem anderen sin erve offte huesz verhüret, binnen Verden, betagede he dat erve, also dat he darin hedde rock und kost, de möchte siner hure bruken sine tidt uth, hedde he averst dat erve nicht betaget, und wurde dat erve verkofft, so ginge koep vor hure, men so scholde men dem gennen, de dat erve hüret hedde, de halven hüre wedder keren, do der tidt alse de hure ümme kamen were.

Die Festigkeit der Miethe beginnt hier also erst mit der Einrichtung der Wirthschaft in dem gemietheten Hause.[177])

---

[176]) Nach v. Brünneck a. a. O. S. 181. Das Gegentheil bestimmt das Jülich-Bergische Landrecht von 1555, s. u. S. 60.

[177]) v. Brünneck a. a. O. S. 144. — Rudorff, Hannoversches Privatrecht S. 364 führt die Vorschrift als noch heute geltendes Recht auf.

5. Statuten von Arnsberg,[178]) erneuert 1608, Nr. 24: Ist bynnen Arnssperg uber lebendiger menschen gedencken herbracht, das kein Burger dem andern, ess sey gleich was ess woll, underkauffen oder underwinnen, sonder wer der erster im Kauf oder etwas im niesslichen gebrauch hatt, das derselb dabei gelassen werden soll, ess were dan sach, das der Keuffer durch des verkeuffers negste Blutzverwandten von dem Kauff, wie sich zu Recht gebürtt, abgetrieben würde.
6. Geldern'sches Landrecht v. 1619, IV, 4 § 1 Nr. 6[179]): Al is dat een Huys verkocht oft anderssints wegh gegeven is, soo moet nochtans den Huerlinck, des niet tegenstaende, sijn Huer gebruycken, soo langh die duert, al waert oock saecke dat het Huys oft Erve by Executie verkocht waere, overmits dat Huere, naer deses Quartier recht, voor Coop gaet.
7. Mainzer Landrecht von 1755, 27 § 3:[180])

   „Kein Beständer kan vor der Zeit aus der Possession gesetzet werden, obschon ein Gut oder Hauß wäre verkaufft worden."
8. Die noch jetzt in Kraft befindliche Braunschweigische Landesherrliche Verordnung vom 25. October 1760[181]) bestimmt: „Wenn Jemand sein Haus oder andere Grundstücke mieth- oder pachtweise, auf gewisse Jahre austhut, und einen schriftlichen Contract darüber errichtet hat, so soll dem Conductori insofern ein jus reale dadurch zustatten kommen, daß er, wenn das Haus oder anderes Grundstück während der Zeit verkauft wird, dem Käufer zu weichen nicht schuldig, vielmehr dieser ihm den Contract auszuhalten verpflichtet sein soll; es wäre denn, daß in dem Mieth- oder Pachtcontracte ein anderes ausdrücklich festgesetzt wäre. Wenn aber über die Miethe oder Pacht kein schriftlicher Contract errichtet ist, so ist zwar der Käufer befugt, dem Conductori während der Mieth- und Pachtzeit die Pacht aufzukündigen; jedoch ist er in solchem Fall schuldig, demselben es ein ganzes Jahr vorher wissen zu lassen, wenn er ausziehen oder die Pacht verlassen soll."

---

[178]) Seibertz a. a. O. III Nr. 1039.

[179]) Maurenbrecher, Die Rheinpreußischen Landrechte II S. 475, 814.

[180]) Citirt nach Kraut, Grundriß § 136. Stobbe, Handbuch des deutschen Privatrechts III S. 259 citirt dieses Recht für die entgegengesetzte Regel, ebenso Bertram, Nassauisches Privatrecht S. 368.

[181]) Fredersdorff, Promtuarium der Fürstlichen Braunschweig-Wolfenbüttelschen Landes-Verordnungen Th. I S. 306.

9. Nach der ebenfalls noch jetzt gültigen Nassau-Usingischen Verordnung vom 16. März 1763 für die altoranischen Theile von Nassau [182]) soll, „wenn Jemand sein Haus oder andere Grundstücke 2c. auf gewisse Jahre austhue, und einen schriftlichen Contract errichtet haben werde, dem conductori insoferne ein ius reale dadurch zu statten kommen, daß er, wenn das Haus oder andere Grundstücke 2c. während der Zeit vom locatore verkaufet würden, dem Käufer zu weichen nicht schuldig, vielmehr dieser ihm den Contract auszuhalten verpflichtet sein solle, es wäre denn, daß in dem Mieth- oder Pachtvertrag ein anderes ausdrücklich beiderseits beliebet und festgesetzt wäre".

Für das holländisch-belgische Recht theilt v. Brünneck [183]) folgende Quellenstellen mit, welche den Satz „Kauf bricht nicht Miethe" zum Ausdruck bringen:

1. Willkür von Amsterdam vom 28. April 1459: soo wie enig huys verhuert of huert, die huere sal vast moeten staen also lange als dat huys verhuert is, al waer't sake, dat't selve huys na verkoft worde etc.
2. Coutumes de Tournay v. 1522, XXI 1: Tous les louages de maisons ou autres héritages situez en ladite ville et banlieu d'icelle faits et passez par devant Echevins tiennent, et vaillent tellement que durant iceux il n'est en la puissance du seigneur des dits maisons et héritages louez soit par vente ou autre contract faire partir ou vuider les louages.
3. Landrecht von Overyssel (gedruckt 1630) II, 9 Art. 3: Koep of eenige andere alienatie en breeckt geen huyre. Art. 4: Maer gebeuerde het dat een verhuyrt goet by executie verkoft worde, so gaet koop vor huyre.
4. Coustym. ende usantien der stadt van Thienen (Tirlemont) c. VIII art. 15: huere gaet vor koop, inder vuegen dat den kooper den huerlink niet en mach expelleren duerende sijne hueringhe, die hy te voren wettelijck gheduen hoeft.

Ferner citirt von Brünneck die Stadtrechte von Mecheln (1535), Brüssel, Gent, Antwerpen, Brügge und Nieuport, das Landrecht von

---

[182]) Corp. const. Nassov. S. 171. Nach der Entscheidung des Berliner Obertribunals (Fenner und Mecke, Entscheidungen 8 Nr. 99 S. 263) ist die Vorschrift durch § 8 des Stockbuchgesetzes v. 15. Mai 1851, welches für die Gültigkeit eines Titels zum Erwerbe eines dinglichen Rechts an Immobilien Eintragung ins Stockbuch verlangt, nicht aufgehoben. A. M. war Bertram a. a. O. S. 368.

[183]) a. a. O. S. 143, 146, 157, 186. 185.

Drenthe, die Coutumes de Baillard, de Courtray, van Lyere, van Gheel, mit dem Bemerken, daß diese Rechte zum Theil verlangen, daß der Miethsvertrag vor den Schöffen abgeschlossen wird, daß ferner ein Theil derselben, ähnlich wie der erwähnte Bremer Schöffenspruch, den Eigenthümer verpflichtet, auch die vom Nießbraucher ausgehende Verpachtung oder Vermiethung anzuerkennen, sofern sich dieselbe innerhalb gewisser Grenzen (3—9 Jahre) hält, daß endlich ein Theil derselben im Falle der Zwangsversteigerung den Miether zur Räumung nach bestimmter Frist verpflichtet.

Auch Hugo de Groot[184]) stellt als niederländisches Recht den Satz hin, dat oock den kooper de huyre by synen verkooper ghemaeckt moet laten volghen.

Ebenso bezeugen Simon van Groenewegen[185]) und Simon van Laeuwen[186]) den Satz „Kauf bricht nicht Miethe" für Belgien und Holland, ersterer unter Beschränkung auf gerichtliche Miethverträge und Privatmiethverträge von einer Dauer unter 10 Jahren.

Daneben findet sich nun aber auch in deutschen und verwandten Rechtsquellen der Satz, „Kauf bricht Miethe", und zwar entfernen sich die meisten dieser Quellen insofern inhaltlich vom römischen Recht, als hier der Satz wörtlich genommen wird. Durch die Veräußerung wird das Miethsverhältniß aufgehoben. Von einer Entschädigung wegen Contractbruchs ist, namentlich in den älteren Quellen, nicht immer die Rede. Während die Regel in französischen[187]) Rechtsquellen ebenso wie in den bereits erwähnten schwedischen Gesetzen[188]) bereits gegen Ende

---

[184]) Inleiding tot de Hollandsche Rechts-Geleertheyt III. 19 a. E.

[185]) Tractatus de legibus abrogatis, Nijmegen 1664, zu c. 9 C. 4, 65 S. 160.

[186]) Censura forensis theoretico-practica, Amsterdam 1678.

[187]) Beaumanoir, Coutumes de Beauvoisis XXXIV, 13 für den Fall, daß der Pächter nicht eingewiesen ist par le segneur de qui le terre muet. Der Verfasser fügt dem berichteten Fall hinzu: „Et par cel lugement pot on veïr, qu'il a plus de peril en penre autrui terre à ferme, ou à louage, ou à engagement, que moult de gens ne pensent. Er betrachtet also die Entscheidung als etwas Auffälliges. Dazu v. Brünneck a. a. O. S. 153, Heusler, Gewere S. 352. — v. Brünneck S. 173, 175 berichtet ferner über die Assises de Jérusalem, die Coutumes de Limoges und die Coutumes de Bayonne, nach welchen der Vermiether aus dem Umstande, daß er verkaufen will, ähnlich wie aus dem Umstande, daß er das Haus selbst gebraucht, einen Grund zum Rücktritt von dem Vertrage entnehmen kann. Letztere bestimmen (VII. 4): si le locateur met dehors le conducteur avant le terme, le conducteur ne paye rien pour raison du temps, qu'il y a demeuré auparavant. 5. Et s'il avait payé au commencement, luy est rendu par le locateur, pour raison du temps qu'il s'en faut du louage.

[188]) s. o. S. 50.

des 13. Jahrhunderts ausgesprochen ist, sind die bekannten deutschen Quellen, welche den Satz enthalten, erst aus der Zeit von 1400 und später.[189])

Das Nähere ergiebt folgende Zusammenstellung.

1. Das Billwärder Landrecht aus der Zeit um 1400[190]) besagt in Art. 65: Koep de drift hure up, wo de koep schee veer weken vor sunte Peters daghe. Schuet he na der tyd, so mach men der hure bruken beth to deme anderen sunte Peter ad Cathedram.

Also Auflösung des Miethsvertrages mit vierwöchentlicher Kündigung, jedoch nur zu Petri Stuhlfeier.

2. Das Altdithmarser Landrecht von 1447 bestimmt in § 149:[191]) „Vortmer vri kop mach arfhure vp driuen, malk se wes he hure vnde köpe."

Den Satz wiederholt mit einem Zusatz wegen des Antheils des

---

[189]) v. Brünneck a. a. O. S. 141 findet die Regel schon ausgedrückt in § 40 des Emsinger Pfennigsschuldbuchs (aus dem Anfang des 14. Jahrhunderts). Der Paragraph lautet nach v. Richthofen, Friesische Rechtsquellen S. 209: Her is fester sa thi cap, hit ne se thet ma thet wrcapie ieftha wrwixlie. thach sa sckel thi thet bruke, ther thet herd heth, thet ier wr: anda thi nime tha here, ther hit capad ieftha wixlad heth. Das heißt also wörtlich übersetzt: „Heuer ist fester als der (v. Brünneck läßt den Artikel fort) Kauf, es sei denn, daß man das verkauft oder vertauscht, so soll doch (v. Brünneck übersetzt dann) der es brauchen, der es gepachtet hat, das Jahr über, und der nehme die Heuer, der es gekauft oder eingetauscht hat." — Der Satz „Heuer ist fester als der Kauf, es sei denn, daß man das verkauft" ist offenbar widersinnig. Auch durch den Zusammenhang mit den vorhergehenden Paragraphen wird, wie gegen v. Brünneck anzunehmen ist, dieser Widerspruch nicht beseitigt. Durch denselben kann nur, wie im ostfriesischen Landrecht (s. o. S. 53) die Regel Kauf bricht nicht Miethe, nicht aber die entgegengesetzte bezeichnet werden. Herr Professor Möller in Kopenhagen (Specialist für die friesische Sprache) tritt mir darin völlig bei und bemerkt: „Das ne ist entweder zu streichen oder vielleicht nu statt dessen zu setzen. Vor oder nach dem Zwischensatz hit — wrwixlie kann man Semikolon statt Komma setzen. Das folgende „doch" macht hier auch Streichung des ne notwendig. Also: „Hêr is fester sa thî (dieser Artikel hier dem Sinne nach nicht überflüssig) cap; hit (nu?) sê thet ma thet wrcâpie ieftha wrwixlie; thach u. s. w." „Heuer ist fester als der Kauf; sei es nun, daß man das verkauft oder in Tausch giebt, so soll doch der es brauchen u. s. w." — Meine Bemühungen, von der, angeblich in Leeuwarden befindlichen Handschrift Einsicht zu erlangen, sind bis jetzt erfolglos geblieben. — Hiernach muß die Stelle zu den Belegstellen für die Regel „Kauf bricht nicht Miethe" gerechnet werden.

[190]) Lappenberg a. a O. S. CLII, 340.

[191]) Michelsen, Sammlung altdithmarscher Rechtsquellen S. 50, 125, v. Brünneck a. a. O. S. 141.

Pächters an der Frucht das Landrecht von 1539 Art. 104, ferner das von 1567 in Art. 79 § 5.

3. Das Eisenacher Rechtsbuch[192]) aus der zweiten Hälfte des 15. Jahrhunderts verordnet (III, 31), unter ausdrücklicher Hervorhebung dieser stadtrechtlichen Abweichung von dem Rechtsbuch nach Distinctionen, welches im Uebrigen die Grundlage dieses Rechtsbuches bildet: Hat eyn man sin hucz adir eigin vormit, vorkoift her daz, der kouf tued di mite abe.

4. Das Rechtsbuch Johannes Purgoldt's von 1503 (II, 46)[193]) besagt: Had eyn man sein hues adder sein eigin vormitit, und vorkoufft her das darnoch, der kouff der thud die mithe ab. Auch in den nachfolgenden Bemerkungen stimmt dasselbe fast wörtlich mit dem Eisenacher Rechtsbuch überein.

5. Die Nürnberger Reformation v. 1522, Tit. 25, Ges. 2 sagt:[194]) „Wo aber der Hinlasser eins hawß, oder gemachs daß selb hawß in der zeyt der bestentnuß verkauffte, in fürsatz daßselb durch den Besteer zerawmen, vor außgang der Jare oder zeyt seiner bestentnuß, und so dann der hinlasser söllichen seinen verkauff dem Besteer nach sant Walpurgen tag und vor aller Heyligen tag kundtlich zewissen thut, So soll der Besteer söllichs hawß oder gemach rawmen, und seyner bestentnuß absteen auff den nechsten sant Walpurgen tag darnach volgende, und so er aber söllichs dem Besteer vor erscheinung aller Heyligen tag, alsdann man pfligt hewser ze besteen, nit zü wissen thut, So mag der Besteer den negstnachvolgenden sant Walpurgen tag biß alßdann über ein Jar darinnen bleyben, wo sich anders die bestentnuß so verr oder lenger streckte."

Die erneute Reformation von 1564 (II, 17, 7) hat den Räumungstermin für den Fall der Anzeige vor dem 1. November auf dem nächsten 1. Mai belassen, dagegen für den Fall der Anzeige nach dem 1. November von dem übernächsten 1. Mai auf den nächsten 1. November verlegt und außerdem bestimmt: „und steet dem besteer bevor, seinen schaden, der jme aus solcher verenderung und raumung entstanden, von dem hinlasser zu erfordern und zu erholen."

---

[192]) Ortloff, Das Rechtsbuch nach Distinctionen S. 711 u. LIV, Stobbe, a. a. O. I S. 416.

[193]) Ortloff, Das Rechtsbuch Johannes Purgoldt's S. 67, Stobbe, a. a. O. II S. 144.

[194]) Nach dem Exemplar der hiesigen Universitätsbibliothek.

6. Das Jülich-Bergische Landrecht von 1555,[195]) Cap. 106 Abs. 10 besagt: „Zum vierdten, dieweil die Erbkäuff die Pacht brechen, so ist der Käuffer dem Jahr-Pächter sein Jahrzahl außzuhalten nicht schuldig. Was Schaden aber derwegen dem Pächter darauß entstehen würde, hat er sich an dem Verkäufer zu erholen."

7. Die Neumünsterschen Kirchspielsgebräuche von 1567 Art. 43 bestimmen: „Verkauffte einer ein Gut, darauf der Heuerling gesessen, so ist der Käuffer nicht schuldig, dem Heuerling die Zeit zu halten — denn freyer Kauf treibet Heuer auf, ob auch des Hauses Herr Acker verheuert, und er verkauffte denselben vor Verfließung der Heuerzeit, der Heuerling aber hätte Mist darin und er mußte davon ehe er den Mist ausgebaut hätte, so soll dem Heuermann der Mist bezahlet werden."

Ebenso das Stadtrecht von Grabow.[196])

8. Den Satz enthält ferner das Eiderstädter Landrecht von 1572 Th. III Art. 32 § 5.[197])

9. Ebenso das Hadelner Landrecht von 1583 tit. XVI[198]): „Da einer ein Gut, das zur Häur ausgethan, verkaufte, ist der Verkäufer dem Häuerling die Zeit zu halten nicht schuldig, nach demmahle Kauf Häuer auftreibet, es wäre denn sonst vorher anders beredet und beschieden; da aber einer den Acker, den er zur Häur ausgethan, verkaufte, und der Häuerling Gare darin hätte und vom Acker treten müßte, ehe denn er die Gare daraus gebauet, soll man die Gare dem Häuermann nach Landrechte aufrichten und bezahlen" u. s. w.

10. Das lübische Recht enthält weder in den älteren Fassungen noch in der revidirten Ausgabe von 1586 etwas über die vorliegende Frage. Nur das Rechtbuch des Joachim Kolle,[199]) bekanntlich eine ganz unzuverlässige Arbeit, enthält den Satz: Wol dem anderen acker vorhüret up gewisse jare, unde binnen

---

[195]) Maurenbrecher a. a. O. I S. 297, welcher dabei bezeugt, daß der Pächter die gesäten Früchte ernten darf.

[196]) Beides nach v. Brünneck a. a. O. S. 174, 175.

[197]) Nach v. Brünneck a. a. O. S. 141.

[198]) Rudorff, Hannov. Privatrecht S. 361, v. Brünneck a. a. O. S. 173 bemerkt, dieses Recht sei in den hier fraglichen Partien vom römischen Recht durchaus unberührt. Nach Stobbe, Deutsche Rechtsquellen (II S. 339) enthält dasselbe einzelne römische Sätze.

[199]) Vgl. Hach, Das alte Lübische Recht S. 155, 588.

der tydt densülvigen einem andern vorkofft, so ys de köper nicht schüldich, de hure uth tho warende.

11. Den gleichen Grundsatz hat das Mecklenburgische Stadtrecht von 1589.[200])

12. Ferner die Katzenelnbogener Landesordnung von 1591 I, 6 § 4, 15—17.[201])

13. Das Mindener Statut bestimmt:[202]) „Es gehet nach dem alten Gebrauch Kauff vor Miethe oder Heuer, jedoch soll der Heuerlinge in diesem Fall ein halb Jahr zu vor die Auffündigung geschehen."

14. Das Wildenburgische Landrecht von 1592/1607 II, 6 § 16 besagt:[203]) „Zum fünften, wenn auch der Verleiher das bestandene Guth in wehrendem Bestandt einem andern erblich überläßt oder verkauft, so hat der Verkäufer Macht den Beständer auszutreiben, und ist an den Bestandt nicht gebunden, es wäre dann im Kauf also ausgedinget.

Die §§ 17 und 18 ordnen die Schadensersatzforderung gegen den Verleiher.

15. Das Württembergische Landrecht v. 1610 II 17 § 5 verordnet: „Wenn aber der Verleiher solches Gut verkauft, oder sonst alienirt und verändert, sind diejenigen, welchen solches Gut verkauft oder sonst zugeeignet worden, nicht schuldig, den Bestand zu vollziehen." Im Weiteren wird das nisi ea lege emit und die Schadensersatzforderung des Vermiethers besprochen. Man giebt in Württemberg auch dem Miether ein Rücktrittsrecht.[204])

16. Das Churcölnische Landrecht, Rechtsordnung von 1663;[205]) XIV, § 6 bestimmt: „Weil vermög der gemeinen Rechten die Erbkäuf die Pfachtungen brechen, so soll auch in diesem Erzstift der Käufer dem Pfächter die Jahrzahl seiner Pfachtung auszuhalten nicht schuldig seyn, sondern in den Städten der Pfächter gleich in drey Monaten nach verkündetem Kauf aus dem Haus: auf dem Land aber von den gepfachteten Gütern auf das nächst-

---

200) Nach Stobbe, Deutsches Privatrecht III S. 259.
201) Nach Stobbe a. a. O.
202) Nach Hertius, opuscula III p. 482.
203) Maurenbrecher a. a. O. II S. 401.
204) Vgl. Reyscher, Das gem. u. württemb. Privatrecht II S. 300, Wächter, Handbuch des im Königreich Württemberg geltenden Privatrechts II S. 308.
205) Maurenbrecher a. a. O. I S. 449.

folgende Fest Cathedrae Petri weichen, jedoch hat er sich des Schadens halber, so ihm daraus entsteht, an dem Verkäufer zu erholen."

Aus der Erläuterung von 1767 ergiebt sich, daß der Miether vor der insinuatio contractus oder der adhaeredatio nicht zu weichen braucht, ferner, daß der Pächter auf dem Lande, wenn der Kauf in den letzten drei Monaten vor Petri Stuhlfeier erfolgt, bis Petri Stuhlfeier im folgenden Jahre bleiben kann.

17. Das Churtriersche Landrecht von 1713 XIX[206]) besagt § 4: „Wiewohlen nach den gemeinen Rechten Kauf Lehnschafft oder Mieth bricht, wobey es auch ordentlich zu halten, so hat solches dennoch unter anderen seine Abfäll; erstlich wann der Beständner zu Besthaltung deß Contracts sich mit einem General- oder Special-Unterpfandt auff dasselb verlehntes Gut versehen hätte; zum andern wann das Gut auf zehen Jahr oder längere Zeit bestanden worden; in welchen beyden Fällen auch der Käuffer den Beständnern in Zeit währender Beständnuß nicht vertreiben mag.

§ 5. Obwohlen nun in denen Fällen, wo Kauff vor Mieth gehet, der Beständner das bestandene Gut zu raumen schuldig, so ist derselb dannoch wohlbefügt den Verpfächtern wegen nicht gehaltenen Contracts ad interesse zu belangen.

§ 6. Dafern aber zwischen Käuffer „und Verkäuffern außtrücklich wäre abgeredt und verglichen worden, daß der Beständner biß zu Außgang der Lehnjahren bey dem bestandenen Gut unvertrungen sollt gelassen werden, oder aber daß der Käuffer nach dem Kauff still geschwiegen und von dem Beständner die Zinß oder Pfacht einmahl hätte angenohmen, so ist Beständner bey dem bestandnen Gut bis zu Außgang der verglichenen Lehnjahren ruhig zu handhaben."

18. **Das bayrische Landrecht** (Codex Maxim. Bavar. civ.) v. 1756 gewährt dem Pächter den Besitzesschutz (II, 5 § 2).[207]) Die Regel „Kauf bricht Miethe" giebt es in folgender Fassung (IV, 6 § 14): „1mo Wer dem Locator oder Conductor nicht Jure universali et haereditario, sondern nur singulari, wie

---

[206]) Maurenbrecher a. a. O. II S. 170.

[207]) „Possessio civilis, da man die Sache entweder vom Eigenthümer oder wenigstens eines anderen Rechts wegen, z. E. von Pfandschaft, Nutznießung oder Pachtungsweise inne hat." Vgl. Geller a. a. O. S. 366. Roth, Bayerisches Civilrecht II § 130 A. 51.

z. E. ein Käufer, Lehens-Folger, Legatarius, Donatarius, Fidei commissarius particularis in Re locata vel conducta succedirt, der ist auch an dem Contracte seines Vorfahrers weiter nicht mehr gebunden, und hindert 2do nicht, daß gedachter Successor Wissenschaft von dem Contracte gehabt, oder der Locator die Sache nicht veräußern zu wollen versprochen hat. Ein anderes ist 3tio wenn dem Conductor die Sache ausdrücklich zu dem Ende verhypothecirt ist, daß er vor der Zeit nicht daraus vertrieben werde; denn da muß Successor singularis die Zeit gleichfalls abwarten. 4to Wird jener pro Successore nicht geachtet, der weder Eigenthum noch Nutznießung, sondern nur die Verwahrung oder Verwaltung von der Sache erlangt, z. E. ein Depositarius, Pignoratarius, Mandatarius, Administrator. Von jenen, welche gerichtlich immittirt sind, sieh Cod. Jud. cap. 18 § 6 n. 5."

19. Das Rostocker Stadtrecht von 1757[208]) (auf der Grundlage des Lübischen Rechts) verordnet in III, 8 § 20: „Kauf soll Miethe brechen, wo nicht in dem Mieth-Contract die Veräußerung der Sache sub poena nullitatis verbothen oder dem Miethsmann zur Festhaltung des Contracts ein Pfandrecht darin gesetzet worden. Es bleibet aber dem Miethsmann unbenommen, den Locatorem auf alles, so er dadurch, daß ihm der Contract nicht gehalten, an Schaden erweißlich leidet, zu belangen."

Von holländisch-belgischen Rechten, welche die Regel „Kauf bricht Miethe" vertreten, verzeichnet von Brünneck a. a. O. S. 143, 181:

1. Keurboek der stad Leiden v. 1406 I, 12: wie enich huus huert binnen Leiden, wairt sake datt et binnen synre huer verkoft worde, die sollde sijn huer volghen een half jaer na de coop, also verre alst binnen sijnre huer wairt.

2. Lantrecht von Hunsingo, Fivelingo; ende det Wester Quartier (Groningen 1664) B. V. Nr. 40. 1, 2: als de heere des goedes dat selve gehuyrde in een erfflycke opdracht, 't sy dan in coop, wissel ofte anders opgedragen ende overgeven heeft — is de heere des goedes schuldig den meyer voor de opruyminge te vernoegen een jaer huyre etc.

Hier findet sich also derselbe feste Entschädigungssatz wie im bremischen und ostfriesischen Recht.

---

[208]) Citirt nach der Originalausgabe.

Auch das Lütticher Gewohnheitsrecht des 16. Jahrhunderts art. 125 ist nach Stobbe, Deutsches Privatrecht III S. 259 hierher zu rechnen.

Unklar ist der Standpunkt zweier noch heute in Geltung stehender, unter starkem römischen Einflusse stehender Stadtrechte. Die Frankfurter Reformation v. 1578 [209]) bestimmt:

„Würde sich auch zutragen, daß der Verleyher, oder seine Erben, inwendig der Zeit der Bestendtnuß, das bestanden Gut andern verkaufften: So sollen sie schuldig seyn, den Bestender dieselbig Zeit über, vollend darinn bleiben zu lassen, Oder aber deß nicht haltens halben, sich nach billichen Dingen mit ihm gütlich zu vergleichen."

Die Lüneburger Reformation von 1577—1583 verordnet in II, 15: [210]) „Verkauft der Hauß-Herr oder seine Erben, in noch währender Zeit der Verheurung das Heur-Hauß einem andern, so seynd sie nichts desto weniger schuldig, den Miethsmann die versprochene Zeit über vollends bleiben zu lassen".

Man könnte in den mitgetheilten Aussprüchen die Regel „Kauf bricht nicht Miethe" finden wollen. Indeß ist, wenigstens in Frankfurt a. M., Theorie und Praxis seit Jahrhunderten davon ausgegangen, daß die angeführte Bestimmung nur die Verpflichtung des Vermiethers zum Ausdruck bringe, dagegen über die Rechte des neuen Eigenthümers nichts sage. Es gilt deshalb in Frankfurt das römische Recht. [211])

v. Brünneck [212]) geht mit Stobbe [213]) davon aus, das unter den deutschen Rechtsquellen, welche den Satz „Kauf bricht Miethe" enthalten, sich solche befinden, „welche zweifellos von jedem Einfluß des fremden Rechts unberührt geblieben sind." Er nimmt an, daß der Miethe, wie im römischen Recht, so auch im älteren deutschen Recht eine gewisse Zerbrechlichkeit eigen gewesen sei. Der Bestand der Miethe sei in gewissem Umfange von der Erlangung der Detention abhängig gewesen, dem Vermiether habe auch nach dem Einzuge unter Um-

---

[209]) II 1 § 1 u. 14 § 11, citirt nach der Ausgabe v. 1611. Vgl. Stobbe a. a. O. II S. 315.

[210]) Citirt nach Kraut a. a. O. Vgl. Stobbe a. a. O. II S. 328. Uebereinstimmend das heute noch gültige Lüneburger Stadtrecht v. 1679. (Rudorff, Hannoversches Privatrecht S. 363.)

[211]) Nach gütiger Auskunft des Herrn Dr. Riesser in Berlin unter Allegirung von Orth, Anmerkungen zur Frankfurter Reformation II S. 456, III, 1. Forts. S. 247, Adlerflycht, Frankfurter Privatrecht S. 908, Souchay, Anmerk. zur F. R. S. 323, Bender, Handbuch des Frankfurter Privatrechts S. 427, Wolff, Hauseigenthümer und Miether S. 89.

[212]) a. a. O. S. 141, 158 ff., 146.

[213]) Handbuch des deutschen Privatrechts III S. 259.

ständen ein Rücktrittsrecht zugestanden, insbesondere wegen eigenen Bedürfnisses, die Vererblichkeit der Miethe sei eine beschränkte gewesen. Da habe es denn nahe gelegen, dem Vermiether dieses Rücktrittsrecht auch dann zu gestatten, wenn er sein Anwesen veräußern wollte. Daher denn auch schon durch den Verkauf selbst der Miethsvertrag hinfällig wurde und von einer Entschädigung nur aus dem Gesichtspunkte der Ackerbestellung, nicht auf Grund eines Vertragsbruchs die Rede sein konnte. Er hält deshalb auch die Regel „Kauf bricht nicht Miethe“ für die jüngere. Ihre Geltung sei früher, wenn nicht zu Gunsten des Gegentheils ausgeschlossen, so doch unsicher gewesen.

Diese Erklärung, welche durch die erwähnten, von Brünneck nicht in Betracht gezogenen schwedischen Rechtsquellen nicht unerheblich unterstützt wird, klingt ungemein plausibel. Sie würde trefflich zu der bei der Entwickelung der Leihverhältnisse gemachten Beobachtung passen, daß diese Verhältnisse allmählich eine immer größere Festigkeit erlangten. Auch die Parallele mit dem römischen Recht ist eine durchaus anziehende. Das ursprüngliche Ueberwiegen der Interessen des Vermiethers entspricht durchaus der Bedeutung der Miethe auf niederer Culturstufe.

Dennoch ist zu fragen, ob der Ausgangspunkt der Theorie, der ursprünglich germanische Charakter der Regel „Kauf bricht Miethe“ wirklich zweifellos feststeht. In dieser Hinsicht ist zunächst die Vergleichung der chronologisch geordneten Quellenbelege für die Regel „Kauf bricht nicht Miethe“ mit denen für die Regel „Kauf bricht Miethe“ keineswegs geeignet, die letztere Regel als die ältere erscheinen zu lassen. Wir haben zahlreiche Beispiele dafür, daß die Regel „Kauf bricht Miethe“ an die Stelle der Regel „Kauf bricht nicht Miethe“ getreten ist. Das Auffälligste bildet wohl das Jülicher Recht, welches 1537 noch an der letzteren Regel festhielt, aber schon 1555 zu dem Satze „Kauf bricht Miethe“ übergegangen ist. Eine Entwickelung in entgegengesetzter Richtung tritt uns dagegen nicht vor die Augen. Daraus, daß die Regel „Kauf bricht nicht Miethe“ in einigen Quellen des 15. Jahrhunderts auf Willküren zurückgeführt wird, schließt von Brünneck,[214]) daß es sich um eine erst neu geschaffene Satzung handelt. Man kann aber zunächst ebenso gut annehmen, daß erst jetzt Veranlassung gegeben war, das bis dahin ganz unbezweifelte Recht gegenüber dem römischen Recht zum Ausdruck zu bringen.[215])

Daß in Frankreich der Einfluß des römischen Rechts sich viel früher

---

[214]) a. a. O. S. 146.

[215]) Vgl. v. Brünneck a. a. O. S. 157.

bemerkbar gemacht hat als in Deutschland, ist bekannt. Von den deutschen Quellen, welche die Regel „Kauf bricht Miethe“ enthalten, ist die Mehrzahl ganz gewiß vom römischen Recht beeinflußt. Die Nürnberger Reformation von 1484 enthält unstreitig viele römische Sätze.[216])

Bei dem Eisenacher Rechtsbuch, dem altdithmarser Landrecht und dem Billwärder Landrecht ist römischer Einfluß bisher nicht nachgewiesen. Wenn man sich aber erinnert, daß schon im Jahre 1296 an einem so weltfremden Orte, wie es die Insel Hiddensee bei Rügen war und ist, die operis novi nunciatio (freilich unter Clerikern durch canonici von Roeskilde auf Seeland) vorgenommen wurde,[217]) daß die Verordnung Christophs II. von Dänemark von 1320 als eine Ueberarbeitung der c. 5 C. ad legem Juliam majestatis 9, 8 erscheint,[218]) so wird man auch bezüglich der aufgeführten ältesten deutschen und nordischen Quellen nicht ohne weiteres die Freiheit von römischem Einflusse in Anspruch nehmen können.[219])

Hier ist indeß nicht der Ort, um diese Frage zum Austrage zu bringen. Es sollte nur dargelegt werden, daß es nicht frivol ist, wenn man die Ergebnisse der verdienstvollen Brünneck'schen Untersuchung, so viel Beachtenswerthes auch für dieselben vorgebracht ist und obwohl die dort angenommene Entwickelung eine durchaus naturgemäße sein würde, nicht ohne weiteres als ganz sicher annimmt. Sollte man, derselben beipflichtend, für den rein germanischen Ursprung des Satzes „Kauf bricht Miethe“ eintreten, so wird man dennoch, wie es ja auch v. Brünneck thut, zugeben müssen, daß die germanische Rechtsentwickelung eine Verstärkung der Rechtsstellung des Gebrauchers gegenüber dem Eigenthümer erstrebt hat, und daß dem vollkommen entwickelten germanischen Recht nur das dingliche Miethsund Pachtrecht entspricht, welches, um die Worte des jütischen Low zu wiederholen, dem Miether das Haus gewährt, als ob es sein eigen sei.

Mit Recht betont daher Geller,[220]) daß im deutschen Rechtsleben

---

[216]) Stobbe, Deutsche Rechtsquellen 2 S. 299.

[217]) Muther, Zur Geschichte der Rechtswissenschaft; römisches und canonisches Recht im Mittelalter S. 1 ff.

[218]) Falck, Das jütische Low S. XV.

[219]) Das Reichsgericht hat freilich die vom Stettiner Oberlandesgericht festgestellte Thatsache, daß im Anfang des 14. Jahrhunderts das römische Recht noch nicht bis an die Küsten der Ostsee vorgedrungen sei (es handelt sich gerade um die Gegend zwischen Stralsund, Rügen und Hiddensee) als irrevisibel bezeichnet (Seuffert, Archiv 38 S. 479).

[220]) Die Miethe in Grünhut's Zeitschrift für das priv. u. öff. R. d. Gegen-

die Miethe, wenn sie ihrem eigenen Gestaltungstriebe hätte folgen können und nicht durch das später eingedrungene römische Recht denaturirt worden wäre, überall zu einer dinglichen geworden sein würde, daß sie aber, weil es den Deutschen nicht vergönnt gewesen ist, den Bildungsproceß ihres Rechts zu vollenden, durch die Einwirkung des römischen Rechts eine Rückbildung erfahren hat.

In der modernen Literatur und Judicatur wird vielfach die Frage erörtert, ob aus der Geltung des Satzes „Kauf bricht nicht Miethe" die absolute Dinglichkeit der Miethe gefolgert werden könne, oder ob nur ein gegenüber jedem Eigenthümer dinglich wirksames obligatorisches Recht vorliege. Der Unterschied[221]) tritt praktisch namentlich in der Hinsicht hervor, daß im ersteren Falle der Miether sein Recht auch gegen Nichteigenthümer geltend machen kann, und daß auch später aufgelegte dingliche Belastungen den Miether nicht beeinträchtigen dürfen.

Wenn man nun auch den Vertretern der zweiten Alternative[222]) zugeben kann, daß aus dem Satz „Kauf bricht nicht Miethe" noch nicht mit logischer Nothwendigkeit die dingliche Natur der Miethe folgt, so dürfte es andererseits nach dem vorstehend Dargelegten klar sein, daß das germanische Recht die Miethe im Ganzen als dingliches Verhältniß gestaltet hat, und daß die Regel „Kauf bricht nicht Miethe" nur eine Consequenz dieser Dinglichkeit darstellt.

§ 4. Gemeines deutsches Recht.

Die ältere gemeinrechtliche Doctrin ging auch bei der Lehre von der Miethe und Pacht davon aus, daß das römische Recht schlechthin recipirt sei. In Uebereinstimmung damit wurde auch der Satz des Sachsenspiegels von der Unvererblichkeit der Verpflichtungen des Vermiethers für die sächsischen Lande durch eine besondere Constitution außer Kraft gesetzt.[223])

Gleichwohl ist das, was als römisches Recht in Deutschland in der Theorie gelehrt und von der Praxis zur Anwendung gebracht wurde, in manchen Punkten gar sehr verschieden von dem bei den Römern in

wart 5 S. 323. Er verweist dabei auf die gerade entgegengesetzte Entwickelung im englischen Recht.

[221]) Vgl. über denselben Stobbe, Deutsches Privatrecht I § 66.

[222]) Stobbe, a. a. O. III S. 257, Beseler, Deutsches Privatrecht I § 108 A. 6 S. 449. Vgl. auch das oben erwähnte Urtheil des Obertribunals bei Fenner und Mecke, 8 Nr. 99 S. 262.

[223]) Benedicti Carpzovii, Iurisprudentia forensis Romano-Saxonica II Const. 37.

Geltung gewesenen Rechte, wie es zu Eingang dieser Arbeit darzustellen versucht ist.

Es ist, wie früher dargelegt ist, für das römische Recht die Annahme höchst wahrscheinlich, daß der Vermiether jederzeit den Miether entsetzen konnte. Wie dem nun aber auch sein möge, in das gemeine deutsche Recht ist dieser Satz nicht übergangen. Dem Vermiether wird nicht nur nicht in irgend einer Weise Gerichtshülfe zur vertragswidrigen Entsetzung gewährt, sondern es wird sogar der Vermiether, welcher den Miether im Wege der Selbsthülfe zum Verlassen der Wohnung wenn auch nur indirect, z. B. durch Aushebung von Thüren und Fenstern, nöthigt, wegen Nöthigung bestraft.[224])

Vor allen Dingen aber hat das gemeine deutsche Recht, obwohl es die Miethe gleich dem römischen Recht den persönlichen Rechtsverhältnissen zurechnete, dem Miether den Besitzesschutz in erheblichem Umfange zugebilligt.

Der Miether kann, wie jeder andere Detentor, im Falle der Entziehung der Innehabung gegen seinen Willen die Wiedereinräumung des Besitzes von jedem Dritten sowohl, wie auch von dem Vermiether fordern nach dem Rechte der s. g. Spolienklage. Es ist in dieser Beziehung offenbar germanisches Recht festgehalten. Der Besitzesschutz des Detentors findet sich schon in der Glosse, bei Bartolus und Durantis. Er hat sich bei den älteren Schriftstellern erhalten. Ebenso hat ihn die ältere Praxis, z. B. ein Urtheil der Helmstädter Facultät von 1727 adoptirt. Es dürften auch noch in der Gegenwart sehr viele der praktisch vorkommenden Spolienklagen von Pächtern herrühren. In neuerer Zeit hatte aber die historische Schule in ihrem Bemühen, das rein römische Recht zur Geltung zu bringen, den nicht mit dem römischen Recht im Einklang stehenden Satz zurückzudrängen gesucht, und damit in der Theorie und hier und da auch in der Praxis Erfolg gehabt. Doch ist die Gegenströmung nicht ausgeblieben. Es ist das Verdienst von Bruns, die gemeinrecht-

[224]) Mühlenbruch, Cession S. 279, Glück, Pandektencommentar 17 S. 390, Dernburg, Pandekten II S. 293. Entsch. des Reichsgerichts in Strafsachen 9 S. 58. Mevius, decisiones. I Nr. 54. In der älteren Theorie wird mitunter allerdings der Satz vertreten, daß der Verkäufer den Miether, welcher dem Käufer nicht räumen will, als einen iniustus, violentus possessor mittelst des interdictum unde vi entfernen könne. Vgl. Wernher, Select. observationum forensium P. VII obs. 3, Bodinus, de expellendo conductore thes. 14, G. Henr. Ayrer, de genere actionis adversus conductorem emtori cedere nolenti instituendae p. 238, Ern. Just. Müller, Promptuarium iuris novum sub verbo locatio-conductio Nr. 74 p. 1072.

liche Entwickelung wieder klargelegt zu haben. Man erkannte mit Ziebarth, daß auch in diesem Falle der „Irrthum der älteren Praktiker" die „letzte Zufluchtsstätte eines armen, überall verscheuchten, fast zu Tode gehetzten nationalen Rechtsgedankens war". Und heute wird der Besitzesschutz des Miethers wieder in der Theorie anerkannt und namentlich auch von dem Reichsgericht in die Praxis übersetzt. [225])

Die wichtigste Abweichung vom römischen Recht, welche zeitweilig die gemeinrechtliche Lehre beherrscht hat, betrifft aber einen Kernpunkt der vorliegenden Hauptfrage. Während nach römischem Recht unzweifelhaft der Abschluß des Kaufvertrages die Rechtsstellung des Miethers nicht beeinflußte, sondern nur der Eigenthumserwerb seitens des Käufers, findet sich bei deutschen Rechtslehrern der Satz, daß durch den Abschluß des Kaufvertrages die Miethe aufgehoben würde. Also der Satz „Kauf bricht Miethe" im eigentlichen Sinne.

Nicht selten wird diese Lehre der älteren deutschen Doctrin mit der Lehre der Glossatoren in directe Beziehung gesetzt, indem man behauptet, daß bereits die Glosse die Ansicht gehabt habe, schon der Abschluß des Kaufvertrages, nicht erst der Eigenthumserwerb habe dem Käufer das Recht gegeben, den Pächter auszutreiben. [226]) In dieser Fassung ist aber die Behauptung nicht richtig. Der Satz, daß der Käufer schon vor der Erwerbung des Eigenthums das Recht zur Austreibung des Miethers habe, ist in der accursischen Glosse nicht enthalten. [227]) Auch

---

[225]) Vgl. Entsch. des Reichsgerichts 5 S. 164, ferner Seuffert, Archiv XXIV, 212, XXV, 7. (Für das interdictum quod vi aut clam. [s. o. S. 5] Seuffert, Archiv XII 169, XV 28, XVII 245). Dernburg, Pandekten II S. 430, Eccius, Preuß. Privatrecht II S. 169, Bruns, Besitzklagen S. 226 ff., Ziebarth a. a. O. S. 219, 221, Wendt in Jhering's Jahrbüchern für Dogmatik 21 S. 61 ff., Geller a. a. O. S. 322. In der älteren Literatur gewähren den Besitzesschutz auch gegen den Vermiether: Berger, Oeconomia iuris ad usum hodiernum accomodati, lib. VI tit. 5 § 26 p. 693, Zoll, Refutatio § 5 p. 108, Leyser, Meditationes ad Pandectas VII, spec. 451 p. 118 [welcher zwischen römischem Recht einerseits und kanonischem und Gewohnheitsrecht andererseits unterscheidet], Glück 18 S. 23 § 1062. Dagegen sind zweifelhaft oder versagen den Besitzesschutz: Wernher l. c., Lyncker, consultationes iuris selectae, cons. 91, p. 334, Engelbrecht, selectiores consultationes Gryphiswald. resp. 64, num. 56, 68 p. 315 f. (Die heutige Praxis in Neuvorpommern steht auf dem entgegengesetzten Standpunkte.) Ayrer l. c. p. 237 ff., Müller l. c. nr. 74 p. 1072. Gegen den Besitzesschutz: Seuffert, Archiv I 225, XXII 147, XXVI 11.

[226]) Schmidt in der Zeitschr. f. hannov. Recht 9 S. 360, v. Brünneck a. a. O. S. 177 unter Berufung auf die Glosse zu c. 9 C. de loc. cond. 4, 65.

[227]) Benutzt sind die Ausgaben von Nicolaus Jenson (Hain nro. 9597), Frankf. v. 1519 und Lugduni 1569.

ist derselbe bei einer, freilich sehr beschränkten, Durchmusterung der Glossatoren- und Postglossatoren-Literatur [228]) nicht zu entdecken gewesen.

Richtig ist nur, daß von dem ius expellendi des Käufers gesprochen wird, ohne daß man besonders hervorhebt, daß zum Abschluß des Kaufes erst noch die Eigenthumsübertragung hinzukommen müsse. Darin ist man aber nur den römischen Quellen gefolgt.

Auch die Constitution des Kaisers Alexander Severus vom Jahre 234, an welche die Erörterungen der Glossatoren sich anschließen, spricht nur von dem emtor, ohne des Eigenthumsübergangs zu erwähnen. Daß die Letztere aber den Abschluß des Kaufvertrages, nicht den Eigenthumserwerb als die Grundlage des ius expellendi des Käufers angesehen habe, wird heute Niemand mehr behaupten wollen. Zur Würdigung der Lehre der Glossatoren muß aber vor allem eine Eigenthümlichkeit des damaligen Sachenrechtes in Betracht gezogen werden.

Wie Brunner nachgewiesen hat, [229]) wird im spätrömischen Rechte die schriftliche Urkunde bei entgeltlicher oder unentgeltlicher Veräußerung üblich. Die Uebergabe der carta (auf diese Art der Urkunde kommt es hier allein an) seitens des Ausstellers an den Empfänger gehört zur Perfection des Vertrages. Daher wird in römischen wie lombardischen (abweichend in den fränkischen) Urkunden regelmäßig am Schlusse bezeugt: „post tradita complevi et dedi“. [230]) Parallel mit dieser Schriftlichkeit geht das Streben, die körperliche Tradition überflüssig zu machen. Bei Schenkungen fand man das Mittel in dem Vorbehalt eines Nießbrauches auf ganz kurze Zeit, schließlich auf eine Stunde. [231]) Im Weiteren ließ man durch die traditio cartae die missio in vacuam possessionem ersetzen, so daß jedenfalls nur noch einseitige Besitzergreifung nothwendig

---

228) Verglichen wurden Azo, Summa in Codicem, ferner Odofredus, Salicetus, Albericus de Rosciate, Angelus Perusinus, Bartolus und Baldus. Azo (ad tit. C. de loc. et cond. 4, 65, nro. 20) sagt: Item locator vel singularis eius successor (ut emptor cui vendidit) authoritate sua potest expellere conductorem. Nec enim possidet conductor temporalis, immo dominus videtur possidere. — Si tamen conductor interverteret possessionem, non liceret domino, eum repellere, nisi in continenti. Alii vero aiunt, etiam mandato conductoris non licere domino eum repellere, scilicet cui vendidisset, sed nondum tradidisset locator. — Bartolus sagt zu fr. 32 D. loc. cond. 19, 12: Successor singularis non tenetur stare colono nec colonus ei.

229) Zur Rechtsgeschichte der römischen und germanischen Urkunde, insbes. S. 112 ff.

230) Beispiele bei Kohler, Beiträge zur germanischen Privatrechtsgeschichte Heft 1 Nr. 1, 2, 4, 5, Heft 2 Nr. 10, 13, 14, 15.

231) Auf Grund der c. 28 Cod. de donat. 8, 53.

war. In longobardischer Zeit aber ging man dazu über, sowohl vom Vorbehalt des Nießbrauches, als von dem Erforderniß der nachherigen Besitzergreifung abzusehen. Die Uebergabe der Urkunde bewirkte zugleich den Uebergang des Eigenthums.

Wenn sonach damals Abschluß des Kaufgeschäftes und Uebergang des Eigenthums zeitlich zusammenfielen, so fehlte es für die Glossatoren und ihre Nachfolger an jedem praktischen Anlasse, das Erforderniß des Eigenthumsübergangs besonders zu betonen, ohne daß aber daraus gefolgert werden dürfte, daß sie den Abschluß des Kaufes als solchen als das den Miether beeinträchtigende Moment angesehen hätten.

Auch ältere deutsche Dogmatiker sprechen sich über die Frage gar nicht oder sehr unbestimmt aus. [232])

Bei der vorgenommenen, freilich nur sehr summarischen und der Nacharbeit dringend bedürftigen Durchsicht gemeinrechtlicher Theoretiker hat sich der Satz als gemeinrechtlicher Lehrsatz erst gegen Ende des 17. Jahrhunderts gefunden. [233]) Seine nächste Quelle werden die früher angeführten deutschen Partikularrechte sein, welche — ob unabhängig vom römischen Rechte oder nicht, blieb dahingestellt — den Satz „Kauf bricht Miethe" in diesem Sinne zum Ausdruck gebracht haben.

Auch in dem ersten Drittel unseres Jahrhunderts wird diese Lehre noch vorgetragen. [234])

Die dem rein römischen Rechte entsprechende Ansicht, daß der Eigen=

---

[232]) Dahin gehören: Wesenbeck, Comment. in Pandectas ad tit. XIX, 2 p. 306 no. 13, Schneidewin, in IV libros Institutionum Commentarius lib. III tit. 25 § ult. p. 546, Moller, Semestrium libri quinque lib. IV cap. XIV p. 453, Besold, thesaurus practicus s. v. Kauffen, addit. p. 455, Berlich, Conclusionum practicabilium concl. 45 p. 319, Bened. Carpzov, Responsa iuris electorali sV, 3 Resp. 17, Lauterbach, Collegii theoretico-practici ad lib. XIX 2 No. 61 p. 1376, Berger l. c. lib. III tit. 5 § 26, Wernher l. c. II obs. 470 p. 471, Lyncker l. c. Cons. 91 p. 334, Engelbrecht l. c., Leyser l. c., Walch, introductio in controversias iuris civilis, Sect. III Cap. 4, 4 § 12.

[233]) Dahin sind zu rechnen: Hertius, de paroemiis iuris germanici libri III, Paroemia 46 (opuscul. III p. 482, 484, 487), Zaunschliffer, Vindiciae § 5 p. 79 ff., Ayrer l. c. p. 228, 241 ff., Struben, rechtliche Bedenken III Bed. 57 S. 210, 212, Müller l. c. Nr. 68 und 70, S. 1068, 1070, anscheinend auch Schilter, Praxis juris Germanici, Exerc. 31 §§ 23, 24 p. 289, Stryk, Specimen usus moderni Pandectarum ad libr. 19, 2 loc. cond. §§ 30, 81 p. 488, 549, Cocceji, ius controversum ad libr. 19, 2 qu. 21 p. 929.

[234]) Vgl. Glück a. a. O. S. 14, 24, J. L. Schmidt, praktisches Lehrbuch von gerichtlichen Klagen und Einreden S. 731, 732. Unbestimmt Göschen, gemeines Civilrecht II § 11, Mackeldey, Pandekten § 379.

thumserwerb das Entscheidende sei, wird aber schon von Mevius[235]) ganz direct ausgesprochen und hat auch in späterer Zeit ihre Anhänger gehabt.[236]) In neuerer Zeit ist sie namentlich von Gesterding[237]) wieder ausführlich begründet, und jetzt ist sie die in Theorie und Praxis unbedingt herrschende.[238])

Im Anschluß daran mag ein Punkt, der freilich jetzt nur dogmenhistorisches Interesse gewährt, wenigstens gestreift werden. Man warf die Frage auf, mit welcher actio kann der Käufer, welcher noch nicht Eigenthümer geworden ist, den Miether vertreiben? Die Frage war sehr überflüssig. Denn da dieses angebliche Austreibungsrecht dem römischen Recht nicht entspringt, so konnte es auch keine römische actio für Geltendmachung desselben geben. Andererseits ist es für das heutige gemeine Recht ganz gleichgültig, ob man für eine vollgültige Forderung eine römische actio aufzufinden vermag oder nicht. Den Rechtsschutz genießt die Forderung auch ohne actio.[239]) Bei Beantwortung der Frage mußte man natürlich auf allerlei Irrwege gerathen. Man debattirte über die rei vindicatio directa und utilis, sowie über die possessorischen Interdicte, welche namentlich im Falle einer Cession seitens des Verkäufers vielfach für anwendbar erachtet wurden. Andere verfielen auf die condictio sine causa. Andere endlich gaben ihre Rathlosigkeit zu erkennen, indem sie auf eine besondere condictio ex lege 9 Cod. de loc. oder auf nuda officii iudicis imploratio verwiesen.[240])

Eine weitere Abweichung vom rein römischen Rechte betraf das

---

235) Decisiones I, Pars IV Dec. 90.

236) Hellfeld, Jurisprudentia forensis lib. XIX 2 § 1062 (emtor. si res ad usum iam tradita est, potest expellere conductorem), Westphal, Lehre des gemeinen Rechts vom Kauf-, Pacht- und Mieths-Contract §§ 1028, 1034 S. 629, 631. Anscheinend auch Struve, Syntagma Jurisprudentiae, Exerc. 27 Nr. 24, ad libr. 19, 2 p. 1710, Hahn, de conductore expellendo No. 85, 87, Höpfner, theoret.-prakt. Commentar S. 946, Klaproth, Rechtswissenschaft der Verträge und Contracte S. 1000.

237) a. a. O. S. 223 ff.

238) Vgl. die Pandektenlehrbücher von Mühlenbruch (auch dessen Cession S. 279), Schweppe, Puchta, Vangerow, Wening-Ingenheim, Brinz, Windscheid, Dernburg, sowie Unterholzner, Schuldverhältnisse, Seuffert, Archiv I 19, VI 201, VII 37, VIII 42, XXIII 225, XXIV 210, XXXI 110.

239) Fischer, Preußisches Privatrecht S. 41.

240) Vgl. Hertius l. c. p. 487, Zaunschliffer l. c., Ayrer l. c. p. 241 fg., Schmidt a. a. O., Streuben a. a. O., Glück a. a. O. S. 21 fg. Letzterer gewährt condictio ex lege 9 Cod. und condictio sine causa, „obwohl theoretisch manches einzuwenden wäre“.

Rücktrittsrecht, welches man dem Miether in Folge einer Veräußerung gewährte.

Es ist früher gezeigt worden,[241]) daß nach rein römischem Rechte von einem Rücktritt des Miethers nur die Rede sein konnte, wenn derselbe thatsächlich an der Benutzung der Miethssache gehindert wird. Er bleibt bis zum Ablaufe der contractmäßigen Zeit seinem Vermiether trotz des Verkaufs zur Erfüllung des Miethsvertrages verbunden.

Diese Ansicht findet sich aber bei älteren gemeinrechtlichen Schriftstellern nur vereinzelt.[242]) Durchweg ist die der wörtlichen Auffassung der Regel „Kauf bricht Miethe" entsprechende Ansicht vertreten, daß in Folge des Abschlusses des Kaufvertrages auch der Miether aufhört, gebunden zu sein.[243])

In späterer Zeit wird darin wohl eine Ausnahme gemacht für den Fall, daß der Vermiether dem Käufer seine Rechte aus dem Miethsvertrage cedirt oder sonst ein rechtliches Interesse an der Fortsetzung des Verhältnisses habe.[244])

Auch heute wird das Rücktrittsrecht des Miethers noch hier und da vertreten. Die herrschende Meinung leugnet aber mit dem römischen Recht diese Befugniß.[245])

Nachdem die neuere gemeinrechtliche Doctrin sich wieder mit Entschiedenheit auf den römischen Standpunkt gestellt hatte, nach welchem nicht der Kauf, sondern der Eigenthumsübergang das Recht des Miethers beeinträchtigt, mußte die in der älteren gemeinrechtlichen Literatur begreiflicher Weise ganz vernachlässigte Frage wieder an praktischer Bedeutung gewinnen, ob der Miether nicht den Eigenthumsübergang zu hindern vermag, wenn nicht für sein Verbleiben unter dem neuen Vermiether Sorge getragen ist.

Wenn und insoweit zum Eigenthumsübergang die Uebergabe der Sache erforderlich ist, kann der Eigenthumsübergang gegen den Willen des Miethers nicht bewirkt werden, da, wie bereits früher ausgeführt ist,[246]) ein constitutum possessorium oder eine Uebergabe longa manu unter Widerspruch des Miethers den Eigenthumswechsel nicht herbeiführen.

---

[241]) s. o. S. 12 u. S. 15.

[242]) So bei Moller l. c. IV cap. XIV p. 456.

[243]) So Wesenbeck l. c. p. 306, Mevius I Pars V decis. 29 p. 528. Hertius a. a. O. S. 485, Hellfeld a. a. O. S. 376, Müller a. a. O. S. 1071. Schmidt a. a. O. S. 731.

[244]) Höpfner a. a. O. § 890 Nr. 4 S. 946, Westphal a. a. O. § 1034 S. 631, Glück a. a. O. S. 26 ff.

[245]) Vgl. o. S. 12. Für die herrschende Meinung auch Stobbe, Deutsches Privatrecht III § 186 A. 24.

[246]) s. o. S. 14.

Nach dem modernen Grundbuchrecht kann nun aber der Eigenthumswechsel bei Immobilien ohne Uebergabe durch Auflassung, bez. Eintragung im Grundbuche herbeigeführt werden. Es ist dann diese dem Miether thatsächlich gegebene Möglichkeit, den Eigenthumsübergang zu hindern, für die mit Grundbuch versehenen gemeinrechtlichen Gebietstheile wieder weggefallen.

Schon unter dem früheren Eigenthumserwerbsrecht ist es in der deutschen Praxis für zulässig erachtet, daß der Miether gegen die bevorstehende Eigenthumsübertragung ein gerichtliches Urtheil erwirkt, welches die Veräußerung bei Strafe der Nichtigkeit verbietet.[247])

Diese Maßregel würde die einzige sein, welche eine Auflassung wirksam zu hindern vermöchte. Der Miether könnte dieselbe im Wege des ordentlichen Civilprocesses oder in dem der einstweiligen Verfügung (§ 814 C. P. O.) durchsetzen. Die rechtliche Grundlage derselben beruht darin, daß der Vermiether dem Miether kraft Vertrages verpflichtet ist, eine Veräußerung nicht vorzunehmen, ohne für das Verbleiben des Miethers Fürsorge getroffen zu haben, und daß nach heutigem Recht der Berechtigte in der Lage ist, die Erfüllung von Rechtspflichten in jeder zweckdienlich erscheinenden Weise gerichtlich durchsetzen zu können.[248])

Eine andere Differenz zwischen dem römischen und dem gemeinen deutschen Recht beruht auf der verschiedenen Behandlung der Verträge zu Gunsten Dritter.

Es ist früher dargelegt worden, daß nach rein römischem Recht der Miether nur durch den Abschluß eines neuen Vertrages in ein unmittelbares rechtliches Verhältniß zu dem neuen Erwerber tritt, daß insbesondere die lex venditionis, daß der Miether wohnen bleiben solle, dem Miether eine Forderung gegen den Erwerber nicht gewährt.[249])

Für das heutige gemeine Recht kommt es wesentlich darauf an, wie man sich zu der allgemeinen Frage stellt, ob im modernen Recht die Verträge zu Gunsten Dritter für diese Dritte directe Wirkung haben. Bejaht man dieselbe im Allgemeinen, so wird man sie auch für den vorliegenden Fall nicht verneinen dürfen.

Die Frage ist ebenso wie die allgemeine Frage nach der Wirkung der Verträge zu Gunsten Dritter sehr bestritten. Viele Vertreter der

---

247) Urtheil des Oberappellationsgerichts zu Rostock v. 1850 bei Buchka und Budde, Entscheidungen I S. 54.

248) Vgl. Friedlieb a. a. O. S. 437 und Wendt a. a. O. S. 257.

249) s. o. S. 12.

bejahenden Ansicht stützen sich — wie früher ausgeführt wurde, zu Unrecht — auf das römische Recht.[250])

Eine weitere Modification hat das römische Recht in Deutschland dadurch erfahren, daß der Miether von Immobilien die Einhaltung der ortsüblichen Kündigungsfristen oder, sofern solche nicht bestehen, eine angemessene Frist beanspruchen darf. Der Satz tritt zunächst in den, zum Theil bereits im Laufe dieser Arbeit angeführten particularrechtlichen Quellen hervor.[251]) Er ist aber schon vom hohen Tribunal zu Wismar durch Urtheil vom 8. September 1657 als ein auf der natürlichen Billigkeit beruhender hingestellt worden[252]). Die deutsche Praxis hat denselben festgehalten.[253]) Die älteren Theoretiker lehren auch den Satz als einen gemeinrechtlichen.[254]) In den modernen, lediglich das angeblich rein römische Recht berücksichtigenden Pandektenlehrbüchern findet sich der Satz meistens nicht. Gleichwohl wird mit Recht von Dernburg[255]) für denselben die gemeinrechtliche Gültigkeit in Anspruch genommen. In Bayern hat derselbe einen besonderen gesetzlichen Ausdruck gefunden.[256])

---

[250]) Literatur oben S. 12 A. 46. Vgl. auch Seuffert Archiv XXV 102, XXVIII 22, XXXII 318.

[251]) Andere Particularrechte bei Stobbe, Handbuch des deutschen Privatrechts III § 186, A. 19, Gruchot, Beiträge 17 S. 520.

[252]) Mevius, decisiones V, 339.

[253]) Seuffert, Archiv 8. 42.

[254]) Leyser, l. c. spec. 220 § VII p. 696, Hertius, l. c. p. 485, Müller, l. c. Nr. 73 p. 1071 f. (spatium intra quod fructus colligere, de alia habitatione prospicere et res suas commode transportare possit), Schmidt, l. c. § 1004 p. 731, Engelbrecht, l. c. Nr. 38, p. 314, welcher verlangt, daß „das Hauß gebührlich nach ihres Orts Gewohnheit aufgekündiget worden und die erste ordentliche Zeit des Umziehens vorhanden sey".

[255]) Pandekten II S. 294.

[256]) Das bayerische Gesetz vom 18. Februar 1871 verordnet in § 21 für die gemeinrechtlichen Gebietstheile:

> „Gelangt eine vermiethete Liegenschaft aus besonderen Gründen in das Eigenthum eines Dritten, so geht der von dem früheren Besitzer geschlossene Miethvertrag auf den neuen Erwerber über. Sowohl der neue Erwerber als auch der Miether ist in diesem Falle berechtigt, den Vertrag noch vor Ablauf der festgesetzten Miethzeit aufzukündigen, hat jedoch hierbei die ortsübliche Aufkündigungsfrist zu beobachten, falls eine kürzere Frist nicht vereinbart ist.
>
> Vorauszahlungen auf den Miethzins sind gegenüber dem neuen Erwerber im Falle einer Zwangsveräußerung nur für die Zeit bis zu dem auf den Uebergang folgenden Ziele, andernfalls noch für die Zeit bis zum nächstfolgenden Ziele wirksam.
>
> Hat sich der neue Erwerber dem Miether gegenüber zur Fortsetzung

Hinsichtlich der Schadensersatzpflicht des Vermiethers ist das römische Recht in Deutschland bestehen geblieben. Es ist das für die Gegenwart außer Zweifel.[257] Auch die ältere Lehre war in diesem Punkte fast einig.[258] Nur ganz vereinzelt traten Ansichten auf, welche zur Erhebung des Ersatzanspruches eine besondere Protestation bei der Räumung forderten,[259] oder für den Fall des Verkaufs aus Noth eine Ausnahme machen wollten.[260]

Gleichwohl ist das Schadensersatzrecht des Miethers in Deutschland minder werthvoll geworden, als es in Rom war.

Die wesentlichste Verschlechterung hat ihren Grund nicht in einem Rechtssatz, sondern in einem deutschem Charakterzug. Es ist an sich schon schwierig, für den vorzeitig entsetzten Miether eine Entschädigung auszumessen, welche wirklich einen ausreichenden Ersatz für die ihm dolos zugefügte Unbill gewährt. Die Unannehmlichkeiten und Beschwerden des Umzugs, die Gemüthlichkeit und Behaglichkeit der bewohnten Räume, die Anhänglichkeit an die Wohnung, welche der Familie Freud und Leid gesehen hat, das sind, wie Friedlieb[261] mit Recht hervorhebt, schwer taxable Dinge. Schwierig steht es auch mit der Ausmessung des Schadens, der dem plötzlich aus seiner Erwerbsstellung verdrängten Gutspächter, Gastwirth, Müller u. s. w. erwächst.[262]

Nun kommt hinzu, daß — wie jeder, welcher sich längere Zeit in der deutschen Praxis befand, zur Genüge erfahren hat — der deutsche Richter bei Schadensfestsetzungen die höchste Gerechtigkeit darin sieht, zu verhüten, daß der dolose Schädiger ja nicht einen Pfennig zu viel zu

---

der Miethe während der übrigen Miethzeit verbindlich gemacht, so kann der Miether die jenem hieraus zustehenden Ansprüche gegen den ersteren geltend machen.

Dem Miether bleibt das Recht auf Entschädigung wegen der durch Uebertragung des Eigenthums einer Liegenschaft auf den Dritten herbeigeführten vorzeitigen Beendigung des Miethverhältnisses vorbehalten."

[257] Windscheid a. a. O. II § 400 A. 7.

[258] z. B. Wesenbeck, Moller, Besold, Berlich, Mevius, Carpzow, Lauterbach, Schilter, Berger, Lyncker, Cocceji, Engelbrecht, Ayrer, Hellfeld, Müller, Höpfner, Claproth, Schmidt, Westphal, Glück, Stryck (Dissert. de damno reb. alien. licite illato 1649).

[259] Struve l. c. Nr. 27 p. 1712, Hahn l. c. Nr. 91 p. 164.

[260] Hertius l. c. p. 484.

[261] a. a. O. S. 435.

[262] Vgl. auch Windscheid, Pandekten II § 400 Anm. 7: „Der Schaden, welchen der Miether dadurch erleidet, daß der Erwerber ihm die Sache nimmt, ist oft schwer nachzuweisen, überdies sind, namentlich bei der Hausmiethe, die Interessen, welche dadurch gekränkt werden, nicht immer bloß Vermögensinteressen."

leisten habe, während ihm der Umstand, daß die getroffene Festsetzung dem Beschädigten eine ausreichende Genugthuung nicht gewährt, weniger Sorge macht. Man müsse, so sagte mir noch kürzlich ein Richter, dem entgegentreten, daß sich die Beschädigten nicht betrüglich bereicherten. Denn dazu benutzten sie gern den angeblich erlittenen Schaden. Für die Festsetzung von Schäden, die sich nicht genau berechnen lassen, sind die Gerichte des gemeinen wie des preußischen Rechtsgebiets nicht zu haben. Daher ist Ziebarth,[263]) welcher damals selbst in der Praxis stand, der Ansicht, daß der römische Miether seiner Rechtsstellung vielleicht sicherer war als der heutige. Denn „für Schäden und Unbequemlichkeiten wird der Miether bei unserer grenzenlosen Schwerfälligkeit in Schadensabschätzungen schwerlich rechte Genugthuung erhalten". Freilich hat seitdem die Gesetzgebung die freie Schadensfestsetzung auf das Bestmöglichste zu fördern gesucht. Der Richter ist von einer Begründung seiner Ueberzeugung hinsichtlich des Daseins und der Höhe eines Schadens ganz befreit. Er steht in dieser Hinsicht wie der Geschworene.[264]) Daß aber nun eine freiere Praxis in der Festsetzung von Schäden eingetreten sei, habe ich nicht bemerkt. Doch belehren mich vielleicht die Herren Anwälte, welche in jüngerer Zeit häufiger Beschädigte vor Gericht vertreten haben, eines Besseren.

Eine weitere Verschlechterung besteht darin, daß die Schuldhaft als Executionsmittel für Geldforderungen ganz generell beseitigt ist, also auch für die Fälle, in denen es sich um den Ersatz einer vorsätzlich herbeigeführten widerrechtlichen Beschädigung handelt.

Der Miether bekommt von dem vermögenslosen Vermiether keinen Ersatz. Letzterer hat auch sonst nicht die gerechte Unbequemlichkeit von seiner Handlung.

Die speculative Unredlichkeit ist also in dieser Hinsicht entschieden günstiger gestellt als in Rom, wo die Personalhaft ihre Schuldigkeit that.

Für die Zwangsversteigerung gilt im gemeinen Rechtsgebiet dasselbe wie bei Kaufverträgen.[265]) Daher hat denn auch hier

---

[263]) a. a. O. S. 141.

[264]) § 260 C. P. O. im Vergleich zu § 259.

[265]) Krech und Fischer, Commentar zur preuß. Zw. O. S. 284. — Die ältere gemeinrechtliche Lehre hatte hier allerdings einzugreifen gesucht, indem sie den Satz aufstellte, im Falle einer successio necessaria sei der successor gebunden. Man rechnete dahin nicht nur die missio in bona, bei welcher ein Eigenthumswechsel zunächst überhaupt nicht stattfindet (Moller a. a. O. cap. XIV p. 456, Mevius, Decisiones p. VII dec. 69, p. IX dec. 66, Hellfeld l. c. § 1063 p. 376, Claproth l. c. § 305 p. 1000, Schmidt § 1005 p. 733, Glück S. 33f),

die Vorschrift der Reichsconcursordnung, daß die freiwillige Veräußerung durch den Concursverwalter wie eine Zwangsversteigerung wirke,[266]) in dieser Beziehung keine Bedeutung.

Für die Zwangsvollstreckung in vermiethete bewegliche Sachen hat die Reichscivilproceßordnung insofern eingegriffen, als die Pfändung von Sachen welche sich im Gewahrsam des Miethers befinden, ohne Zustimmung des Miethers ausgeschlossen ist. Der Gläubiger kann nur den Anspruch des Vermiethers auf Herausgabe der Sache pfänden lassen, und da diesem die vertragsmäßigen Rechte des Miethers entgegenstehen, so ist der Miether für die Dauer seines Miethsrechts gegen die Zwangsvollstreckung geschützt.[267])

Schon am Schlusse der Darstellung des römischen Rechts wurde darauf hingewiesen, daß in nachrömischer Zeit besondere Mittel aufgesucht wurden, um die Rechtsstellung des Miethers, welche augenscheinlich als eine ungünstige und unbillige empfunden wurde, zu verbessern.[268]) Diese Bestrebungen sind auch in die ältere gemeinrechtliche Doctrin übergegangen. So statuirte man eine Ausnahme für den colonus partiarius.[269]) Man behauptete ferner, daß der Miether, solange ihm gegen den Vermiether die actio spolii zustehe, auch dem neuen Erwerber nicht zu weichen brauche.[270]) Ein eidliches Versprechen, den Miether wohnen zu lassen, hielt man dagegen durchweg für wirkungslos.[271]) Eine Ausnahme, die insofern von Interesse ist, als sie mit einer demnächst zu erwähnenden Vorschrift des französischen Rechts[272]) in Verbindung steht, war die, daß, wenn der Kauf mit einem

---

sondern auch die Nachfolge ex sententia iudicis (Müller a. a. O. Nr. 70 S. 1070, Schmidt a. a. O. § 1005, S. 734) und insbesondere die gerichtliche Subhastation (Carpzow a. a. O. V, 3 Resp. 17 Nr. 19, Struve, Exerc. 24 (XIX, 2) Nr. 27, Klaproth, § 305, Müller, Nr. 70 S. 1070). Vgl. auch Lauterbach, Nr. 66 p. 1380, Berlich, Concl. 45 Nr. 19 p. 319, Berger, III § 26 p. 693, Cocceji, qu. 24 p. 931.

266) § 17. Z. 2.

267) §§ 713, 739, 745 C. P. O. — Vgl. § 72 der preuß. Geschäftsanw. für Gerichtsvollzieher. — Diese Vorschriften schützen auch den Miether eines möblirten Zimmers gegen Pfändung der ihm mitvermietheten Möbel, ein wenig beachteter, aber praktisch wichtiger Fall.

268) s. o. S. 18.

269) Hahn, Nr. 88 p. 163. Anderer Ansicht: Lauterbach, Nr. 61 p. 1377 und Hertius p. 486. (§ V Nr. 3.)

270) Berger l. c. § 26 p. 693.

271) So Lauterbach, Berger, Cocceji, Ayrer, Müller, Glück.

272) art. 1751 code civil.

pactum de retrovendendo abgeschlossen war, der Käufer die Miethe gelten lassen mußte.[273])

Im Vordergrund der Erörterungen steht aber die Frage, inwieweit die Bestellung einer Hypothek dem Miether Sicherung gewährt. Die herrschende Meinung der älteren Doctrin ging dahin, daß der Miether durch eine Hypothek verbunden mit einem pactum de non alienando gegen jede Austreibung gesichert sei.[274]) Manche legen schon der bloßen Hypothek die Kraft bei, daß sie den Miether bis zum Ende des Miethsvertrags sichere,[275]) während Andere nur annehmen, daß sie ein Retentionsrecht bis zur Befriedigung des Schadensersatzanspruches gewähre.[276]) Heute hat man sich wieder auf den rein römischen Standpunkt gestellt, nach welchem, wie gezeigt wurde, alle diese Mittel nicht ausreichen, um dem Miether das Verbleiben in der Miethssache unbedingt zu garantiren.

Eine andere erhebliche Abweichung vom römischen Recht hat sich weniger lange erhalten. Die italienischen Juristen[277]) behandelten unter Heranziehung des fr. 1 § 3 D. de superf. 43, 18 jede auf über 9 Jahre geschlossene Pacht oder Miethe unter der Bezeichnung locatio-conductio ad longum tempus der Emphyteusis bezw. Superficies gleich und erhielten ihr so die Wirkung gegen den dritten Erwerber.

Vereinzelt hat diese Ausnahme auch bei deutschen Rechtslehrern[278])

---

[273]) Berlich, Concl. 45 Nr. 21 p. 320, Müller, Nr. 74 p. 1072. Dagegen Cocceji qu. 21 p. 930.

[274]) Schneidewin lib. III, 25 § fin. p. 546, Besold p. 455 (s. v. Kauffen), Engelbrecht l. c. Nr. 60 p. 315, Lauterbach l. c. Nr. 62 p. 1379, Schilter, Exerc. 31 § 25 p. 290, Stryck l. c. § 81 p. 549, Berger III, 5 § 26 p. 692, Ayrer p. 246, Hellfeld l. c. § 1063 p. 376, Claproth § 305 p. 1000, Müller Nr. 69 p. 1070, Höpfner § 890 Nr. 4 p. 946, Schmidt § 1005 p. 733, Glück S. 43 ff.

Das bloße pactum de non alienando genügt nicht. Lauterbach l. c. Nr. 62 p. 1378, Engelbrecht, Resp. 64 Nr. 55, 56, Müller Nr. 69, Glück a. a. O.

[275]) Coler, decis. 8 No. 17 p. 26, Berlich, concl. 45 Nr. 18 p. 310, Carpzow, lib. V tit. 3 respon. 17 Nr. 20, Lyncker, Cons. 91 Nr. 7, Struve, Exerc. 24 ad tit. 19, 2, Nr. 27 p. 1711, Hahn, Nr. 88 p. 163, Cocceji, qu. 21 p. 929. Westphal § 1031 p. 630.

[276]) Lauterbach l. c. Nr. 63, Hertius l. c. § V Nr. 5 p. 486, Berger l. c. § 26 p. 692, Ayrer p. 246, Glück S. 43 ff., Müller Nr. 68 p. 1068.

[277]) Vgl. Dionysius Gothofredus zu c. 9 Cod. de loc. et cond 4, 65 und die dort Citirten, v. Brünneck a. a. O. S. 190, Lequesne, du louage à longue durée. — Auf der anderen Seite wurden für die conductio ad longum tempus besondere Formen verlangt, eine Erscheinung, welche in modernen außerdeutschen Rechten wiederkehrt. Ueber die Berücksichtigung der c. ad longum t. in den älteren Quellen s. o. S. 57.

[278]) Bei Berlich, l. c. Concl. 45 Nr. 15 p. 319 und bei Carpzov, lib. V

und in deutschen Particularrechten, z. B. in dem früher erwähnten Churtrierischen Landrecht Anklang gefunden. Durchweg erkärt sich aber schon die ältere Theorie gegen die Bevorzugung der conductio longi temporis,[279]) und in der heutigen Doctrin ist von dieser Besonderheit vollends nicht mehr die Rede. Daß man aber eine solche Ausnahme zulassen konnte, zeigt deutlich, wie wenig die Nothwendigkeit, die Miethe rein persönlich zu behandeln und den Miether dem Käufer nachzustellen, in der Natur der Sache begründet ist.

Gegen die gemeinrechtliche Lehre ist im Laufe der Entwickelung zweimal ein ernstlicher Angriff unternommen worden, aber beide Male ohne Erfolg.

Im Jahre 1687 veröffentlichte der Rintelner Rechtslehrer Hermann Zoll seine Disput. ad leg. 9 C. de loc. cond. Ihm erwiderte der Marburger Professor Zaunschliffer. Der Streit kam bis zur Triplik. Ein ganzes Dutzend anderer Autoren setzte den Streit fort.[280])

Zoll stützte seine Ansicht, daß Kauf nach gemeinem Rechte nicht Miethe breche,

1. darauf, daß die l. 9 nur vom colonus, nicht vom inquilinus spreche. Der Inquilin habe als naturalis possessor interdictum unde vi und exceptio retinendae possessionis auch gegen den neuen Erwerber.
2. Die l. 9 setze voraus, daß der colonus bereits vertrieben sei. Prozessualische Mittel zur Vertreibung des colonus habe der Käufer nicht:
   a) weil er dem Käufer gegenüber sich zum Räumen nicht verpflichtet hat und dessen vom Verpächter ihm cedirten Rechtsmitteln (rei vindicatio und Interdicte) die exceptio contractus als exceptio rei cohaerens d. h. als nicht höchst-persönliche entgegenstellen kann;
   b) weil er dieselbe Berechtigung zum pachtweisen Behalten der Sache dem Singularsuccessor wie dem Verpächter und dessen Erben gegenüber hat;
   c) weil er, falls er auf Grund seines Contracts („iusta causa") die Räumung verweigert, durch exceptio doli das interdictum

---

tit. 3. Resp. 17 nr. 9 p. 868; letzterer mit der Begründung, daß die locatio ad longum tempus Besitz und dominium utile übertrage, und daher einem Verkaufe ähnlicher sei als einer einfachen Miethe.

[279]) Lauterbach, l. c. No. 61, Struve, exerc. 24, No. 27, Hertius, p. 486, Hahn, Nr. 88 p. 163, Müller, Nr. 70 p. 1070, Stryk, § 30 p. 488f

[280]) Literatur bei Glück, Pandekten-Commentar 18 S. 15.

unde vi des Käufers entkräften und so ein Retentionsrecht an der Pachtsache geltend machen kann; denn

d) niemand kann mehr Recht übertragen als er selber hat; und die Rechtsstellung des Singularsuccessors kann unmöglich eine bessere sein als die seines Autors.

3. Jedenfalls breche nach Einführung der canonischen actio spolii der Kauf in keinem Falle mehr die Miethe.

Zum zweiten Male wurde die herrschende Lehre in neuerer Zeit von Ziebarth angefochten. Der Grundgedanke der Ziebarth'schen Schrift: „Die Realexecution und die Obligation mit besonderer Rücksicht auf die Miethe" geht dahin, daß die gemeinrechtliche Miethe mit Rücksicht auf den als zuläßig anerkannten Miethsbesitz und mehr noch wegen der nach deutschem Recht zuläßigen Realexecution dingliche Natur habe.

Hier ist nicht der Ort zu einer eingehenden Widerlegung dieser Lehre. Gewiß besteht zwischen dem Besitzesschutz und der bloßen obligatorischen Natur ein Widerspruch. Er vermag aber für das geltende Recht nicht dahin zu führen, daß man der Miethe auch den absoluten dinglichen Schutz angedeihen lassen muß. Auch die Realexecution ist nicht nothwendig das Zeichen eines zu Grunde liegenden dinglichen Rechts.

Jedenfalls hat — und darauf kommt es hier vorzugsweise an — Ziebarth's Lehre in die gemeinrechtliche Theorie und Praxis keinen Eingang gefunden.[281])

Im gemeinrechtlichen Gebiete finden sich, wie schließlich noch zu bemerken ist, nicht unerhebliche particularrechtliche Modificationen der dargestellten Regel.

Zunächst haben eine Reihe von Gebieten an der altdeutschen Regel „Kauf bricht nicht Miethe" einfach festgehalten. In dieser Beziehung ist schon bei der Aufzählung der deutschen Rechtsquellen das Erforderliche gesagt.

Im Weiteren ist die Einführung des Grundbuches vielfach dazu benutzt worden, dem Miether die Eintragung in das Grundbuch zu ermöglichen und dem eingetragenen Recht die Wirksamkeit gegen jeden neuen Erwerber zu sichern.

So haben namentlich die preußischen Gesetze, welche die Grundbuch-

---

[281]) Das große Verdienst, welches sich Ziebarth durch seine Schrift um die Geschichte und Dogmatik der Miethe erworben hat, wird aber dadurch nicht im Geringsten geschmälert. Auch sind seine Ausführungen wohl mehr auf die Zukunft als auf das geltende Recht berechnet gewesen.

gesetzgebung in den gemeinrechtlichen Provinzen eingeführt haben, vielfach für die Eintragung der Miethe besondere Fürsorge getroffen.

So bestimmt § 14 des Gesetzes für Neuvorpommern und Rügen: „Pächter und Miether, deren Recht eingetragen ist, können von einem späteren Erwerber des Grundstücks die Erfüllung des geschlossenen Vertrages bis zum Ablauf der vollen Vertragszeit beanspruchen, sofern der neue Erwerber nicht in Zwangsversteigerung gekauft, die von einem früher eingetragenen Gläubiger ausgebracht war."

Das Einführungsgesetz für Schleswig-Holstein vom 27. Mai 1873 verordnet in § 34: „Im Gebiete des dänischen Rechts können von dem im § 28 bezeichneten Zeitpunkte ab Mieth- und Pachtrechte die Wirkung dinglicher Rechte nur durch die an die Stelle der Dinglesung tretende Eintragung erhalten."

Für den Bezirk Cassel bestimmt § 3 Abs. 2 des Gesetzes vom 29. Mai 1873: „Verträge über Grundgerechtigkeiten, sowie — im Falle einer darauf gerichteten besonderen Abrede — Mieth- und Pachtverträge erhalten dingliche Wirksamkeit nur durch Eintragung im Grundbuche."

Die übrigen Einführungsgesetze, insbesondere das für Hannover, enthalten keine besonderen Bestimmungen. Es dürfte aber dadurch die Zulässigkeit der Eintragung von Pacht und Miethe nicht ausgeschlossen sein.

Aehnliche Einrichtungen sind für die gemeinrechtlichen Theile des Großherzogthums Hessen (Provinzen Starkenburg und Oberhessen) getroffen.[282]) Der eingetragene Miether braucht auch bei der Zwangsversteigerung nicht zu weichen, wenn der Gläubiger nicht ein älteres dingliches Recht hat. Der nicht eingetragene Miether muß dagegen nach Ablauf einer näher bestimmten Räumungsfrist abziehen. Er ist aber auch seinerseits in der Regel berechtigt zu kündigen.

§ 5. Gesetzgebungen und Gesetzgebungsarbeiten für deutsches Rechtsgebiet seit Ende des vorigen Jahrhunderts.

Von den drei großen Gesetzgebungswerken um 1800, welche für die deutsche Rechtsentwickelung von Bedeutung sind, dem Allgemeinen Landrechte für die preußischen Staaten, dem allgemeinen bürgerlichen Gesetzbuche für die gesammten deutschen Erbländer der österreichischen Monarchie und dem Code civil hat sich das österreichische Gesetzbuch am wenigsten von

[282]) Art. 127 in Verb. m. Art. 124, 125, 128, 130 des Ges. das Pfandrecht betreffend v. 15. September 1858.

dem gemeinen Recht entfernt. Aus diesem Grunde soll dasselbe zuerst besprochen werden.

Der Codex Theresianus von 1766[283]) bestimmte (§ VI Nr. 77), daß der Miether nur die „natürliche Innenhaltung“, nicht aber ein dingliches Recht bekomme. Er verordnete weiter (§ X Nr. 186—192), daß, wo das Eigenthum oder der Fruchtgenuß eines vermietheten Hauses oder verpachteten Gutes von einem Dritten erworben würde, Kauf vor Miethe gehe, und es sei weder der Dritte noch der Miether schuldig, den Contract fortzusetzen, sondern jedem Theil stehe frei, nach vorläufiger landesbräuchlicher Kündigung die Miethe oder Pachtung abzubrechen. Im Weiteren ist die Schadensersatzforderung des Miethers näher geregelt. Ist das Grundstück unter der Bedingung, daß der Miether wohnen bleiben solle, erworben, oder hat der Erwerber, ohne vorher gekündigt zu haben, den Miethszins angenommen, so dauert die Miethe fort, ebenso bei den kaiserlichen Kammerpächtern.

Auch das bürgerliche Gesetzbuch für Westgalizien vom Jahre[284]) 1797 hatte die Miethe unter das Obligationenrecht gestellt. Mit der neueren gemeinrechtlichen Theorie wird der Miether erst durch die Uebergabe der Sache in die Nothwendigkeit versetzt, dem neuen Erwerber zu weichen. Dem Miether bleibt seine Schadensersatzforderung. Durch Pfandbestellung kann eine stärkere Rechtsstellung des Miethers bewirkt werden. Insbesondere wird durch die Eintragung der Immobiliarmiethe in die öffentlichen Bücher, wie das Gesetz sich ausdrückt, mit der Miethe ein dingliches Recht verbunden. „Das persönliche Recht wird in eine Grundservitut verwandelt.“

Ganz ähnlich hat auch das österreichische bürgerliche Gesetzbuch selbst die Materie geordnet.

Die Miethe ist nur ein obligatorisches Recht. Gleichwohl wird für den Miether Rechtsbesitz und Besitzesschutz anerkannt.[285]) Die für die vorliegende Frage wesentliche Vorschrift lautet:

> § 1120. „Hat der Eigenthümer das Bestandstück an einen Anderen veräußert und ihm bereits übergeben, so muß der Bestandinhaber, wenn sein Recht nicht in die öffentlichen Bücher eingetragen ist (§ 1095), nach der gehörigen Aufkündigung dem neuen Besitzer weichen. Er ist aber berechtigt, von dem Be-

---

[283]) Herausgegeben von Harras, Th. III Cap. 12.

[284]) Insbes. III §§ 231, 253, Geller a. a. O. V S. 340ff.

[285]) Auf Grund der §§ 309—313. Geller a. a. O., insbes. S. 367, Randa a. a. O. S. 101, 505.

standgeber in Rücksicht auf den erlittenen Schaden und entgangenen Nutzen eine vollkommene Genugthuung zu fordern."

Der Miether hat also in Folge des Eigenthumserwerbs des Käufers oder sonstigen Singularsuccessors[286]) zu weichen. Die im Gesetz nicht entschiedene Frage, ob auch der Miether im Falle der Veräußerung kündigen kann, wird in der Theorie und Praxis meistens gegen das römische Recht bejaht.[287])

Die Kündigungsfristen betragen bei Pachtungen 6 Monate, bei Miethungen von Immobilien 14 Tage, von Mobilien 24 Stunden (§ 1116).

Ausgeschlossen bleibt die vernichtende Kraft der Veräußerung, wenn die Immobilienmiethe eingetragen ist. § 1095: „Wenn der Bestandvertrag in die öffentlichen Bücher eingetragen ist, so ist das Recht des Bestandnehmers als ein dingliches zu betrachten, welches sich auch der nachfolgende Besitzer auf die noch übrige Zeit gefallen lassen muß."

An diese Bestimmung hat sich auch in Oesterreich die Streitfrage angeknüpft,[288]) ob das durch die Eintragung begründete Recht ein wahres dingliches oder nur ein dinglich wirksames obligatorisches Recht sei.

Für den Fall der Zwangsversteigerung hilft die Eintragung nichts.

§ 1121 bestimmt: „Bei einer nothwendigen gerichtlichen Veräußerung muß der Bestandnehmer selbst in dem Falle, daß sein Recht als ein dingliches eingetragen ist, dem neuen Käufer weichen. Nur in Rücksicht auf die Entschädigung bleibt ihm sein Vorzugsrecht vorbehalten.[289])

Während so die österreichische Gesetzgebung sich ganz im Fahrwasser der damaligen römischen Doctrin bewegte, entschloß sich die preußische Gesetzgebung, dem schon in den früher mitgetheilten Mainzer, Braunschweiger und Nassauer Gesetzen gleichzeitig hervortretenden Zuge der Zeit zu folgen und zum nationalen Recht zurückzukehren.[290])

---

[286]) Auch des Beschenkten und des Legatars, Stubenrauch, Commentar. 4. Aufl. S. 451. A. M. Winiwarter, Das österr. bürgerl. Recht 4 S. 339.

[287]) Geller a. a. O. S. 315, 379ff., Stubenrauch a. a. O. III S. 451.

[288]) Unger a. a. O. I S. 519, Randa a. a. O. S. 55, Hasenöhrl a. a. O. S. 19ff., Schiffner a. a. O. S. 92, 97, Geller a. a. O. S. 349, Winiwarter a. a. O. 2 S. 29.

[289]) Dazu Stubenrauch a. a. O. III. S. 451 und Geller a. a. O. S. 304, welchem „in solcher Allgemeinheit dieser offenbar über das Ziel hinausschießende Rechtssatz kaum gerechtfertigt erscheint".

[290]) Literatur: Eccius, Theorie und Praxis des preuß. Privatrechts II § 136 S. 165 und die dort Citirten, Dernburg, Lehrbuch des preuß. Privat-

Den Vorläufer des Landrechts bildet ein Hofrescript Friedrichs des Großen an das Kammergericht wegen des bisher eingerissenen Wuchers mit Häusern und Steurung der Hausmiethe für die Stadt Berlin vom 15. April 1765:[291])

„Wir haben mit dem größten Mißfallen wahrgenommen, daß in Unserer Residenz Berlin, der bisher eingerissene Wucher mit Häusern und die aufs höchste getriebene Steigerung der Haus-Miethen, ungeachtet Unserer dieserhalb immediate erlassenen scharfen Verordnungen, noch bis dato beständig fortdaure, und beydes großen Theils seine Schutzwehre in der gemeinen Rechts-Regul: Kauf bricht Miethe finde, als welche bisher den Käufer berechtiget, den Miether ungeachtet sein mit dem Verkäufer eingegangener Contract noch nicht zum Ende, nach gefallen auszutreiben, oder von ihm ein so hohes Mieths-Quantum durch die Drohung der Austreibung zu erzwingen, daß Käufer sich dadurch entschädiget: ja gewonnen, wenn er auch das Haus weit über seinen wahren Werth verkaufet." — „Von der Publication dieses Rescripti an, soll kein Käufer, Cessionarius, Legatarius, oder ein jeglicher anderer Erwerber eines Hauses, der sein Recht daran nur aus dem Willen des Veräußerers herleitet, die Befugniß haben, die Miether auszutreiben, welche von dem letztern das Haus entweder gantz oder zum Theil gemiethet, und zur Zeit der geschehenen Veräußerung sich schon in dem Besitz ihres Mieths-Rechts befunden." — „Der neue Eigenthümer, welchem die zur Veräußerungs-Zeit sich im Besitz befindenden Miether allemahl bekannt gemacht werden müssen, tritt für die noch übrige Dauer des Mieths-Contracts in die Verbindlichkeiten, aber auch in die Rechte seines Verkäufers oder Veräußerers."

Im weiteren ist noch verordnet, daß der Miether, welcher sich noch nicht im Besitz befindet, nur vom Vermiether sein Interesse fordern kann, daß Pränumerandozahlung der Miethe den onerosen Erwerber nicht beeinträchtigen darf, daß die Vereinbarung, daß der Miether im Falle der Veräußerung weichen wolle, zulässig ist, daß, wenn das Recht des neuen Erwerbers nicht vom Vermiether originirt, Austreibung unter

rechts II § 166ff., Fischer, Lehrbuch des preuß. Privatrechts S. 269 u. 427 Träger a. a. O. S. 78ff., Geller a. a. O. S. 335, 366, 376, Koch, Commentar zu den betreffenden Paragraphen, insbes. zu § 538 I 21, Gruchot in seinen Beiträgen 17 S. 550 ff.

[291]) Mylius, nov. corp. const. III S. 673.

Wahrung von Räumungsfristen stattfindet und der Miether nur im Falle des dolus sein Interesse liquidiren kann, daß endlich, falls nothwendige Subhastation stattfindet, der Miether nach Ablauf der gesetzlichen Ausziehfristen weichen muß und nur sein Interesse gegen den Vermiether liquidiren kann. Letztere Ausnahme ist gemacht, „um den Verkauf zu erleichtern und die Endschaft der Processe zu befördern; wie denn auch die Gläubiger, welche ohnehin in solchen Fällen gemeiniglich sehr zu kurz kommen, nicht unbillig eine Begünstigung vor anderen freywilligen Veräußerern verdienen".

Dem so eingeschlagenen Wege folgte auch das Allgemeine Landrecht.

Svarez sagt in den Schlußvorträgen:[292]) „Die Parömie „Kauf bricht Miethe" ist zwar in l. 9. C. de loc. et cond. gegründet, aber über die Reception dieser Gesetzesstelle sind die Rechtslehrer so wenig einverstanden, als darüber eine allgemein gültige Observanz bisher stattgefunden hat. Cocceji in jure controv. L. 19 tit. 11 qu. 22. Das Gesetzbuch muß nach seiner Theorie nothwendig das Gegentheil annehmen, da der Conductor, indem ihm auf Grund des Contracts der Besitz der Sache eingeräumt worden, ein wirkliches jus reale übernommen hat, in welchem Falle selbst de iure Romano der Käufer den Conductor sitzen lassen muß. Der Billigkeit und der Analogie ist auch das Principium des G. B. unstreitig angemessener. Der Eigenthümer hat den Gebrauch seiner Sache auf eine gewisse Reihe von Jahren einem Andern eingeräumt, und dadurch sich selbst in der Ausübung seiner Eigenthumsrechte eingeschränkt. Nur mit dieser Einschränkung kann er sein Eigenthum einem Dritten übertragen; er handelt offenbar contra bonam fidem, wenn er das Gegentheil thut; und der Käufer, dem es ohne sein eigenes Verschulden unmöglich verborgen bleiben kann, daß die Sache, die er kaufen will, einem Andern verpachtet oder vermiethet sei, kann durch seinen Kauf denselben seines wohlerworbenen Rechts ohne die größte Unbilligkeit nicht entsetzen."

In Folge dieser Anschauung hat das A. L. R. Miethe und Pacht in dem „von dem Rechte zum Gebrauche oder Nutzung fremden Eigenthums" handelnden 21. Titel des I. Theils abgehandelt. Die wesentlichsten allgemeinen Bestimmungen sind:

§ 2. „Soweit[293]) der Berechtigte sich im wirklichen Besitze der zu

---

[292]) Kamptz, Jahrbücher 41 S. 67.

[293]) Vgl. § 135 I 2. Der Miether hat s. g. unvollständigen Besitz nach §§ 6, 131, 146, 169, I 7. — Strieth., Archiv 91 S. 328, 98 S. 60, 99 S. 176.

gebrauchenden oder zu nutzenden Sache befindet, hat seine Befugniß die Eigenschaft eines dinglichen Rechts.[294])

§ 3. Die Verpflichtung, ihm die Ausübung des dinglichen Rechts zu gestatten, geht also auf jeden neuen Eigenthümer der belasteten Sache, welcher sein Recht von dem Besteller des Gebrauchs- oder Nutzungsrechts herleitet, mit über.

§ 4. Bei Grundstücken und Gerechtigkeiten hat die Eintragung des Rechts in das Hypothekenbuch die Wirkungen des körperlichen Besitzes der Sache."

Die Grundbuchgesetzgebung von 1872 hat hieran, obwohl sie im Allgemeinen die Eintragung als die einzige Art der Begründung dinglicher Rechte an Immobilien hingestellt hat, hinsichtlich der Miethe und Pacht nichts geändert, indem sie von der Regel, daß dingliche Rechte an Grundstücken gegen Dritte nur durch Eintragung Wirksamkeit erlangen, Miethe und Pacht ausdrücklich ausgenommen hat.[295])

Die besondere Anwendung auf den Fall der Veräußerung macht § 358: „Durch einen freiwilligen Verkauf wird in den Rechten und Pflichten des Miethers oder Pächters nichts geändert." Mit jeder Veräußerung der vermietheten Sache werden daher zugleich auf den Erwerber die Rechte und Pflichten des Vermiethers übertragen, ohne daß indeß der ursprüngliche Vermiether befreit würde. Hinsichtlich des Pacht- und Miethszinses ist gesetzlich bestimmt, daß derselbe nach Verhältniß der Besitzzeit getheilt wird. Der Forderung des Erwerbers gegen den Vermiether steht aber dasselbe entgegen, was der Forderung des Veräußerers zur Zeit der Veräußerung entgegen stand. Compensationen läßt indeß die Praxis nicht zu.[296])

Koch[297]) läßt die Begründung der landrechtlichen Normen aus der Regel nemo plus iuris ꝛc. gelten. Im Uebrigen nennt er in seiner bekannten herben Manier die Motivirung des Satzes durch Svarez ein „Zeugniß der Inconsequenz". Er dürfte aber darin ebenso fehl gehen,

---

[294]) Vgl. dazu Ziebarth a. a. O. S. 253 und Gruchot a. a. O. S. 550.

[295]) § 12 des Eigenthumserwerbsgesetz v. 5. Mai 1872. Die Eintragung ist aber zulässig. A. M. Korb bei Gruchot 25 S. 344 ff.

[296]) § 106 I 11, Eccius a. a. O. S. 179, Entsch. des Obertribunals 25 S. 427, 30 S. 946, 39 S. 158, Strieth., Archiv 50 S. 184, Entsch. des Reichsgerichts 4 Nr. 78, Gruchot a. a. O. S. 552 ff., Hinschius in der preußischen Anwaltszeitung 1862 S. 191, 1866 S. 31, Plathner in der Arnsberger Monatsschrift I S. 643 ff.

[297]) Commentar zu § 358 I 21. Dagegen schon Träger a. a. O. S. 87. Mit der Ansicht, daß das landrechtliche Miethsrecht nicht dinglich sei, steht Koch allein.

wie in der, das Recht der Superficies und der Emphyteusis nicht beachtenden Bemerkung, daß der Fall, daß der Käufer den mit dinglichem Recht versehenen Conductor sitzen lassen müsse, nach römischem Recht gar nicht vorkommen könne.

Da das A. L. R. die Dinglichkeit von der Einräumung des Besitzes abhängig gemacht hat, so hat vor der Uebergabe der Miether nur ein persönliches Recht, aber in der, aus der älteren gemeinrechtlichen Theorie in das Landrecht übergegangenen verstärkten Gestalt des Rechts zur Sache,[298]) so daß er nur dem gutgläubigen Erwerber zu weichen hat. Muß er weichen, so hat er Anspruch auf Schadensersatz. In jedem Falle einer Veräußerung vor der Uebergabe ist er, jedoch ohne Anspruch auf Schadensersatz, zum Rücktritt berechtigt.[299])

Eine Ausnahme besteht für den Fall der Zwangsversteigerung[300]) und des derselben insoweit gleichstehenden freihändigen Verkaufes im Concurse. In diesem Falle bleibt zwar der Pächter oder Miether an seinen Vertrag gebunden. Dagegen können die Gläubiger und der Ersteher unter Innehaltung bestimmter Fristen bei nächster Gelegenheit das Verhältniß aufkündigen. Die Eintragung des Rechts im Grundbuch war dabei insofern von Bedeutung, als die Entschädigungsforderung, welche dem Miether gegen den Vermiether zusteht, dadurch ein Vorrecht im Concurse erhielt, eine Bestimmung, welche gegenwärtig nicht mehr zu Recht besteht.[301])

Die Ausnahme wird in den Materialien mit der Rücksicht auf das Interesse der Gläubiger gerechtfertigt.[302])

Im Falle einer Enteignung der vermietheten Sache wird das Miethsverhältniß ebenfalls zur Beendigung gebracht. Der Miether kann seine Schadensansprüche, soweit sie nicht in der dem Eigenthümer gewährten Entschädigung inbegriffen sind, unmittelbar gegen den Unternehmer der Enteignung geltend machen.[303])

---

[298]) Darüber v. Brünneck, Ueber den Ursprung des sog. ius ad rem. Durch die Grundbuchgesetzgebung ist hieran nichts geändert. Vgl. Eccius a. a. O. S. 168 A. 14 gegen Dernburg a. a. O. I § 185 A. 6. Vgl. auch Achilles, Commentar zu dem Ges. über das Grundeigenthum S. 140.

[299]) §§ 359—362 I 21 in Verbindung mit §§ 3—6 I 19.

[300]) Dieselbe entfällt aber bei der Zwangsversteigerung zum Zwecke der Auseinandersetzung. § 185 Nr. 1 der Zw. O. v. 13. 7. 1883.

[301]) §§ 350—357 I 21, § 22 der Zw. O. v. 13. 7. 1883, § 17 Z. 2 der deutsch. Concursordn., Krech und Fischer, Commentar zur Zw. O. S. 282 ff., Entsch. des Reichsger. 4 S. 285.

[302]) Träger a. a. O. S. 87.

[303]) §§ 11, 45 d. Ges. v. 11. Juni 1874.

Endlich hört bei Gemeinheitstheilungen und Verkoppelungen die Pacht auf, wenn das Pachtobject dem Verpächter durch das Verfahren entzogen wird. Der Pächter hat aber in der Regel die Wahl, ob er das durch das Verfahren gewährte Surrogat in Pacht nehmen oder kündigen will.[304])

Hinsichtlich des Falles, daß das Verfügungsrecht des Vermiethers nur ein beschränktes war, hat sich das A. L. R. im Wesentlichen dem römischen Recht angeschlossen.[305])

Schließlich ist noch zu bemerken, daß die Materialien über die preußische Gesetzesrevision in keiner Weise erkennen lassen, daß die Gesetzesrevisoren hinsichtlich der Beibehaltung der landrechtlichen Regelung der vorliegenden Frage in Zweifel gewesen wären.

Nicht so entschieden wie das preußische Recht ist der Code Napoléon zum römischen Recht in Gegensatz getreten. Er handelt von der Sachmiethe nicht im Sachenrecht, sondern im Obligationenrecht, indem er die römische Eintheilung locatio-conductio rei, operarum und operis beibehält. Die französische Jurisprudenz ist auch überwiegend der Ansicht, daß Miether und Pächter kein dingliches Recht haben und auch des Besitzesschutzes entbehren.[306])

Gleichwohl gilt für Häuser und ländliche Grundstücke, nicht aber für bewegliche Sachen, der Satz „Kauf bricht nicht Miethe"; Art. 1743 bestimmt: Si le bailleur vend la chose louée, l'acquéreur ne peut expulser le fermier ou le locataire qui a un bail authentique ou dont la date est certaine, à moins qu'il ne se soit réservé ce droit par le contrat de bail.

Die Bedingung, daß der Miethsvertrag authentisch oder mit einem gewissen Datum versehen sein muß, gilt auch heute noch in den deutschen Ländern des französischen Rechts. § 14 Nr. 2 des Einführungsgesetzes zur Civilproceßordnung steht nicht entgegen, da es sich nicht um eine bloße Beweisbeschränkung, sondern um eine materielle Voraussetzung dieser besonderen Wirksamkeit des Pachtvertrages handelt.[307])

Wo, wie in Elsaß-Lothringen, das französische Transscriptionsgesetz

---

[304]) §§ 158, 159 der Gemeinheitstheilungsordnung v. 7. Juni 1821, § 7 des Ges. v. 2. April 1872.

[305]) §§ 388—390 I 21.

[306]) Stabel, Institutionen § 202 S. 485, Zachariä, Lehrbuch des französ. Rechts II § 369 A. 30a und I § 190a, Bruns, Besitzklagen S. 227, A. 9, Randa, Besitz § 24 A. 47.

[307]) Doch kommen in processualischer Beziehung die Grundsätze der C. Pr. O. zur Anwendung.

vom 22. März 1855 gilt, müssen Pacht- und Miethsverträge, welche auf eine längere Zeit als auf 18 Jahre abgeschlossen sind, in das Hypothekenbuch eingetragen sein, um gegen Dritte Wirkung zu haben (Art. 2 Abs. 4). Dieses Gesetz (Art. 2 Abs. 5) hat auch für seinen Geltungsbereich die streitige Frage, ob der Erwerber Vorausbezahlungen und Cessionen der auf die Zeit nach dem Erwerbe fallenden Miethe anzuerkennen hat, dahin entschieden, daß sie, sofern sie drei- oder mehrjährige Zinsen betreffen, dem Erwerber nur dann entgegengehalten werden können, wenn sie eingetragen sind.

Im Uebrigen tritt der neue Erwerber in das Verhältniß ein, ohne daß der Veräußerer frei wird. Auch der Miether bleibt gebunden.

Fehlt es an der erforderlichen Beschaffenheit des Miethsvertrages, so kann der Miether, ohne gegen den Erwerber Anspruch auf Entschädigung zu haben, ausgetrieben werden.

Art. 1750. Si le bail n'est pas fait par acte authentique, ou n'a point de date certaine, l'acquéreur n'est tenu d'aucuns dommages et intérêts.[308])

In dem Falle, daß durch den Miethsvertrag die Verpflichtung des Miethers, in Folge einer Veräußerung zu weichen, festgestellt ist, muß gleichwohl der Miether in einer näher geregelten Weise entschädigt werden. Es stehen ihm auch gesetzliche Räumungsfristen offen, und braucht er nicht eher zu ziehen, bis ihm sein Schaden ersetzt ist.[309]) Endlich ist noch verordnet, daß der Erwerber auf Wiederkauf von der Austreibungsbefugniß jedenfalls erst dann Gebrauch machen kann, wenn er unwiderruflicher Eigenthümer geworden ist.[310])

Man nimmt an, daß, wenn der Erwerber von dem Recht zu kündigen nicht sofort Gebrauch macht, dies dem Abschluß eines neuen Miethsvertrages gleichsteht und folgeweise der bisherige Vermiether befreit wird.[311])

Für den Fall der Zwangsversteigerung sind besondere Vorschriften nicht gegeben, und verbleibt es daher hier im allgemeinen bei den für eine freiwillige Veräußerung gegebenen Regeln. Für die französischrechtlichen Theile der preußischen Rheinprovinz bestimmte die Subhastationsordnung vom 1. August 1822 in § 35: „Durch den ihm ertheilten Zuschlag erwirbt der Meistbietende auf die verkauften Immobilien keine

---

308) Stabel a. a. a. § 202 S. 485, Zachariä a. a. O. II § 369 S. 537 u. 538 A. 35.

309) Art. 1744—1749, Stabel a. a. O., Zachariä a. a. O. A. 31—33, 55.

310) Art. 1751.

311) Stabel a. a. O.

größeren Rechte, als der Schuldner zur Zeit des Zuschlags hatte. Seine Rechte gegen die allenfallsigen Miether oder Pächter werden nach den allgemeinen Bestimmungen des Civilgesetzbuchs und mit Berücksichtigung des Umstandes, ob die Mieth- oder Pachtverträge zur Zeit des Zahlungsbefehls ein gewisses Datum hatten, und ob sie für den Fall des Verkaufes besondere Bestimmungen enthalten, beurtheilt."

Dagegen verordnet § 36 des Ges. über das Grundbuchwesen und die Zwangsvollstreckung in das unbewegliche Vermögen im Geltungsbereich des rheinischen Rechts vom 12. April 1888: „Ist im Falle der Zwangsversteigerung das Grundstück verpachtet oder vermiethet, so kann der Ansteigerer den Vertrag aufkündigen. Die Frist oder Zeit für die Kündigung ist, falls eine kürzere Frist oder nähere Zeit nicht bedungen war, die gesetzliche oder ortsübliche (Artikel 1748 des bürgerlichen Gesetzbuchs). Schadensersatzansprüche wegen Aufhebung des Vertrages können nur gegen den Verpächter oder Vermiether geltend gemacht werden."

Die Motive zu diesem Gesetze betonen dabei — und das steht mit dem in den später zu besprechenden Motiven zum deutschen Entwurf Ausgeführten in directem Widerspruch —, daß der Erwerber bei freiwilligen Veräußerungen stets in der Lage sei, sich über die etwa bestehenden Pacht- oder Miethsverträge vor Abschluß des Geschäfts Gewißheit zu verschaffen.

Die Artikel 1743—1751 des code civil sind durch die entsprechenden Nummern des Badischen Landrechts im Wesentlichen sinngemäß wiedergegeben.

Inzwischen haben aber durch § 146 des Badischen Einführungsgesetzes zu den Reichsjustizgesetzen die Art. 1743 und 1750 eine veränderte Fassung erhalten. Sie lauten nunmehr:

1743. „Wenn der Bestandgeber die Bestandsache verkauft, so hat der Käufer kein Recht, den Beständer, dessen Vertrag vor dem Verkauf beurkundet ist, zu vertreiben, wenn nicht dieses Recht im Bestandbrief ausbedungen ist."

1750. „Fehlt dem Bestandvertrag die in L. R. S. 1743 bezeichnete Voraussetzung, so ist der Käufer zur Entschädigung nicht verbunden."

Für Enteignungen (Zwangsabtretungen) bestimmt § 26 des badischen Gesetzes vom 28. August 1835:

„Ist die Liegenschaft verpachtet, so wird bei Ausmittlung des Werths auch auf den bedungenen Pachtzins Rücksicht genommen, die Entschädigung des Pächters aber, wie bei freiwilligen Veräußerungen, nach den Landrechtsätzen 1745—1747 bemessen."

Nach Art. 18 des Gesetzes vom 5. Mai 1856 treten bei Grundstückszusammenlegungen die Surrogate an die Stelle des bisherigen Pachtobjects. Doch kann die Zusammenlegungs-Commission auch Entschädigungen und Aufkündigung der Pacht anordnen bezw. zulassen.

Während unter dem Einflusse der preußischen und französischen Gesetzgebung es dahin gekommen ist, daß fast zwei Drittel der Einwohner des deutschen Rechts zu der Regel: „Kauf bricht nicht Miethe" zurückgeführt sind, haben sich die neueren deutschen Gesetzgebungsbestrebungen wieder dem römischen Recht zugewandt. Man wird in der Annahme nicht fehl gehen, daß dabei die historische Schule der deutschen Romanisten, insofern dieselbe das rein römische Recht nicht blos historisch erkennen, sondern demselben auch die bis dahin in vielen wichtigen Punkten noch gar nicht vollzogene Aufnahme in Deutschland nach Möglichkeit zu erwirken suchte, vorzugsweise von Einfluß gewesen ist.

Der hessische Entwurf von 1853 [312]) stellt sich zunächst insoweit ganz auf den Standpunkt des römischen Rechts, als er das Miethsverhältniß rein persönlich construirt, auch dem Miether jeden Besitzesschutz versagt. Der Eigenthümer kann den Miether ohne Weiteres entsetzen. Der Miether hat lediglich einen Schadensersatzanspruch gegen den Vermiether. Dem

---

[312]) Art. 1, 28, 29, 186—188. Die wichtigsten Bestimmungen lauten:

Art. 186. Der Bestandnehmer hat kein Recht vor Ablauf der Bestandzeit von dem Bestandvertrage abzugehen, wenn der Bestandgeber einem Dritten an dem Bestandgegenstande ein, dem Gebrauchsrechte des Bestandnehmers widerstreitendes, dingliches Recht durch ein Rechtsgeschäft unter Lebenden überträgt oder durch ein Vermächtniß zuwendet.

Hat sich der Dritte dem Bestandgeber verpflichtet, während der noch übrigen Bestandzeit den Gebrauch des Bestandgegenstandes dem Bestandnehmer zu gewähren, so kann der letztere zum Schutze in seinem Bestandverhältnisse die aus dieser Verpflichtung dem Bestandgeber gegen den Dritten zustehende Klage für sich geltend machen.

Art. 187. Die Uebernahme einer solchen Verpflichtung des Dritten (Art. 186) wird angenommen, wenn ihm bei der Erwerbung des dinglichen Rechts am Bestandgegenstande das Bestandverhältniß schon bekannt und der Bestandnehmer im Genusse seines Bestandrechts war, es sei denn, daß der Bestandgeber mit dem Dritten etwas Anderes verabredet oder der Bestandnehmer im Bestandvertrage dem dritten Erwerber der Bestandsache zu weichen ausdrücklich sich verpflichtet hätte.

Art. 188. Ist die im Art. 186 gedachte Verpflichtung von dem dritten Erwerber des Bestandgegenstandes weder ausdrücklich übernommen noch gesetzlich anzunehmen (Art. 187), so hat der Bestandnehmer, wenn ihm der Gebrauch der Bestandsache von dem Dritten entzogen wird, gegen den Bestandgeber lediglich einen Schadensersatzanspruch wegen Nichterfüllung des Vertrags.

Miether ist ein Rücktrittsrecht in Folge der Veräußerung nicht gegeben. Dagegen wird insofern vom römischen Recht zu Gunsten des Miethers abgewichen, als dieser die von dem Dritten gegen den Veräußerer eingegangene Verpflichtung, den Miethsvertrag auszuhalten, ohne Weiteres für sich geltend machen kann, und als die Uebernahme einer solchen Verpflichtung schon dann angenommen werden soll, wenn dem Erwerber bei der Erwerbung das Miethsverhältniß bekannt und der Miether im Genusse war, sofern nicht bei der Erwerbung ein Anderes verabredet ist, oder der Miether nur unter der Verpflichtung, einem neuen Erwerber zu weichen, gemiethet hatte.

Der bayerische Entwurf von 1860[313]) hat ebenfalls das Miethsـ

---

[313]) Die in Betracht kommenden Bestimmungen lauten:

Th. III. Art. 40, Abs. 1: Der Inhaber, welchem die Sache zur Benützung oder zum Gebrauche von dem Besitzer überlassen ist, sowie der Finder, hat, wenn ihm die Innehabung der Sache gegen seinen Willen entzogen wird, oder wenn sich Jemand eine Verfügung über die Sache anmaßt, wodurch die Innehabung gestört wird, Anspruch auf Beseitigung der Störung oder Zurückgabe der Sache.

Th. II. Art. 444. Hat der Vermiether den Miethgegenstand vor Ablauf der Miethzeit einem Dritten veräußert oder durch Vermächtniß zugewendet, so wird dadurch das Miethverhältniß zwischen dem Miether und Vermiether nicht aufgehoben; der letztere bleibt verpflichtet, dem Miether gegen Fortbezug des Miethzinses den Gebrauch der Sache vertragsgemäß noch ferner zu verschaffen, und hat ihm für die durch die Veräußerung herbeigeführte vorzeitige Beendigung des Miethverhältnisses volle Entschädigung zu leisten.

Art. 445. Der neue Erwerber der Sache ist berechtiget, vom Miether die sofortige Ueberlassung des Miethgegenstandes zu verlangen.

Bei der Miethe von Wohnungen und anderen Liegenschaften ist jedoch der neue Erwerber — vorausgesetzt, daß die Miethzeit vertragsgemäß nicht früher zu Ende geht — von Rechtswegen verpflichtet, dem Miether nach vorgängiger Aufkündigung den dem Miethvertrage gemäßen Gebrauch der Sache bis zum Ende des laufenden, und wenn dieses zur Zeit der Aufkündigung schon zur Hälfte verstrichen ist, des nächsten vertragsmäßigen oder ortsüblichen Zieles, in Ermanglung eines solchen aber noch drei Monate lang zu verstatten.

Art 446. War zur Zeit der Veräußerung einer unbeweglichen Sache der über dieselbe abgeschlossene Miethvertrag im Grund- und Hypothekenbuche eingetragen, so ist der neue Erwerber verpflichtet, dem Miether den vertragsgemäßen Gebrauch der Sache bis zum Ablaufe der festgesetzten Miethzeit zu belassen.

Im Falle einer auf Anbringen eines Gläubigers richterlich angeordneten Versteigerung kömmt jedoch nur die Bestimmung des Art. 445 Abs. 2 zur Anwendung.

Art. 447. In den Fällen des Art. 445 Abs. 2 und Art. 446 muß der neue Erwerber gestatten, daß der Vermiether oder der Miether jene Ausbesserungen des Miethgegenstandes vornehmen lasse, welche dem einen oder dem anderen in Folge des Miethverhältnisses obliegen.

verhältniß als ein bloß obligatorisches gestaltet. Gleichwohl wird dem Miether wie jedem anderen Inhaber, welchem die Sache zur Benutzung oder zum Gebrauche von dem Besitzer überlassen ist, Anspruch auf Zurückgabe der Sache oder Beseitigung der Störung gegeben, wenn ihm die

---

Art. 448. Hat sich der neue Erwerber dem Vermiether gegenüber zur Fortsetzung der Miethe während der noch übrigen Miethzeit verbindlich gemacht, so kann der Miether die dem Vermiether hieraus zustehenden Klagen für sich gegen den Dritten geltend machen.

Art. 449. Der neue Erwerber ist in den Fällen der Art. 445 Abs. 2, 446 und 448 in Ermangelung einer anderen Verabredung berechtiget, von dem Vermiether die Herausgabe des von dem Zeitpunkte seines Erwerbes anfallenden Miethzinses unter Abzug der von dem Vermiether etwa gemachten Auslagen (Art. 447) zu verlangen.

Art. 450. Hatte der Vermiether bei der Veräußerung der Sache an einen Dritten diesem das Miethverhältniß verschwiegen oder im Falle des Art. 446 zugesichert, daß dasselbe im Grund- und Hypothekenbuche nicht eingetragen sei, so kann der Erwerber wegen des ihm dadurch verursachten Schadens von dem Veräußerer vollen Ersatz fordern.

Art. 451. Die Bestimmungen der Art. 444—450 kommen auch dann zur Anwendung, wenn der Vermiether während der Dauer der Miethe ein anderes Recht an dem Miethgegenstande, dessen Ausübung mit der Fortsetzung der Miethe durch den Miether unvereinbar ist, einem Dritten durch ein Geschäft unter Lebenden oder durch Vermächtniß überträgt.

Art. 452. Auf die Zwangsabtretung für öffentliche Zwecke finden die Vorschriften der Art. 445 Abs. 2 und 446 keine Anwendung.

Der zur Abtretung gezwungene Eigenthümer ist dem Miether für die vorzeitige Beendigung der Miethe zu voller Entschädigung verpflichtet.

Art. 453. Geht aus einem bei dem Abschlusse des Miethvertrages schon vorhandenen Rechtsgrunde das Nutzungsrecht an der Sache auf einen Dritten über, so wird von diesem Zeitpunkte an das Rechtsverhältniß zwischen dem Vermiether und Miether nach den Vorschriften über Vermiethung einer fremden Sache (Art. 406) beurtheilt.

Der Nutzungsberechtigte ist an das bestehende Miethverhältniß nicht gebunden.

Jedoch kommen auch hier die Bestimmungen der Art. 445 Abs. 2, 446 Abs. 1 und 447 zur entsprechenden Anwendung, wenn bei der Miethe von Wohnungen oder anderen Liegenschaften die dem Dritten zustehende Berechtigung dem Miether unbekannt und aus dem Grund- und Hypothekenbuche nicht zu ersehen war.

War beim Abschlusse des Miethvertrages der Zeitpunkt ungewiß, in welchem der Rückfall eintreten werde, so greift die Bestimmung des Art. 445 Abs. 2 jedenfalls Platz.

Die Bestimmung des Art. 449 kömmt in allen diesen Fällen zur Anwendung.

Art. 480. Bei einer Veräußerung des Pachtgegenstandes ist der Erwerber von Rechtswegen verpflichtet, dem Pächter die vertragsgemäße Benützung des Pachtgegenstandes bis zur Beendigung des laufenden Pachtjahres zu gestatten.

Erfolgt die Kündigung des Pachtes von Seite des Erwerbers keinen vollen Monat vor dem Ende des Pachtjahres, so ist derselbe verbunden, dem Pächter noch

Innehabung der Sache gegen seinen Willen entzogen wird, oder wenn Jemand die Innehabung stört.

Die Motive rechtfertigen diese „Neuerung" mit dem praktischen Bedürfniß, es sei wenig entsprechend, daß der Inhaber von der Vermittlung seines Autors abhängig sei. Aehnliche Bestimmungen anderer Gesetzgebungen hätten sich bewährt. Die Motive haben dabei aber in erster Linie den Besitzesschutz des Inhabers gegen Dritte, nicht die Stellung desselben gegenüber seinem Autor im Auge.

Die Einwirkung der Veräußerung der Miethssache oder der Einräumung eines der Miethe entgegenstehenden dinglichen Rechts auf das Miethsverhältniß ist grundsätzlich rein römisch gestaltet. Das Miethsverhältniß wird nicht aufgehoben. Der Vermiether bleibt zur Gewährung der Sache und eventuell zur Leistung der Entschädigung verpflichtet. Der neue Erwerber kann aber von dem Miether die sofortige Räumung der Wohnung verlangen.

Es bestehen jedoch Modificationen dieses Grundsatzes:

1. Bei Wohnungen und anderen Liegenschaften ist dem Miether eine Räumungsfrist nach vorgängiger Kündigung gestattet, welche bei der Pacht bis zum Ende des Pachtjahres läuft.

2. Wenn das Verhältniß in das Grundbuch eingetragen ist, so ist der Singularsuccessor an den Vertrag gebunden.

3. Wenn sich der neue Erwerber dem Vermiether gegenüber zur Fortsetzung des Verhältnisses verpflichtet hat, so wird der Miether daraus unmittelbar berechtigt.

Im Weiteren ist über Reparaturen während des Restes der Miethszeit Verordnung getroffen und bestimmt, daß der neue Erwerber hinsichtlich des auf diese Zeit fallenden Miethspreises nur gegen den Vermiether Ansprüche hat. Auch ist besonders gesagt, daß der Vermiether, welcher das Miethsverhältniß verschwiegen oder dessen Eintragung geleugnet hatte, zum vollen Schadensersatz gegenüber dem neuen Erwerber verpflichtet ist.

---

vierzehn Tage von dem letztbezeichneten Zeitpunkte an zur Räumung des Pachtgegenstandes zu gestatten.

Dieselben Verpflichtungen liegen demjenigen ob, an welchen nach Abschluß des Pachtvertrages das Eigenthum oder Nutzungsrecht an dem Pachtgegenstande aus einem zur Zeit jenes Abschlusses schon vorhandenen Rechtsgrunde übergeht, soferne beim Abschlusse des Pachtvertrages dieser Zeitpunkt ungewiß war.

Art. 481. Im Uebrigen finden die Bestimmungen der Art. 444—453 auch beim Pachte mit der Ausnahme Anwendung, daß an die Stelle des in Art. 445 Abs. 2 bezeichneten Zeitraumes die Zeitbestimmung des Art. 480 zu treten hat.

Wer aus einem bei dem Abschlusse des Miethsvertrages schon vorhandenen Rechtsgrunde das Nutzungsrecht an der Sache erwirbt, ist zwar grundsätzlich an das Miethsverhältniß nicht gebunden. Gleichwohl muß er dem Miether dasselbe gewähren, wie der Singularsuccessor des Vermiethers, wenn bei dem Abschluß der Miethe oder Pacht von Immobilien die Berechtigung dem Miether unbekannt und aus dem Grundbuche nicht ersichtlich war. Die Räumungsfristen muß er auch dann gewähren, wenn zur Zeit des Abschlusses des Miethsvertrages der Zeitpunkt des Rückfalls ungewiß war.

Im Falle der Zwangsversteigerung verliert die Eintragung im Grundbuch ihre Kraft.

Bei Enteignungen für öffentliche Zwecke fallen auch die Kündigungsfristen weg. Der Miether hat nur eine Interesseforderung gegen den Eigenthümer.

Die Motive rechtfertigen den eingenommenen Standpunkt zunächst mit der „strengen Rechtsconsequenz". Sie verkennen nicht, daß derselbe für den Miether und noch mehr für den Pächter, welche in Folge der Wortbrüchigkeit des Vermiethers große Nachtheile erleiden und dafür, ganz abgesehen von der Vermögenslosigkeit der Ersatzpflichtigen, keinen vollständigen Ersatz erhalten könnten, eine große Härte enthalte.

Es sprächen aber auch gegen die dingliche Gestaltung der Miethe erhebliche Bedenken, nicht nur vom theoretischen Standpunkte aus, sondern auch im volkswirthschaftlichen Interesse „der Freiheit und der Sicherheit des Eigenthumsverkehrs". Durch die Gestattung der Eintragung des Verhältnisses und die Normirung der Räumungsfristen seien die Mittel gegeben, Mißstände zu vermeiden, „ohne den allgemeinen Rechtsgrundsätzen zu nahe zu treten". Für Mobilien wird ein besonderer Schutz vornehmlich deshalb für entbehrlich erachtet, weil der neue Erwerber das Eigenthum der Sache nicht erlangen kann, solange der Miether dieselbe in Händen hat. Auch dafür, daß dem neuen Erwerber wegen des Miethsgeldes nur eine Forderung gegen den Vermiether, nicht aber gegen den Miether gegeben ist, wird in erster Linie ins Feld geführt, daß es „principiell unthunlich sei, einem dritten, welcher zu dem Vertrage nicht mitgewirkt hat, das dadurch begründete obligatorische Verhältniß aufzudrängen". Nebenher wird dann noch auf die praktischen Schwierigkeiten hingewiesen, welche hinsichtlich des mitvermietheten, aber nicht mitveräußerten Inventars entstehen könnten. Auf der andern Seite wird zugegeben, daß für den Eintritt des Erwerbers in das Verhältniß sowohl der Umstand spreche, daß die Sache dem Vermiether fremd geworden sei, als, daß die Miethe das Aequivalent für die vom Eigenthümer gewährte Sachbenutzung bilde.

Die Eintragung der Verpflichtung des Vermiethers, einem neuen Erwerber die Erfüllung des Miethsvertrages zur Pflicht zu machen, ist nicht nur zulässig, sondern kann auch vom Miether beansprucht werden, wenn der Vermiether, mit oder ohne Eintragungsbewilligung, eine solche Pflicht vertragsmäßig übernommen hatte. Die Eintragung hat aber für den Fall der Zwangsversteigerung keine Wirkung.

Das sächsische bürgerliche Gesetzbuch vom 2. Januar 1863[314]) gewährt ebenfalls trotz der rein obligatorischen Gestaltung des Miethsverhältnisses dem Miether und dem Pächter den Besitzesschutz wegen Störung und Entziehung.[315]) Gegen den Vermiether läßt aber die Praxis nur die Spolienklage, nicht aber die Besitzstörungsklage zu.[316])

An der Spitze der für den Fall der Veräußerung der Miethssache in Betracht kommenden Bestimmungen[317]) steht der Satz, daß der Ver-

---

[314]) Vgl. dazu Wengler und Brachmann, Commentar.

[315]) §§ 208 u. 209.

[316]) Urtheile bei Wengler, Archiv für civilrechtliche Entsch. der K. S. Justizbehörden III S. 541ff. und in den Annalen des K. Oberappellationsgerichts zu Dresden, zweite Folge 3 S. 169ff.

[317]) § 1222. Geht während der Dauer des Vertrages das Eigenthum oder ein die Benutzung von Seiten des Pachters oder Miethers ausschließendes Recht an der Sache in Folge einer Veräußerung von Seiten des Verpachters oder Vermiethers oder aus einem anderen Rechtsgrunde auf einen Dritten über, welcher in die Verpflichtungen des Verpachters oder Vermiethers nicht eintritt, so kann der Pachter oder Miether von dem Verpachter oder Vermiether Schadenersatz verlangen (§ 764).

§ 1223. Hat der Verpachter oder Vermiether das Eigenthum oder das Recht, in Folge dessen er verpachtete oder vermiethete, an der Sache nur auf Zeit gehabt, so ist im Falle der Erlöschung dieses Rechts während der Dauer des Pacht- oder Miethvertrages der Pachter oder Miether, wenn der Vertrag nicht mit ihm fortgesetzt wird, zu einem Anspruche auf Schadenersatz gegen seinen Verpachter oder Vermiether blos dann berechtigt, wenn er den Zeitpunkt der Erlöschung des Rechtes des Verpachters oder Vermiethers bei Abschluß des Pacht- oder Miethvertrages nicht kannte.

§ 1224. Hat der Verpachter oder Vermiether eines Grundstücks oder einer Gerechtigkeit sich gegen den Pachter oder Miether verpflichtet, im Falle einer Veräußerung der Sache dem Erwerber die Erfüllung des Pacht- oder Miethvertrages zur Bedingung zu machen, so kann der Pachter oder Miether verlangen, daß diese Verpflichtung in dem Grundbuche eingetragen wird. Im Falle der Zwangsversteigerung geht die Verbindlichkeit zur Erfüllung des Pacht- oder Miethvertrages,

miether zum Schadensersatz verpflichtet ist, wenn die Sache auf einen Dritten übergeht, welcher in das Verhältniß nicht eintritt, es sei denn, daß es dem Miether von vornherein bekannt war, daß das Recht des Vermiethers an der vermietheten Sache zu einem bestimmten Zeitpunkt erlöschen würde.

Der dritte Erwerber kann nach erlangter Eintragung den Abzug des Miethers verlangen. Aber es sind dem Miether nicht bloß ziemlich ausgedehnte Räumungsfristen gegeben, sondern es wird auch angenommen, daß der neue Erwerber, wenn er nicht innerhalb bestimmter Zeit kündigt, in das Miethsverhältniß ganz eintritt. Für den auf die Zeit nach der Erwerbung fallenden Miethszins ist der Miether dem neuen Erwerber direct verhaftet, ohne sich, wie die Praxis festhält, auf Vorausbezahlungen an den früheren Eigenthümer berufen zu können.[318]) Die Praxis nimmt auch an, daß die gesetzliche Räumungsfrist grundsätzlich nur die Bedeutung eines dem Miether gewährten modicum tempus habe und für sich allein noch keinen Eintritt des neuen Erwerbers in das Miethsverhältniß begründe. Daher denn der Miether selbst zum sofortigen Abzug berechtigt ist, wie andererseits der Erwerber eine im Miethsvertrage festgesetzte cassatorische Clausel für sich nicht geltend machen kann.[319])

Das Liv-, Est- und Kurländische Privatrecht,[320]) zusammen-

---

selbst wenn eine Eintragung im Grundbuche erfolgt ist, auf den neuen Erwerber nicht über.

§ 1225. Der Dritte, welcher das Eigenthum oder das Benutzungsrecht an der Sache erwirbt, kann nach seiner Eintragung im Grundbuche den Pacht- oder Miethvertrag dergestalt kündigen, daß der Pachtvertrag mit dem Schlusse des laufenden Pachtjahres oder, wenn die Kündigung nicht wenigstens acht Wochen vor dem Ende desselben erfolgt, mit dem Ende des nächsten Pachtjahres, der über Grundstücke geschlossene Miethvertrag, dafern er nicht nach seiner Bestimmung schon früher endigt, nach Ablauf der im § 1215 angegebenen Kündigungsfrist erlöscht. Benutzt der Dritte die erste Kündigungsfrist nicht, so ist es so anzusehen, als sei er in den Vertrag seines Vorgängers getreten.

§ 1226. Hat der Pachter oder Miether während der im § 1225 angegebenen Kündigungsfrist das Pacht- oder Miethverhältniß fortgesetzt, so ist er verpflichtet, dem neuen Erwerber nach Verhältniß der seit der Erwerbung abgelaufenen Pacht- oder Miethzeit den Zins in der Höhe zu bezahlen, wie er beim letzten Zahlungstermin gewesen ist.

[318]) Wengler, Archiv III S. 517, 519, V S. 783.

[319]) Wengler, Archiv I S. 715, 717, V S. 149, 589.

[320]) Art. 4045. Wenn der Pacht- oder Miethvertrag in die öffentlichen Gerichts- oder Hypothekenbücher eingetragen wird, so erhält der Pachter oder Miether dadurch ein dingliches, auch gegen dritte Personen wirksames Recht.

gestellt auf Befehl des Herrn und Kaisers Alexander II., St. Petersburg 1864, bezweckt nur die Wiedergabe des geltenden, im Wesentlichen gemeinen deutschen Rechts. Pachtcontracte über zu einem Landgute gehörige Ländereien können zufolge provinzialrechtlicher Verordnungen von dem Singularsuccessor des Verpächters überhaupt nicht aufgehoben werden. Im Uebrigen kann der Miether durch gerichtliche Eintragung ein dingliches, auch gegen Dritte wirksames Recht erlangen. In diesem Falle ist der Erwerber zur Einhaltung der Miethe verbunden. In anderen Fällen muß der Miether dem neuen Erwerber weichen. Seinerseits darf er aus der Veräußerung nur dann einen Grund zum Rücktritt entnehmen, wenn die Sache einem Dritten ohne die Ansprüche gegen den Miether vermacht ist. Es hat aber der Hausmiether, wie schon das Rigaische Stadtrecht bestimmt hatte, eine von der erfolgten Kündigung ab laufende Räumungsfrist von 6 Wochen.

Concurs und Zwangsversteigerung ändern an dieser Regelung nichts.[321])

Art. 4126. Veräußert der Verpachter oder Vermiether den Pacht- oder Miethgegenstand, sei es durch Verkauf, Pfandbesitzübertragung, Schenkung, Vermächtniß oder auf andere Weise, so ist der Erwerber nur dann verbunden, den Pacht- oder Miethcontract zu halten, wenn derselbe in die Hypothekenbücher eingetragen ist (Art. 4045). Der Verpachter oder Vermiether muß aber dem Pachter oder Miether, wenn der Erwerber ihm kündigt, allen durch die frühere Auflösung des Contracts entspringenden Schaden erstatten. In den Städten hat überdies in solchem Falle bei Hausmiethen der Miether sechs Wochen nach der Kündigung Zeit zum Räumen der Wohnung.

Art. 4127. Pachtcontracte über zu einem Landgute gehörige Bauerländereien dürfen, wenn das Landgut durch Kauf, Tausch, Legat, Geschenk, Arende oder anderweitige Veräußerungen in andere Hände übergeht, vor ihrem regelmäßigen Ablauf, durch einseitiges Verfahren, sei es des Pachters oder des neuen Gutsherrn, welcher in die Rechte des Verpachters getreten, nicht aufgehoben werden.

Art. 4128. Im Falle einer Veräußerung (Art. 4126) ist der Pachter oder Miether nicht befugt, wenn der neue Erwerber beim Vertrage bleiben will, diesem, bloß der Veräußerung wegen, seinerseits zu kündigen: nur wenn die verpachtete oder vermiethete Sache Gegenstand eines Vermächtnisses war und der Erblasser nicht ausdrücklich verordnet hatte, daß die Ansprüche gegen den Pachter oder Miether mit vermacht sein sollen, ist dieser an den Vertrag nicht gebunden.

Art. 4129. Bricht über das Vermögen des Verpachters oder Vermiethers Concurs aus, so müssen die Gläubiger den Pacht- oder Miethcontract anerkennen. Kommt es aber zum Verkauf des Pacht- oder Miethgegenstandes, so kommen die in den Art. 4126—28 enthaltenen Bestimmungen zur Anwendung.

[321]) Die eingetragene Erbpacht ist dinglich und wird von einer Veräußerung in keiner Weise beeinflußt. Art. 4133, 4139.

Das schweizerische Bundesgesetz über das Obligationenrecht vom 14. Brachmonat 1881 [322]) hat ebenfalls nach mehrfachen Debatten [323]) den Standpunkt der neueren gemeinrechtlichen Theorie eingenommen.

Der Miether oder Pächter kann aber von dem neuen Erwerber die Fortsetzung des Miethsvertrages fordern, wenn derselbe die Fortsetzung übernommen hatte. Für Immobilien ist eine von der Kündigung an laufende Räumungsfrist gewährt.

Die besonderen Wirkungen der Eintragung des Miethsvertrages in öffentliche Bücher und der Einfluß einer Enteignung auf das Miethsverhältniß sind dem cantonalen Recht vorbehalten.

Merkwürdig ist, daß in den Commissionen ein später abgelehnter Antrag gestellt war, welcher, ganz im Gegensatze zu dem sonst hervortretenden Streben nach Begünstigung der Freiheit der Zwangsversteigerung, die gemeinrechtliche Regel auf freiwillige Veräußerungen beschränkt wissen wollte. [324])

Der bekanntlich ohne Mitwirkung preußischer Juristen abgefaßte Dresdener Entwurf eines allgemeinen deutschen Gesetzes über die Schuldverhältnisse von 1866 [325]) hat sich ebenfalls — und das sollte,

---

[322]) Es bestimmen:

Art. 281. Wird die vermiethete Sache während der Miethzeit vom Vermiether veräußert oder ihm in Folge Rechtstriebes oder Arrestprozesses oder Concursverfahrens entzogen, so kann der Miether die Fortsetzung des Miethvertrages von dem Dritten nur fordern, wenn dieser sie übernommen hat; dagegen kann er vom Vermiether die Erfüllung des Vertrages oder Schadenersatz verlangen.

Bei unbeweglichen Miethsachen hat jedoch der neue Erwerber, sofern der Vertrag keine frühere Beendigung gestattet, unter Beobachtung der in Art. 290 Ziffer 1 und 2 vorgeschriebenen Fristen dem Miether zu kündigen.

Die besonderen Wirkungen der Eintragung des Miethvertrages in öffentliche Grund-, Hypothekar- oder ähnliche Bücher bleiben nach kantonalem Rechte vorbehalten; ebenso die Bestimmungen der Expropriationsgesetze.

Art. 314. Wird der Pachtgegenstand während der Pachtzeit vom Verpächter veräußert oder ihm in Folge Rechtstriebes oder Arrestprozesses oder Concursverfahrens entzogen, so kann der Pächter die Fortsetzung des Pachtvertrages von dem Dritten nur fordern, wenn dieser sie übernommen hat; dagegen kann er von dem Verpächter die Erfüllung des Vertrages oder Schadenersatz verlangen.

Der neue Erwerber hat jedoch, sofern der Vertrag keine frühere Beendigung der Pacht gestattet, unter Beobachtung der in Artikel 309 vorgeschriebenen sechsmonatlichen Frist zu kündigen.

Der Vorbehalt von Art. 281 Absatz 3 gilt auch rücksichtlich der Pacht.

[323]) Commentar v. Schneider S. 221.

[324]) Schneider a. a. O.

[325]) Die in Betracht kommenden Bestimmungen lauten:

Art. 548. Stand dem Vermiether das Recht an der vermietheten Sache, in

wie sich demnächst zeigen wird, auch für den jetzt vorliegenden deutschen Entwurf verhängnißvoll werden — von der gangbaren Pandektentheorie nicht frei zu machen gewußt.

Der dritte Erwerber ist zur Einhaltung der Miethe nicht verpflichtet. Er muß aber im Falle der Wohnungsmiethe und der Pacht dem Miether

---

Folge dessen er vermiethete, nur auf Zeit zu, so kann der Miether, falls dieses Rechtwährend der Miethzeit erlischt und der Nachfolger das Miethverhältniß nicht mit ihm fortsetzt, Schadenersatz wegen Nichterfüllung des Vertrages von dem Vermiether nur verlangen, wenn der Miether zur Zeit der Schließung des Vertrages nicht wußte, daß dem Vermiether das Recht an der vermietheten Sache nur auf Zeit zustand.

Art. 549. Geht ein den Gebrauch des Miethers ausschließendes Recht an der gemietheten Sache in Folge einer Veräußerung des Vermiethers oder vermöge eines anderen Rechtsgrundes während der Miethzeit auf einen Dritten über, so kann der Miether nicht von diesem die Fortsetzung des Miethverhältnisses, sondern nur von dem Vermiether Erfüllung des Vertrages oder Schadenersatz wegen Nichterfüllung verlangen.

Art. 550. Hat sich im Falle des Art. 549 der dritte Erwerber dem Vermiether gegenüber verpflichtet, den Gebrauch der Sache dem Miether während der noch übrigen Miethzeit zu gewähren, so finden die Vorschriften der Art. 206, 208 Anwendung.

Der dritte Erwerber kann, wenn er der übernommenen Verbindlichkeit gemäß dem Miether den Gebrauch der Sache überläßt, von dem Zeitpunkte seiner Erwerbung an die Rechte des Vermiethers auf den Miethzins geltend machen.

Art. 551. Bei einer Wohnungsmiethe ist im Falle des Art. 549 der dritte Erwerber, wenn nicht ein Landesgesetz etwas Anderes bestimmt, verpflichtet, dem Miether anzuzeigen, daß er die Wohnung zu räumen habe, und von dieser Anzeige an dem Miether, sofern die Miethe in Gemäßheit des bisherigen Miethvertrages nicht schon früher endigt, den Gebrauch der Sache bis zum nächsten vertragsmäßigen oder ortsgebräuchlichen Ziele und, wenn die Zeit bis zu solchem bereits zur Hälfte abgelaufen ist, bis zu dem darauf folgenden vertragsmäßigen oder ortsgebräuchlichen Ziele, in dessen Ermangelung aber noch drei Monate lang, zu gestatten.

Art. 552. Ist die vermiethete Sache eine unbewegliche und geht ein den Gebrauch des Miethers ausschließendes Recht an derselben auf einen Dritten über, so ist, wenn der Miethvertrag vor dem Uebergang des Rechtes auf den Dritten im öffentlichen Buche eingetragen war, der Dritte verpflichtet, dem Miether den vertragsmäßigen Gebrauch bis zum Ablauf der festgesetzten Miethzeit zu gewähren, und es findet die Vorschrift des Artikels 550 Abs. 2 Anwendung.

Art. 553. Inwiefern die Vorschrift des Artikels 552 auch in dem Falle einer Zwangsversteigerung der vermietheten Sache gelte, ist nach den Landesgesetzen zu beurtheilen.

Art. 580. Geht während der Pachtzeit ein die Fruchtziehung des Pächters ausschließendes Recht an dem verpachteten Gegenstande auf einen Dritten über, so ist dieser, sofern nicht ein Landesgesetz etwas Anderes bestimmt, verpflichtet, dem Pächter anzuzeigen, daß er den Pacht nicht fortsetzen werde, und es endigt der Pacht mit

kündigen, und hat der Miether dann eine für beide Fälle verschieden normirte Räumungsfrist.

Die Eintragung des Miethsverhältnisses schützt aber den Miether unbedingt.

Hat der Erwerber gegenüber dem Vermiether die Verpflichtung übernommen, das Miethsverhältniß auszuhalten, so steht dies einerseits dem Falle der Zahlungsübernahme auch in der Richtung gleich, daß der Miether aus der Verabredung unmittelbar berechtigt wird. Andererseits hat auch der Erwerber directe Ansprüche auf den Miethszins gegen den Miether.

Im Uebrigen verbleibt dem Miether sein Anspruch auf Schadensersatz gegen den Vermiether.

Die Einwirkung der Zwangsversteigerung ist in dem Entwurf nicht geregelt, sondern dem Landesrecht überlassen.

Bei der Berathung in erster Lesung meinte ein Mitglied des vorbereitenden Ausschusses, der von dem Entwurfe eingeschlagene Mittelweg trüge allen gerechten Anforderungen nach den verschiedenen Seiten hin Rechnung. Es sei abzuwarten, ob die Staaten, in welchen die Regel „Kauf bricht nicht Miethe“ gelte, sich dem gegentheiligen, obwohl gemilderten Principe anschließen könnten, ohne das eingewurzelte Rechtsbewußt-

---

dem Schlusse des laufenden Pachtjahres, oder, wenn die Anzeige nicht wenigstens acht Wochen vor dem Ende desselben erfolgt, mit dem Ende des nächsten Pachtjahres.

Zur Auffindung der entsprechenden Fassungen der Vorentwürfe diene folgende Tabelle:

2. Lesung	1. Lesung	Redigirte Beschlüsse	Redactionsausschuß	Vorbereitender Ausschuß
548	600	595	565	575
549	601	596	566	576
550	602	597	567	577
551	603	598	568	580
552	604	599	569	578
553	605	600	570	579
580	632	627	597	(fehlt)

Die Ergebnisse der Berathungen sind wiedergegeben in den Protocollen S. 2116—2137, 2193, 2194, 2201—2203, 2219, 3764, 4382.

Die wesentlichsten, im Laufe der Berathung vorgenommenen Aenderungen betreffen den Art. 549, welcher ursprünglich dem § 1222 des Sächsischen bürgerlichen Gesetzbuches fast gleichlautend war, und den Art. 553, in welchem der Hinweis auf Enteignungen gestrichen ist, weil diese Materie dem öffentlichen Recht angehöre. An Stelle des Art. 580 des Ausschußentwurfs, welcher die Bestimmung der Räumungsfristen den Landesgesetzen überlassen wollte, sind die Art. 551 und 580 getreten, welche eine genauere Normirung geben.

sein des Volkes zu verletzen. Einwendungen dieser Art scheinen aber nicht eingegangen zu sein. Wenigstens hat sich über das Princip weder in erster noch in zweiter Lesung ein Streit erhoben. Die Debatte betraf vielmehr nur die Einzelheiten, insbesondere die stillschweigende Fortsetzung des Miethsverhältnisses nach geschehener Veräußerung, die Gewährung und Bestimmung der Räumungsfristen, und die Aufnahme einer Vorschrift über die Wirkungen einer Eintragung des Verhältnisses in das Grundbuch, welche eigentlich Dinglichkeit nicht begründe, und über die Zulassung einer Ausnahme von diesen Wirkungen im Falle der Zwangsversteigerung, welche man mit der sonst eintretenden Herabdrückung der Käuflichkeit des Grundstücks und der dadurch herbeigeführten Beeinträchtigung der bereits vor dem Eintrage des Miethsvertrages erworbenen Rechte der Hypothekengläubiger rechtfertigte.

Die Commission zur Ausarbeitung des Entwurfs eines bürgerlichen Gesetzbuches für das deutsche Reich hatte das Mißgeschick, daß der zum Redactor des Obligationenrechtes berufene Kgl. württembergische Obertribunals-Vicepräsident Dr. von Kübel in Folge einer Erkrankung, welche am 5. Januar 1884 seinen Tod herbeiführte, den Vorentwurf zum Obligationenrecht nicht beendigen konnte. In Folge dessen ist für einen Theil des Obligationenrechtes, zu welchem auch die hier interessirende Materie gehört, der Dresdener Entwurf den Berathungen zu Grunde gelegt worden.

Der deutsche Entwurf [326]) hat sich denn auch mit dem Dresdener Entwurf [327]) für das römisch-gemeinrechtliche Princip entschieden.

Die wichtigste Abweichung vom Dresdener Entwurf besteht darin, daß dem Miether und dem Pächter die Möglichkeit, dem Miethsverhältniß durch Eintragung dingliche Wirkung zu geben, schlechthin genommen, und damit eine auch in großen Theilen des gemeinrechtlichen Gebiets zu Recht bestehende und auch in allen modernen Gesetzen und Entwürfen zugelassene Schutzwehr für den Miether niedergerissen ist. Auf der ande-

---

326) §§ 508—512, 537, 1008. Vgl. §§ 1292, 1520, 1815, 1860.

327) Zur Vergleichung mit dem Dresdener Entwurf diene folgende Tabelle:

Deutscher Entwurf:	Dresdener Entwurf:
§ 508	548
§ 509, § 510	549, 551
§ 511	fehlt
§ 512	550
§ 537	580
fehlen	552, 553.

ren Seite ist dem neuen Erwerber die Austreibung anscheinend dadurch erschwert, daß er bei der Aufforderung zur Räumung eine seine Berechtigung ergebende öffentliche Urkunde vorlegen muß. Diese formalistische Vorschrift ist aber praktisch dadurch wieder illusorisch gemacht, daß der Mangel nur in Betracht kommt, wenn ihn der Miether, welchem regelmäßig dieses gesetzliche Erforderniß unbekannt sein wird, unverzüglich rügt.

Im weiteren ist mit dem bayerischen Entwurf das Recht zur Vornahme von Ausbesserungen während des Restes der Miethzeit besonders ausgesprochen, auch der in der sächsischen Praxis anerkannte Satz, daß der Miether nach erfolgter Kündigung zurücktreten kann, zum Ausdruck gebracht.

Auch über solche Rechte eines Dritten, welche bloß den Miether beschränken, ist eine besondere Bestimmung getroffen.

Für das Verhältniß zwischen dem Miether und dem Dritten, welcher auf Grund eingegangener Verpflichtung das Miethsverhältniß fortsetzt, sind die Vorschriften über das Versprechen der Leistung an einen Dritten herangezogen. Man hat aber im Gegensatz zum Dresdener Entwurf nicht weniger als zwei Fictionen („als gewollt anzusehen", „als abgetreten anzusehen") für nothwendig erachtet, um dieses Verhältniß zum Ausdruck zu bringen.

Eine Bestimmung, welche besonders ausspricht, daß der Vermiether verpflichtet ist, die Sache nicht anders zu veräußern, als unter Fürsorge für die Vertragsrechte des Miethers, ist nicht aufgenommen. [328]) Die Schadensersatzpflicht des Vermiethers ergiebt sich aus der allgemein für den Fall gegebenen Vorschrift, daß dem Miether durch einen vom Vermiether zu vertretenden Umstand der Gebrauch der vermietheten Sache entzogen wird. [329])

---

[328]) Der Entwurf läßt daher auch zweifelhaft, ob der Miether gegen die Auflassung, durch welche er um sein Recht gebracht wird (§ 868 des Entwurfs), ein gerichtliches Inhibitorium erwirken kann. Für die Bejahung spricht, ebenso wie nach gemeinem Recht, daß der Vermiether, indem er die Auflassung ertheilt, ohne für den Miether gesorgt zu haben, gegen seine vertragsmäßigen Pflichten, also rechtswidrig handelt, und daß der Miether als der andre Contrahent fordern und daher auch mit Gerichtshülfe durchsetzen kann, daß sein Mitcontrahent Handlungen, welche gegen den Vertrag verstoßen, unterläßt.

Bei beweglichen Sachen ist, wie die Motive zutreffend hervorheben, die Stellung des besitzenden Miethers deshalb gesichert, weil gegen seinen Willen die zur Uebertragung des Eigenthums erforderliche Uebergabe der Sache (§ 874 des Entwurfs) nicht ausführbar ist. Man wird dies namentlich auch auf den Fall der Vermiethung möblirter Zimmer anzuwenden haben.

[329]) §§ 508, 503 ff. des Entwurfs.

Die Inconsequenz, dem Miether nur ein persönliches Recht zuzuschreiben, und ihm dennoch Besitzesschutz zu gewähren, hat auch der deutsche Entwurf übernommen. Der Inhaber — und als solcher ist auch der zu betrachten, welcher nur einen Theil einer Sache, insbesondere abgesonderte Wohnungs- oder Wirthschaftsräume inne hat — kann, und zwar auch gegenüber seinem Rechtsurheber, verbotener Eigenmacht sich erwehren und mit gewissen Einschränkungen, auch mit Gewalt die Innehabung sich wiederverschaffen. Er hat Anspruch auf Wiedereinräumung der Sache, bez. Wiederaufhebung der Störung und Unterlassung weiterer Störungen.[330])

Eine Ausnahme von dem eingenommenen Standpunkt ist für den Fall des Vermächtnisses der vermietheten Sache gemacht. Auf den Vermächtnißnehmer gehen die Pflichten des Erblassers gegenüber dem Miether im vollen Umfange über. Warum nicht demjenigen, welcher unter Lebenden unentgeltlich erworben hat, die gleiche Verpflichtung auferlegt ist, läßt sich nicht ersehen.

Die Motive begründen den eingenommenen principiellen Standpunkt in einer überaus kurzen und kühlen Weise. Sie meinen, die strenge Durchführung des römischen Princips würde freilich, zumal in den größeren Städten, wo die Hauptmasse der Bevölkerung bis zu den höchsten und vornehmsten Ständen hinauf zur Miethe wohne, zu den größten Unzuträglichkeiten führen müssen. Der Entwurf werde aber den Interessen des „Grundbuchsystems" und des Miethers in gleicher Weise gerecht. Daß die aus dem Entwurfe sich ergebenden Abhülfen behufs Beseitigung aller aus dem angenommenen Grundsatze zu besorgenden Uebelstände vollständig ausreichten, lehre die Erfahrung der gemeinrechtlichen Gebiete. Bedenken gegen die Anerkennung der Dinglichkeit der Miethe werden lediglich daraus entnommen, daß dieselbe „mit den Principien des Grundbuchrechtes (§§ 828, 837 des Entwurfes) nicht vereinbar sei", da der neue Erwerber ein Miethsrecht anerkennen müßte, über welches das Grundbuch keine Auskunft giebt.

Eingehender ist in dem richtigen Gefühl, daß es sich dabei um den bedenklichsten Punkt des Entwurfes handelt, zu rechtfertigen versucht, warum dem Miether auch die Sicherung seines Rechtes durch Eintragung abgeschnitten ist. Die Eintragung hemme die Verfügungsgewalt des Vermiethers in weitem Umfange und sperre gleichsam das Grundbuch auf Zeit in erheblichem Maße. Der Eigenthümer, in der wirthschaftlich stärkeren Lage, würde die Bewilligung nicht ertheilen. Die Umständlich-

---

330) §§ 815, 816, 819, 820 des Entwurfs.

keit und die Kosten der Buchung würden, wie die Erfahrung lehre, dem Gebrauche entgegenstehen. Der allgemeine Gebrauch aber würde zu einer schädlichen Ueberfüllung des Grundbuches führen. Außerdem müßte für die Zwangsversteigerung eine Ausnahme getroffen werden, welche dem dinglichen Rechte in einem Hauptfalle die Wirkung nähme. Endlich würde so ein neues dingliches Recht geschaffen, welches in mancherlei Beziehung der besonderen Normirung bedürfte. Der Miether könne sich vor Abschluß des Miethsvertrages von dem Vermiether eine Hypothek für die aus der Nichterfüllung des Vertrages entstehenden Ansprüche bestellen lassen. Einen besseren Rang, als diese Hypothek, könne auch ein dingliches Recht nicht haben. [331]) Die Zwecke, welchen die Dinglichkeit des Miethrechtes dienen solle, ließen sich in manchen Fällen durch Bestellung eines „Erbbaurechtes“ (d. h. superficies) erreichen, da ein solches nach dem Entwurfe auf jede beliebige, längere oder kürzere Zeit bestellt werden könne. [332])

§ 6. Recht des Auslandes.

In Frankreich und Belgien gilt das bereits dargestellte Recht des code civil und damit die Regel „Kauf bricht nicht Miethe“.

Vor allem verdient bemerkt zu werden, daß die Heimath des römischen Rechtes, Italien, die römische Regelung, als der Rechtsconsequenz zuwider, als unzweckmäßig und der Landescultur schädlich aufgegeben hat. Der codice civile für Italien von 1865 beruht im Wesentlichen auf dem code Napoléon. Er hat gleich diesem die Regel „Kauf bricht nicht Miethe“ angenommen und dabei einen Miethsvertrag mit sicherem Datum erfordert, während es auf Besitz nicht ankommt. Doch ist in Einzelheiten die Normirung des französischen Rechtes nicht unerheblich umgestaltet. [333])

---

[331]) Wenn man sich dabei vergegenwärtigt, daß das dingliche Recht den Miether in der Wohnung erhält, die Hypothek aber nicht, so wird man diese Bemerkung wohl als eine von der überstimmten Minorität ausgegangene versteckte Satire betrachten dürfen.

[332]) Auch diese Bemerkung ist nicht ganz ernst zu nehmen, da das Erbbaurecht des Entwurfs (§ 961) auf einen ganz speciellen Fall zugeschnitten ist.

[333]) Es kommen in erster Linie in Betracht die Art. 1597—1602, welche besagen:

art. 1597. Se il locatore vende la cosa locata, il compratore è tenuto a stare alla locazione quando questa sia anteriore alla vendita e consti da atto pubblico o da scrittura privata di data certa, sempreché il locatore stesso non siasi riservato il diritto di sciogliere la locazione in caso di vendita.

art. 1598. Quantunque il conduttore non abbia un atto pubblico o una scrittura di data certa, se il suo possesso è anteriore alla vendita, il compratore è

In der Hauptbestimmung ist die negative Fassung: l'acquéreur ne peut expulser le fermier durch den positiven Satz: il compra-

---

tenuto a lasciarlo continuare per tutto quel tempo per cui si intendono fatte le locazioni senza determinazione di tempo.

Nel caso che il compratore voglia licenziare il conduttore dopo il detto tempo è inoltre tenuto a renderlo avvertito nel termine stabilito dalla consuetudine del luogo per le denunzie di licenza.

art. 1599. Se nel contratto di locazione si è convenuto, che nel caso di vendita il compratore possa licenziare il conduttore, questi non ha diritto ad alcuna indennità nè verso il locatore nè verso il compratore salvo che siasi pattuito il contrario.

art. 1600. Il compratore che vuole far uso della facoltà riservata nel contratto di licenziare il conduttore in caso di vendita, è tenuto a rendere anticipatamente avvertito il conduttore nel tempo fissato dalla consuetudine del luogo per le denunzie di licenza.

L'affittuario de' beni rustici debb essere avvertito alméno un anno prima.

art. 1601. Il conduttore licenziato dall' acquirente in mancanza di locazione per atto autentico o per iscrittura avente data certa, ha diritto al risarcimento dei danni verso il locatore.

art. 1602. Il compratore con patto di riscatto non può usare della facoltà di licenziare il conduttore sino a che, collo spirare del termine fissato per il riscatto, non divenga irrevocabilmente proprietario.

Dieselben lauten in der Uebersetzung von Leone Roncali:

Art. 1597. Verkauft der Vermiether die vermiethete Sache, so ist der Käufer verpflichtet, den Miethvertrag zu erfüllen, wenn dieser älter als der Verkauf ist und aus einer öffentlichen oder aus einer Privaturkunde sicheren Datums hervorgeht, vorausgesetzt, daß sich nicht der Vermiether selbst das Recht vorbehalten hat, die Miethe in dem Falle eines Verkaufes aufzulösen.

Art. 1598. Besitzt auch der Miether keine öffentliche oder keine Privaturkunde sicheren Datums, so ist der Käufer, wenn des Ersteren Besitz hinter den Verkauf zurückreicht, verpflichtet, diesen Besitz durch die ganze Zeit fortdauern zu lassen, für welche man die Miethen, deren Dauer eine unbestimmte ist, als vereinbart ansieht.

In dem Falle, als der Käufer nach der erwähnten Zeit dem Miether aufkündigen wollte, ist er überdies verpflichtet, ihn davon innerhalb der durch den Ortsgebrauch für die Aufkündigungen bestimmten Frist zu verständigen.

Art. 1599. Ist in dem Miethvertrage vereinbart worden, daß im Falle des Verkaufs der Käufer dem Miether aufkündigen könne, so hat der letztere keinen Anspruch auf irgend eine Entschädigung, weder gegen den Vermiether noch gegen den Käufer, wenn nicht das Gegentheil verabredet worden ist.

Art. 1600. Der Käufer, welcher von dem im Vertrage vorbehaltenen Rechte, dem Miether im Falle des Verkaufes aufzukündigen, Gebrauch machen will, ist verpflichtet, den Miether davon innerhalb der durch den Ortsgebrauch für die Aufkündigungen bestimmten Frist im Voraus zu verständigen.

Der Pächter von Feldgütern muß wenigstens ein Jahr zuvor verständigt werden.

Art. 1601. Der Miether, dem der Käufer zufolge des Abganges eines Miethtore è tenuto a stare alla locazione ersetzt. Außerdem ist verordnet, daß auch im Falle des Mangels eines formellen Miethsvertrages der Erwerber den Miether so lange im Besitz lassen muß, als dies bei Miethsverträgen von unbestimmter Dauer gesetzlich bestimmt ist. Ferner ist die auch im französischen Rechte geltende Regel, daß der Miether in diesem Falle vom Vermiether Schadensersatz fordern kann, zum positiven Ausdruck gebracht. Endlich ist an Stelle der weitläufigen Bestimmungen des französischen Rechtes über die Bemessung des Schadensersatzes in dem Falle, daß in dem Miethsvertrage die Austreibung des Miethers seitens des Käufers stipulirt war, die offenbar einfachere und zweckmäßigere Bestimmung getreten, daß in diesem Falle überhaupt kein Schadensersatz stattfindet.

Die Regel gilt für Veräußerungen jeder Art, auch für den Fall der gerichtlichen Zwangsversteigerung, vorbehaltlich der Anfechtung fraudulöser Vermiethungen. [334])

Immobiliar-Vermiethungen über neun Jahre (die conductiones longi temporis des alten Rechtes) müssen nach italienischem Rechte eingetragen sein. Andernfalls haben sie dritten Personen gegenüber keine Wirkung. [335]) Doch ist es streitig, ob diese Wirkungslosigkeit nicht auf die neun Jahre übersteigende Dauer des Verhältnisses zu beschränken ist. [336])

---

vertrages, welcher aus einer öffentlichen oder aus einer Privaturkunde sicheren Datums hervorgeht, aufkündigt, hat Anspruch auf Schadensersatz von Seite des Vermiethers.

Art. 1602. Der Käufer, gegen welchen der Wiederkauf vorbehalten wurde, kann von dem Rechte, dem Miether aufzukündigen, insolange keinen Gebrauch machen, als er nicht durch den Ablauf der zum Wiederkaufe bestimmten Zeit unwiderruflicher Eigenthümer geworden ist.

[334]) art. 687. del Codice di procedura civile.

[335]) art. 1932. Devono essere resi pubblici col mezzo della trascrizione:
5°. I contratti di locazione d'immobili eccedenti i nove anni.

art. 1942. Le sentenze e gli atti enunciati nell'articolo 1932, sino a che non siano trascritti, non hanno alcun effetto riguardo ai terzi che a qualunque titolo hanno acquistato e legalmente conservato diritti, sull'immobile.

1932. Durch die Transscription müssen zu öffentlichen gemacht werden:
5. Die Verträge über die Vermiethung oder Verpachtung von Liegenschaften von mehr als neunjähriger Dauer.

1942. Abs. 1. Insolange die im Artikel 1932 bezeichneten Urtheile und Rechtsgeschäfte nicht transscribirt worden sind, haben sie dritten Personen gegenüber, welche aus was immer für einem Titel auf die Liegenschaft Rechte erworben und in gesetzlicher Weise gewahrt haben, keine Wirkung.

[336]) Pacifici-Mazzoni, codice civile commentato IV, Trattato delle Locazioni I, 1. Cap. II, No. 51 S. 77.

Auch die italienische Wissenschaft rechtfertigt die getroffene, vom römischen Rechte abweichende Regelung dieser Materie mit der Berufung auf die Regel nemo plus iuris in alium transferre potest quam ipse habet, mit dem Hinweis auf die Billigkeit und auf das Landesculturinteresse, indem in letzterer Beziehung hervorgehoben wird, daß lange Pachtperioden der Landwirthschaft günstig sind, daß aber der Pächter, wenn er der Gefahr ausgesetzt ist, bei jeder Veräußerung das Gut verlassen zu müssen, sich nicht entschließen wird, erhebliche Verwendungen auf dasselbe zu machen. Zur Sicherung des Erwerbers gegen Betrügereien des Verkäufers diene das Erforderniß des datirten Miethsvertrages.[337])

Auch das holländische Burgerlijk Wetboek vom 1. October 1838 hat die Regel „Kauf bricht nicht Miethe" angenommen.[338]) Seine Bestimmungen sind im Wesentlichen dem Code Napoléon nachgebildet.[339]) Doch findet ebenso wie nach italienischem Recht für den Fall, daß die Austreibung des Miethers vertragsmäßig vorbehalten ist, keine Entschädigung statt. Es muß aber auch in diesem Falle bei Landgütern ein Jahr vorher gekündigt werden und im Uebrigen sind die ortsgebräuchlichen Kündigungsfristen einzuhalten. Ist dem Miether Schadensersatz vertragsmäßig versprochen, so braucht er vor Empfang des Schadensersatzes nicht zu räumen.

---

[337]) Pacifici-Mazzoni l. c. Cap. VII No. 218—231, p. 320 sg.

[338]) Herrn Professor M. Conrat in Amsterdam habe ich für die ertheilte, freundliche Auskunft herzlich zu danken.

[339]) Es bestimmen:

Art. 1612. Door verkoop van het verhuurde wordt eene te voren aangegane huur niet verbroken, ten ware dit bij de verhuring mogt voorbehouden zijn.

Bij zoodanig voorbehoud, kan de huurder, zonder uitdrukkelijk beding, geene aanspraak op vergoeding maken, maar met dat laatste beding is hij niet tot ontruiming van het gehuurde verpligt, zoo lang de verschuldigde vergoeding niet is gekweten.

Art. 1613. De kooper, met beding van wederinkoop, kan geen gebruik maken van de bevoegdheid om den huurder tot ontruiming van het gehuurde te noodzaken, voordat hij door het verstrijken van den termijn, voor den wederinkoop bepaald, onherroepelijk eigenaar is geworden.

Art. 1614. Een kooper die gebruik wil maken van de bevoegdheid, bij de huur-overeenkomst vorbehouden om, in geval van verkoop, den huurder tot de ontruiming van het gehuurde te noodzaken, is verpligt den huurder zoodanigen tijd te voren te waarschuwen, als het plaatselijk gebruik tot het doen van opzeggingen medebrengt.

Bij huur van landerijen moet de waarschuwing ten minste een jaar aan de ontruiming vooraf gaan.

Die zunächst für den Verkauf getroffenen Bestimmungen gelten auch für die Fälle sonstiger Veräußerungen, insbesondere auch für gerichtliche Zwangsversteigerungen.[340])

Ueber den Kauf mit Vorbehalt des Wiederkaufs findet sich dieselbe Bestimmung wie im französischen und italienischen Recht.[341])

Ebenso hat der Codigo civil portuguez, das Gesetzbuch für Portugal vom 1. Juli 1870 mit dem französischen Gesetzbuch die Regel „Kauf bricht nicht Miethe" angenommen.[342]) Im Falle der Zwangsversteigerung

---

[340]) Art. 505 d. wetboek voor burgerlijke regtsvordering.

[341]) Vgl. im Näheren Diephuis, Het Nederlandsch burgerlijk regt Bd. 7 S. 282 ff.

[342]) Das Gesetzbuch verordnet im Näheren:

Art. 1619°. O contracto de arrendamento, cuja data for declarada em titulo authentico ou authenticado, não se rescinde por morte do senhorio nem do arrendatario, nem por transmissão da propriedade, quer por titulo universal, quer por titulo singular, salvo o que vae disposto nos artigos subsequentes.

Art. 1620°. Se a transmissão resultar da expropriação por utilidade publica, será rescindido o contracto, com prévia indemnisação do arrendatario.

Art. 1621°. Se a transmissão proceder de execução observar-se-ha o seguinte:

§ 1°. Os arrendamentos sujeitos ao registo subsistirão, se estiverem registados anteriormente ao registo do acto ou facto de que a execução resultou.

§ 2°. Os arrendamentos não sujeitos a registo subsistirão, apezar da execução, por todo o tempo por que tiverem sido feitos, salvo se outra cousa se houver estipulado.

Art. 1622°. Estão sujeitos a registo os arrendamentos excedentes a um anno, se houver anticipação de renda, e os excedentes a quatro annos, não a havendo.

1619. Der Immobiliarmiethsvertrag, dessen Datum in einer authentischen oder authentisch gemachten Urkunde angegeben ist, wird weder durch den Tod des Vermiethers noch durch den Tod des Miethers aufgelöst, ebenso wenig durch eine Uebertragung des Eigenthums, sei es im Wege der Universal- oder der Singularsuccession, soweit nicht die folgenden Artikel ein Anderes bestimmen.

1620. Bei einer Veräußerung im Wege der Expropriation aus Gründen des öffentlichen Wohls wird der Vertrag nach vorgängiger Entschädigung des Miethers aufgelöst.

1621. Wenn die Veräußerung im Wege der Zwangsvollstreckung erfolgt, so kommen folgende Bestimmungen zur Anwendung:

§ 1. Die der Eintragung in das Register unterworfenen Miethsverträge bleiben bestehen, wenn sie vor dem der Zwangsvollstreckung zu Grunde liegenden Act registrirt waren.

§ 2. Die der Eintragung nicht unterworfenen Miethsverträge bleiben trotz der Zwangsvollstreckung für die ganze Dauer der Zeit, für welche sie geschlossen sind, in Geltung, soweit nicht ein Anderes vereinbart war.

entscheidet bei eingetragenen Miethen das Alter der Eintragung, während nicht eingetragene, aber der Eintragung bedürftige Miethen zurücktreten müssen. Eintragungsbedürftig sind aber nur die Immobiliarmiethsverträge, welche auf länger als 4 Jahre und, sofern die Miethe vorausbezahlt wird, auf länger als ein Jahr geschlossen sind.

Bezüglich des geltenden Rechts von Schweden, Norwegen und Dänemark muß ich mich darauf beschränken, eine mir von Herrn Professor Hagerup in Kristiania gütigst gemachte Mittheilung zum Abdruck zu bringen. Herr Hagerup schreibt:

„Zunächst sei bemerkt, daß die drei skandinavischen Länder drei verschiedene Rechtsgebiete bilden, daß aber Norwegen und Dänemark in Folge der bis 1814 bestehenden Verbindung der beiden Monarchien noch theilweise Rechtsgemeinschaft haben, daß dagegen solche zwischen Norwegen und Schweden in keiner Beziehung besteht.

Für Schweden bestimmt das Gesetz vom 16. Juni 1875 § 39 über Eintragung rc., daß jedes „Gebrauchsrecht", um „Bestand zu haben", eingetragen werden muß, d. h. ohne Eintragung kann das Gebrauchsrecht — darunter selbstverständlich auch Miethe inbegriffen — gegen Dritte nicht geltend gemacht werden. Der Miether kann aber auch ohne Eintragung jedem — auch dem älteren Rechtserwerber gegenüber — beanspruchen, im Besitz des gemietheten Gegenstandes bis zum gesetzlichen Kündigungstermin bleiben zu dürfen (vgl. das allgemeine schwedische Gesetzbuch von 1764, Buch von Grundstücksmiethe §§ 15 bis 16. Gesetz über Zwangsvollstreckung vom 10. Aug. 1877, § 113).

In Norwegen und Dänemark gelten ähnliche Grundsätze. Nach der königlichen Verordnung vom 4. December 1795 darf der Hausmiether, welcher im Besitze des gemietheten Hauses ist, immer die gesetzliche (oder gewohnheitsmäßige) Kündigungsfrist

---

1622. Der Eintragung in das Register sind Miethsverträge mit Vorausbezahlung des Miethszinses dann unterworfen, wenn sie auf länger als ein Jahr geschlossen sind, Miethsverträge ohne Vorausbezahlung, sofern ihre Dauer vier Jahre überschreitet.

Nach Art. 1634 finden diese Bestimmungen auch auf Mobilien Anwendung, soweit nicht die Natur des Gegenstandes dem widerspricht.

Art. 1601 beschränkt die Gültigkeit der von Nießbrauchern, Fideicommißbesitzern und Ehegutsverwaltern geschlossenen Miethsverträge auf die Dauer des Verfügungsrechts des Vermiethers.

beanspruchen. Für eine längere Miethszeit aber wird Eintragung erfordert. Ueber die Wirkung des Mangels der Eintragung schweigt die Verordnung, und diese Frage wird in den beiden Ländern verschieden beantwortet. In Dänemark nimmt man an, daß der Miether den Gläubigern des Vermiethers gegenüber auch ohne Eintragung in seinem Besitze geschützt wird, und daß somit die Eintragung nur gegenüber den Käufern, Pfanderwerbern und anderen Singularsuccessoren von Bedeutung ist. In Norwegen wird nach der Concursordnung vom 6. Juni 1863 § 128 (vergl. Gesetz vom 12. October 1857 § 6) der nicht eingetragene Miether auch den Gläubigern des Eigenthümers gegenüber nicht geschützt.

Die Verordnung von 1795 spricht nur von Hausmiethe. Indessen gelten in Norwegen nach den zuletzt citirten Gesetzen unzweifelhaft dieselben Grundsätze auch für Pacht. In Dänemark ist dagegen dieses Verhältniß in gewisser Beziehung auch ohne Eintragung gegen Dritte geschützt.

Wenn im Vorstehenden von Eintragung gesprochen ist, so ist zu bemerken, daß diese Bezeichnung zwar für Schweden ganz zutreffend ist (Intekning), daß aber der relevante Act in Norwegen und Dänemark „Thinglesning" (Lesung bei Gericht) genannt wird. Dieser Lesung folgt aber auch in den beiden letztgenannten Ländern eine Eintragung in Realfolien. Die Einrichtung dieser ist in allen drei Ländern — obgleich mit einzelnen Modificationen — in der Hauptsache dieselbe wie nach den neueren deutschen Hypotheken- und Grundbuchordnungen."

Auch nach englischem Recht ist die Regel „Kauf bricht Miethe" ausgeschlossen. Herr Professor König in Bern theilt mir darüber freundlichst Folgendes mit:

„Nach englischem Recht kann der Satz „Kauf bricht Miethe" schon deshalb keine allgemeine Geltung haben, weil der Begriff des Eigenthums in demselben ein ganz anderer ist als der durch das römische Recht überlieferte. Das englische Recht kennt und gewährt nur bestimmte Rechte an einer Sache; wogegen ihm der umfassende Begriff des Eigenthumes nicht bekannt ist. An Rechten aber, welche an Sachen erworben werden können, ist auch Besitz möglich. So kann nach englischem Recht nicht nur das Grundstück besessen werden, sondern auch die superficies und das Gebäude; selbst einzelne Theile eines Gebäudes können selbständig besessen werden, und selbst einzelne Stockwerke oder selbst Zimmer eines Hauses können Gegenstand selbständiger dinglicher Berechtigung und Gegenstand des Besitzes sein. Dies ist z. B. unzweifelhaft der Fall mit Bezug auf die Inns of Court. Es kommt daher nicht darauf an, ob man das ganze Gebäude besitzt oder nur irgend einen Theil desselben, sobald man nur ein Recht an demselben erworben hat, und nicht nur precario besitzt. Wer z. B. einen Mieth- oder Pachtvertrag — lease — für eine Anzahl von Jahren abgeschlossen hat, der hat ein dingliches Recht erworben und es wird dasselbe durch Verkauf nicht hinfällig. In London sind tausende von Häusern auf eine bestimmte Anzahl von Jahren vermiethet, und sowohl der Miether als der Vermiether können die ihnen zustehenden Rechte selbständig und ganz unabhängig von einander veräußern und cediren; jeder hat sein eigenes Recht und kann auch nicht mehr Recht übertragen als er selber hat. Der Eigenthümer eines Hauses kann daher einem Dritten die sofortige Benutzung desselben nicht einräumen, wenn es einem Anderen vermiethet ist. Im einzelnen Falle kommt es aber darauf an, welche Rechte der Eigenthümer dem Miether oder Pächter eingeräumt hat, ob nur eine vorübergehende Benutzung oder ein dingliches Recht, und je nach dem ist der Singularsuccessor gebunden oder nicht. Allein auch bei einer bloßen Miethe einzelner Zimmer, welche durch gegenseitige Kündigung zu Ende gebracht werden kann, erhält der Rechtsnachfolger nur das Recht der Kündigung, wie es dem Verkäufer zugestanden hatte." [343])

Während die bisher besprochenen ausländischen Rechte übereinstimmend den Satz „Kauf bricht nicht Miethe" angenommen, gelten in Spanien, wo es an einer neueren Codification fehlt, die römisch-rechtlichen Grundsätze; doch gestattet eine neuere Hypothekenordnung die Eintragung der Miethsverträge über Immobilien mit Wirkung gegen den neuen Erwerber. Auch im Uebrigen ist der Miether durch einzelne Bestimmungen neuerer Gesetze besser gestellt. Da mir hier nur ein kurzes Compendium des

---

[343]) Vgl. auch Gundermann englisches Privatrecht I § 19 S. 267 ff. Ueber die Häuserleihe auf 99 Jahre vgl. Arnold, Geschichte des Eigenthums in den deutschen Städten S. 199. Neben den eigentlichen Zeitpächtern (leaseholders) hat man die sog. tenants at will, bei denen die Kündigung jederzeit zulässig ist. Doch wirkt nach Roscher (Nationalökonomik des Ackerbaues § 64 S. 215) diese Einrichtung nicht so verderblich, wie man annehmen sollte, weil ein gewisses patriarchalisches Verhältniß zwischen Gutsherrn und Pächtern die Kündigung thatsächlich in Schranken hält.

spanischen Rechtes zu Gebote stand,[344]) so bin ich Herrn Professor Matthias in Rostock für folgende ausführliche Mittheilung zu großem Danke verpflichtet:

„Das gegenwärtig in Spanien bezüglich der Frage: bricht Kauf Miethe? geltende gemeine Recht beruht auf der gesetzlichen Grundlage der ley 19 tit. VIII Part. V: (Gesetzbuch der Partidas entstanden 1256—1263).

Uebersetzung der ley tit. VIII. Part. V:

„Wie die Sache, die vermiethet ist, an einen Anderen veräußert werden kann. — Wenn Jemand einem Anderen ein Haus oder Feldgrundstück auf bestimmte Zeit vermiethet hat, wenn der Eigenthümer diese dann vor Ablauf der Miethzeit veräußert, so kann derjenige, der sie von ihm erwirbt, sicher den, der sie als gemiethet inne hat, aus dem Besitz setzen; aber der Verkäufer ist dem Miether verpflichtet, so viel vom Miethszins zu erstatten, als noch Zeit übrig blieb, in welcher er sie nicht nützen kann. Jedoch giebt es Fälle, in welchen der Miether nicht aus der gemietheten Sache gesetzt werden kann, wiewohl sie verkauft ist. Der erste ist, wenn mit dem Verkäufer ein Vertrag gemacht ist, daß, wenn er sie verkaufe, er den Miether nicht austreiben kann vor Ablauf der bedungenen Miethszeit. Der zweite ist, wenn der Verkäufer sie auf Lebenszeit des Miethers oder auf immer für den Miether und seine Erben vermiethet hat."

Demnach ist der Vermiether (arrendador), falls er vor Ablauf der bedungenen Miethszeit veräußert, verpflichtet, dem ausgetriebenen Miether (arrendatario) den auf die noch restirende Miethszeit entfallenden Miethszins zu erstatten.

S. de Molina Blanco, el derècho civil español en forma de codigo, secunda edicion 1873. § 2089. (S. 456.)

Wissenschaft und Rechtsprechung an das römische Recht sich anschließend geben dem Miether im Falle der Austreibung auch einen Anspruch auf Ersatz allen Schadens (incl. entgangenen Gewinnes), der wie der Ersatzanspruch wegen der Verwendungen durch Retentionsrecht gesichert ist.

Diccionario razonado de legislacion y jurisprudentia por Don Joaquin Escriche, nueva edicion 1875 s. v. arrendamiento de cosas V. S. 70.

---

[344]) Lehr, Éléments de droit civil Espagnol p. 384.

In zwei Fällen aber kann nach der ley 19 cit. der Erwerber den Miether nicht austreiben:

1. wenn zwischen dem Verkäufer und Erwerber vereinbart ist, daß der Verkauf die Miethe nicht beeinträchtigen solle. Die Partidas hatten hier offenbar die L. 9 C. 4, 65 vor Augen, die sie dahin verstanden, daß die Vereinbarung zwischen Veräußerer und Erwerber directe Wirksamkeit für den Miether habe.
   Diccionario razonado l. c.
   Molina, el derecho etc. § 2089. Z. 1.
2. wenn die Miethe abgeschlossen ist auf das Leben des Miethers oder auf immer für ihn und seine Erben.
   Diccionario razonado l. c.
   Molina, el derecho etc. § 2089. Z. 2.
3. Der Diccionario l. c. führt als dritten Ausnahmefall auf (Uebersetzung):
   „3°. Wenn der Eigenthümer in dem Miethsvertrage, um die Ausübung zu sichern, die vermiethete Sache verpfändet und sich verpflichtet, innerhalb der Zeit seiner Dauer nicht zu veräußern, so erwirbt damit der Miether durch Vermittlung der Hypothek ein sicheres dingliches Recht an der vermietheten Sache zu dem Zwecke, um nicht derselben, bevor die contractmäßige Zeit abläuft, beraubt zu werden, und kraft des Versprechens, nicht veräußern zu wollen, wird die Veräußerung nichtig sein, die gegen seinen Inhalt sich vollzieht, wenigstens in Beziehung auf die Wirkung der Austreibung: Greg. Lopez in der Glosse 4 der ley 6 und in der Glosse 5 der ley 19 tit. VII Part. 5, dessen Entscheidung adoptirt ist von Gomez, Covarrubias und andern Schriftstellern."
4. Molina, el derecho ete. § 2089. Z. 3. (Uebersetzung):
   „Der Erwerber ist aber verpflichtet, die Miethe zu respectiren: 3°. wenn die Miethe, weil sie 6 Jahre übersteigt oder weil der Zins für zwei oder mehr Jahre zuvor empfangen ist, oder auf Grund ausdrücklicher Vereinbarung der Parteien in das Eigenthumsregister eingetragen ist." (ley hipothecaria vom 8. Februar 1861. Art. 2, Nr. 3.)

Von diesen Ausnahmefällen abgesehen ist das Recht des Erwerbers auf Grund der ley 19 cit. weiter erheblich eingeschränkt.

a) durch den Beschluß der Cortes vom 8. Juni 1813 (erneuert am 8. September 1836) Art. 6: Miethen, die nicht auf feste Miethszeit gestellt sind, können von beiden Theilen durch

Kündigung aufgelöst werden. Die Kündigungsfrist beträgt 1 Jahr. — Diese Bestimmung hat nach der Praxis die der ley 19 cit. dahin modificirt, daß der Erwerber sich nicht sofort in den Besitz setzen kann, sondern daß er das Kündigungsjahr abzuwarten hat.

Molina Blanco, Appendice à la primera y segunda edicion del derecho civil español 1873. Note a zur ley 19 (S. 370).

Diccionario razonado l. c.

b) Durch Gesetz vom 9. April 1842 Art. 2 wurde bestimmt, daß der Erwerber von städtischen Grundstücken an die ortsüblichen Kündigungsfristen dem Miether gegenüber gebunden ist.

Molina, derecho civil etc. § 2092. Derselbe, Apendice l. c. Diccionario razonado l. c. (Uebersetzung):

„Obwohl nach dem, was wir gesagt haben, derjenige der die vermiethete Sache durch Singularsuccession erwirbt wie durch Kauf 2c. — — — den Miether, den er in derselben vorfindet und der mit seinem Vorgänger über den Genuß derselben Vereinbarung getroffen hat, vertreiben kann, fordert es nichtsdestoweniger die Billigkeit, daß er ihn nicht austreibe, wenn er nicht bei der Miethe von Landgrundstücken ihn die sämmtlichen Früchte des begonnenen Jahres einernten läßt und ihn bei der Miethe eines Hauses in demselben beläßt für den laufenden Miethsabschnitt oder noch länger nach der Ortsgewohnheit, wofern es nicht leicht ist, früher eine andere Wohnung zu beschaffen. Es würde in der That sehr hart sein, wenn der neue Eigenthümer eines Hauses zu Anfang oder in der Mitte eines Miethsabschnittes austriebe und die Miethersamilie auf die Straße setzte; und wenn der Eigenthümer der Felder oder des Landsitzes in der Mitte des Jahres den Miether oder Pächter vertriebe, der den größten Theil der Mühe und Arbeit aufgewendet hat auf den Erwerb der Früchte.“

Das Ergebniß dieser Uebersicht über das ausländische Recht ist also: In fast allen westeuropäischen Kulturstaaten hat der Miether und Pächter eine selbständige, gegen den Erwerber der Miethsache gesicherte Rechtsstellung. In keinem dieser Staaten aber hat man, in Uebereinstimmung mit dem auch für ungefähr $^3/_4$ der Bewohner des deutschen

Reichs geltenden Rechte, den Miether und Pächter von Immobilien so schutzlos gelassen, daß er sich nicht wenigstens durch Eintragung in das Grundbuch gegen spätere Erwerber behaupten könnte.

§ 7. Gutachten.

Ein Urtheil über die zweckmäßigste gesetzliche Gestaltung des Miethsverhältnisses und insbesondere über die Regelung des Einflusses einer Veräußerung der Miethssache wird sich jeder Jurist oder Volkswirth, der zur directen oder indirecten gesetzgeberischen Mitarbeit berufen ist, selbständig und vorzugsweise auf Grund der eigenen Erfahrungen und Anschauungen bilden müssen. Die Hauptaufgabe eines vorbereitenden Gutachtens dürfte demnach darin bestehen, den Urtheilenden das etwas weiter abseits liegende Material zur freundlichen Mitberücksichtigung zu unterbreiten. Dieser Aufgabe sind die bisherigen Ausführungen gewidmet gewesen. Sie werden hoffentlich, ganz abgesehen davon, ob man die Anschauungen des Berichterstatters theilt oder nicht, der gesetzgeberischen Arbeit von Nutzen sein können.

Ganz anders verhält es sich mit der nunmehr folgenden Darlegung und Begründung der eigenen Ansicht des Gutachters. Der einzelnen Stimme wird nur scheinbar dadurch eine größere Bedeutung beigelegt, daß es ihr beschieden ist, schon vor der allgemeinen Debatte sich äußern zu dürfen.

Die Meinung des Berichterstatters läßt sich in Kürze etwa so formuliren:

> „Pacht und Miethe sind, ohne daß es der Eintragung bedarf, als dingliche Rechte anzuerkennen. Jeder Rechtsnachfolger des Vermiethers ist demzufolge an das Miethsrecht gebunden (Kauf bricht nicht Miethe). Nur der Ersteher bei der Zwangsversteigerung ist, sofern nicht das eingetragene Miethsrecht dem Rechte des betreibenden Gläubigers vorgeht und deshalb vom Ersteher zu übernehmen ist, berechtigt, das Miethsverhältniß unter Einhaltung der gesetzlichen Kündigungsfristen zu kündigen.
>
> Eine Aufhebung des Miethsrechts in Folge einer Enteignung oder einer im Interesse der Landescultur unternommenen Zusammenlegung ist damit nicht ausgeschlossen."

Die dingliche Gestaltung des Pacht- und Miethsverhältnisses

entspricht am meisten der Natur der Sache und unserem heutigen Rechtsbewußtsein. Sie steht im Einklange mit unserer nationalen Rechtsentwickelung und mit dem Rechte fast aller nichteuropäischen Culturstaaten.

Es wird in dieser Beziehung lediglich auf die bisherigen Ausführungen verwiesen werden können. Die Zeiten, in denen die romanistische Jurisprudenz jeden Satz des römischen Rechts und jede Auffassung des römischen Juristen als das einzig Richtige, allein den Anforderungen der logischen Consequenz wie der Zweckmäßigkeit Entsprechende hinstellte, sind vorüber, heute sieht auch der Romanist in der Versagung des Besitzesschutzes an den Miether eine Inconsequenz, er vermag es nicht mit den Mitteln der Logik zu erklären, warum denn, obgleich bei der Superficies und Emphyteusis dem Miethsverhältnisse dingliche Wirkung gegeben werden konnte, dieses für andere Fälle der Miethe unmöglich sein soll. Er hält die römische Verwechslung von Eigenthum und Sache für etwas Verkehrtes und vermag den allerdings ganz unrömischen Gedanken zu verstehen, daß der Eigenthümer, welcher schon dem Miether sein Benutzungsrecht übertragen hat, dieses selbe Recht nicht noch einmal weggeben kann, daß somit bei dem Satz „Kauf bricht Miethe" der Erwerber mehr Rechte erhält, als sein Vormann hatte. „Durch das römische Recht über dasselbe hinaus" ist gegenwärtig, und wohl mit Recht, der Wahlspruch des Pandektisten. Er bemüht sich, römische Absonderlichkeiten aufzudecken und so weit als möglich aus dem Gange der römischen Rechts- und Culturentwickelung zu erklären; er ist aber weit entfernt davon, ihre Beibehaltung dem modernen Recht zu empfehlen und so künstlich das Gesetzbuch mit dem Rechtsbewußtsein des Volkes, der nationalen Rechtsentwickelung und den Bedürfnissen der heutigen Cultur in Widerspruch zu setzen.

Im Folgenden wird es sich wesentlich noch darum handeln, die verschiedenen bei der Regelung der Frage in Betracht kommenden privaten und öffentlichen Interessen, sowie die Nothwendigkeit und die Art ihrer Berücksichtigung zu prüfen.

Denn in der ausgleichend gerechten und zweckmäßigen Berücksichtigung dieser Interessen liegt die salus rei publicae, welche das letzte Ziel der Gesetzgebung sein muß. So berechtigt das Streben ist, die Gesetzgebung möglichst der Consequenz aus der Natur der Sache und der historischen Entwickelung anzubequemen, auch auf eine Uebereinstimmung des Rechts mit dem Rechte anderer Culturstaaten hinzuarbeiten, so darf doch dieses Streben die Gesetzgebung nicht beherrschen. Sie hat vor Ausnahmen (Inconsequenzen) und auch vor dem Bruch mit der Geschichte nicht zurückzuschrecken, wenn jenes oberste Ziel dieses erheischt.

Es wird zweckmäßig sein, zunächst den Hauptfall, die Veräußerung eines verpachteten Ackers und einer vermietheten Wohnung zu betrachten und die weit weniger wichtige Behandlung der beweglichen Miethsobjecte nachfolgen zu lassen.

Bei der rechtlichen Regelung des Einflusses der Veräußerung auf die Miethe kommen private Interessen vierfacher Art in Betracht, das Interesse des Vermiethers und des Veräußerers, welche im Normalfalle nur eine Person bilden, das Interesse des Miethers, das Interesse des Erwerbers und das Interesse der Realberechtigten, insbesondere der Hypothekengläubiger. Letztere werden aber nur von dem Einflusse der Zwangsversteigerung auf das Miethsverhältniß berührt. Es wird sich daher empfehlen, zunächst die übrigen Fälle der Veräußerung ohne Berücksichtigung der Hypothekengläubiger ins Auge zu fassen, und dann zu prüfen, ob der Berücksichtigung bedürftige Interessen der Letzteren Ausnahmen für den Fall der Zwangsversteigerung erheischen.

Das Interesse des Miethers und Pächters erfordert dringend, daß sein Recht als dingliches mit dem vollen petitorischen und possessorischen Rechtsschutz eines solchen anerkannt werde, und daß eine Veräußerung oder eine Einräumung von Rechten an der vermietheten Sache das Miethsverhältniß in keiner Weise beeinträchtige.

Der Satz ist kaum des Beweises bedürftig. Auch die Vertheidiger des „Kauf bricht Miethe" wagen kaum, ihn zu bestreiten.

Schon der bloße Wohnungsmiether wird dadurch, daß er gezwungen wird, vor dem Ablauf der vertragsmäßigen Zeit die gemiethete Sache zu verlassen, vielfach auf das Empfindlichste berührt. Es wird allerdings, namentlich in der größeren Stadt, meistens für ihn möglich sein, zum nächsten Umzugstermine — und ihn eher auszutreiben, wird heute Niemand mehr vorschlagen — eine anderweite Wohnung zu miethen. Aber es werden Interessen verletzt, welche, wenngleich sie nur schwer in Gelde zu veranschlagen sind, gerade dem Miether am Meisten am Herzen liegen, die Freude an der liebgewonnenen Häuslichkeit, welche, da auf lange Zeit gemiethet war, mit der bei dem Einzuge angeschafften, dem Raume angepaßten Einrichtung versehen war, die Annehmlichkeit, für die Familie einen Garten, für die Kinder einen Spielplatz zur Benutzung zu haben, die Nähe einer Promenade oder eines öffentlichen Platzes, der Arbeitsstelle des Mannes oder der Wohnung von Personen, mit denen aus socialen oder geschäftlichen Gründen eine nähere Verbindung erwünscht ist. Nur der Formaljurist wird diesen Interessen seine Anerkennung versagen. Aber auch ihm wird die Sache verständlich, sobald es sich um einen Gewerbetreibenden handelt, der, nachdem er mit großem

Aufwand von Mühe und Kosten in dem auf lange Zeit ermietheten Ladenlocale (und auf gemiethete Geschäftsräume ist der Kaufmann der Großstadt durchweg angewiesen) ein blühendes Geschäft mit zahlreicher guter Kundschaft ins Leben gerufen hatte, zum nächsten Kündigungstermin vor die Thür gesetzt wird, weil der Vermiether mit Rücksicht auf das vom Miether geschaffene Geschäft das Haus mit großem Nutzen verkauft hat.

Noch empfindlicher ist die Schädigung bei der landwirthschaftlichen Pacht. Der Pächter hat sich auf die, heute durchweg 15—24 Jahre betragende, Pachtdauer eingerichtet. Er hat das lebende und todte Gutsinventar käuflich übernommen und Neues dazu erworben; er hat das Gut in vortreffliche Cultur, insbesondere Düngung gebracht; er hat mit Rücksicht auf die lange Dauer des Verhältnisses Verbesserungen aller Art (Drainagen, Wege, Gebäude, Wiesenbau) vorgenommen, und so vielfach nicht nur das eigene Vermögen in das Gut gesteckt, sondern auch noch fremden Credit in Anspruch genommen. Wird er mit dem Ende des laufenden oder des nächstfolgenden Pachtjahres vertrieben, so steht er ohne Erwerb da. Sein Vermögen ist, wenn der Verpächter zahlungsunfähig ist, verloren. Es fehlt ihm dann an den Mitteln, eine neue Pachtung anzutreten. Die Unmöglichkeit, seinen Verbindlichkeiten mit Ehren gerecht zu werden, seine Familie anständig zu erhalten, bringt ihn zur Verzweiflung. Aus dem intelligenten thatkräftigen Landwirth ist eine verlorene Existenz geworden.

Man wolle dem gegenüber doch nicht ernsthaft den Ersatzanspruch des Miethers und Pächters ins Feld führen. Zunächst will der Miether nicht Geld, sondern Wohnung, Wirthschaftsräume, Acker u. s. w. Das Rechtsgeschäft hat seinen Zweck verfehlt, wenn er statt dessen Geld erhält, und nur der Formaljurist kann in diesem Falle die eigentliche Leistung des Vermiethers und das entsprechende Geldinteresse gleichstellen.

Vor allem aber ist in den meisten Fällen, in denen die Sache veräußert wird, ohne daß für den Miether gesorgt ist, von dem Vermiether Ersatz überhaupt nicht zu haben. Und endlich ist der deutsche Richter nach wie vor nicht geneigt, für nicht genau schätzbare Interessen überhaupt Ersatz zu gewähren und den Ersatz ausreichend zu bemessen. Bei der Gutspacht, bei der Miethe eines Geschäftslocals mag die Zubilligung eines gewissen Ersatzes zu erwarten sein. Aber bei der Wohnungsmiethe?

Selbst wenn der Miether genöthigt gewesen ist, eine theurere Wohnung als Ersatz zu miethen, wird das Gericht sich schwer entschließen, demselben die Differenz zuzubilligen. Denn entweder hat der ausgetriebene Miether zu theuer gemiethet — und dann ist das seine eigene Schuld — oder er hat preiswerth gemiethet — und dann hat er ja keinen Schaden, würde sich vielmehr „betrüglich bereichern", wenn man ihm die Differenz zuspräche. Und an den anderen vorher geschilderten, mehr gemüthlichen Interessen des Miethers geht der Richter ganz gewiß mit demselben kalten Lächeln vorüber, welches uns schon in den früher wiedergegebenen Aeußerungen Wendt's[345]) entgegentrat. Man kann dem Miether nur rathen, für die im Schadensproceß zu riskirenden Kosten Dombauloose zu kaufen. Er hat dann entschieden bessere Chancen, Ersatz zu erhalten.

Aber meistens ist das gar nicht der Verlauf der Sache. Der Miether wird sich vielmehr, lediglich um der vertragswidrigen Austreibung zu entgehen, nicht selten bereit finden lassen, dem Erwerber einen höheren als den ursprünglichen vertragsmäßigen Miethszins zu zahlen. Wird das Gericht geneigt sein, diese ja „freiwillig" zugebilligte Steigerung dem Verkäufer zur Last zu setzen?

Viel werthvoller als jeder Ersatzanspruch ist es, daß in einem großen Theile Deutschlands trotz aller Gesetzesvorschriften Verlaß ist auf die Treue und Ehrlichkeit des Vermiethers oder Verpächters. Es werden daher wohl Stimmen aus gemeinrechtlichen Gebieten laut, welche meinen, daß man sich bei dem Grundsatz „Kauf bricht Miethe", ganz wohl befinde, daß ernstliche Uebelstände nicht hervorgetreten seien, daß die Miether dort eben so ruhig wohnten, wie in anderen Rechtsgebieten. Die Ehrlichkeit der darin ausgesprochenen Ueberzeugung darf nicht bestritten werden. Dieses Wohlbefinden hat seinen Grund eben darin, daß Fälle speculativer Unredlichkeit oder bösartiger Chicane in den gedachten, außerhalb der Verkehrscentren liegenden Gebieten selten sind. Und dasselbe würde ganz gewiß durch die Einführung des entgegengesetzten Princips in keiner Weise gestört werden, da es nicht wegen, sondern trotz des „Kauf bricht Miethe" besteht. Und wenn man die erhebliche Zahl der Eintragung von Miethsverträgen in verkehrsreichen gemeinrechtlichen Orten in Betracht zieht, so scheinen doch die Nachtheile des „Kauf bricht Miethe" nicht unbemerkt geblieben zu sein. Uebrigens sind schon in ganz harmlosen Gegenden Fälle eclatanten Mißbrauchs vorgekommen. So berichtet Ruhstrat[346]) von einem oldenburgischen Verpächter,

---

345) s. o. S. 35.

346) Ueber das constitutum possessorium in Ihering's Jahrbüchern für Dogmatik Bd. 14 (1875) S. 341.

welcher auf Vorschlag seines Anwalts sein Landgut an seine Frau verkaufte, lediglich um den Pächter bald nach Antritt der 10jährigen Pacht zu vertreiben. Der saubere Plan mißlang nur deshalb, weil der Verpächter im Interesse seiner nervenschwachen Frau von der Naturalübergabe Abstand nahm, und das constitutum possessorium, welches er mit derselben abschloß, vom Gericht als Mittel der Eigenthumsübertragung nicht respectirt wurde. Nach dem Rechte des deutschen Entwurfs würden auch die Nerven der Frau ein Hinderniß nicht abgegeben haben.

Das Interesse des Miethers oder Pächters deckt sich in dieser Frage fast ganz mit dem öffentlichen Interesse.

Der Grundsatz „Kauf bricht Miethe" ist culturschädlich.

Am klarsten dürfte dieses in Bezug auf die Gutspacht hervortreten. Eine rationelle Bewirthschaftung ist nicht möglich, wenn der Pächter jederzeit die Gefahr vor sich sieht, am Ende des Wirthschaftsjahres vertrieben zu werden. Daher sagt Roscher:[347])

> „Die Pachtungen bedürfen einer dreifachen Sicherheit gegen willkürliche Zurücknahme von Seiten des Verpächters selbst, oder auch seiner Nachfolger, oder endlich gegen sonstige Zufälle, welche das Verhältniß auflösen könnten. In der ersten Rücksicht ist beliebige Kündbarkeit des Pächters offenbar das größte Hinderniß aller festen Capitalverwendungen . . . . Gegen die zweite Rücksicht streitet das Recht des Nachfolgers, die von seinem Vorgänger abgeschlossenen Pachtverträge zu widerrufen, welches sich namentlich bei Familienfideicommissen lange erhalten hat, ebenso die Grundsätze: „Kauf oder Concurs brechen Miethe". Wenn auch ein sogenanntes Abstandsgeld in solchen Fällen üblich ist,[348]) so kann doch gerade ein besonders geschickter Pächter für Durchkreuzung seiner besonders wohlberechneten Wirthschaftspläne schwerlich ganz entschädigt werden; und auch insofern hat gerade er am meisten zu fürchten, als sein wohlbestelltes Gut am leichtesten Käufer anzieht."

Was die Wohnungsmiethe anbelangt, so dürfte es auch dem an den Studirtisch oder das Bureau Gefesselten kaum entgangen sein, welch

---

[347]) a. a. O. Bd. 2, die Nationalökonomik des Ackerbaues, § 641.

[348]) Drechsler, der landwirthschaftliche Pachtvertrag I S. 58 hält es für ausreichend, wenn dem Pächter für jedes noch laufende Pachtjahr eine im Voraus bestimmte ausreichende Entschädigung gezahlt wird und der Pächter vor der Auszahlung nicht zu weichen braucht.

eine ungeheuere, die sociale Ordnung gefährdende Ausdehnung die Wohnungsnoth in den großen Städten angenommen hat, und wie es die heutigen Nationalökonomen als eine ihrer wichtigsten Aufgaben betrachten, diese Noth und ihre Ursachen zu erkennen und nach Mitteln zu ihrer Abhülfe zu sinnen.[349])

Roscher[350]) sagt in Bezug auf die großstädtischen Wohnungsverhältnisse:

„Selbst ohne eigentliche Schlechtigkeit der Wohnung hat schon der häufige Wechsel, zu dem man gezwungen ist, diese nomadische Unsicherheit (ohne die Freiheit des Nomaden), da es sich hier um den äußeren Rahmen des Familienlebens handelt, gar leicht den Erfolg, die Gesinnung aus einer bürgerlichen zu einer halb vagabundischen herabzudrücken. . . .

Zu den schlimmsten Seiten der Wohnungsnoth gehört die große Abhängigkeit, in welche sie den Miether gegenüber dem Hausherrn versetzt. Wie oft ist der ganze Erwerb des Ersteren an die Oertlichkeit gebunden. Ja er läuft Gefahr, durch die Kündigung eine Zeitlang obdachlos zu werden. Solcher „Wohnungsfeudalismus" wirkt um so demüthigender, aufreizender, als die Hausherren oft ungebildet, oft nicht einmal wohlhabend sind, auch durch ihren häufigen Wechsel jede persönliche Anhänglichkeit verhindert wird. So kann bei der absolut wie relativ immer wachsenden Bedeutung unserer Großstädte eine wirklich unheilbare Wohnungsnoth derselben zuletzt das ganze Volksleben vergiften. Namentlich gehört sie, ebenso wie die Ausartungen der Großindustrie und des Börsenthums, zu den Hauptbrutstätten socialistischer Irrthümer."

Roscher beklagt, daß bei dem häufigen Wohnungswechsel Millionen an Umzugskosten ganz unproductiv verwandt werden, daß bei dem häufigen Wechsel die Industrie unsolide wird und die Jugenderziehung leidet. Er erinnert an das Sprichwort: „dreimal umgezogen so schlimm, wie einmal abgebrannt". Nicht minder rügt er die Hausherrntyrannei, welche den Ladenmiether, der durch seine Thätigkeit

---

[349]) Vgl. namentlich Nr. 30, 31, 33 der Schriften des Vereins für Socialpolitik, (die Wohnungsnoth der ärmeren Klassen in den deutschen Großstädten Bd. 1 u. 2 und Verhandlungen der am 24. u. 25. September 1886 zu Frankfurt a. M. abgehaltenen Generalversammlung).

[350]) System der Volkswirthschaft Bd. 3 (die Nationalökonomie des Handels- und Gewerbfleißes § 7 A. 8).

den Laden rentabel gemacht habe, in ein viel drückenderes Abhängigkeitsverhältniß bringe, als das der mittelalterlichen Bauern gewesen sei.[351])

Schäffle[352]) führt aus, „daß der Anspruch auf die von der alten europäischen Sitte geforderte Familienwohnung in den Manufacturstädten aufgegeben sei, was in der Wohnungsnoth der kleinen Leute die Quelle furchtbarsten Elends und schändlichsten Wuchers werde. Der Souverän, welcher die dagegen gerichteten Bestrebungen zu verallgemeinern wüßte, würde für die Gesellschaft mehr thun, als der gute König, welcher jedem Unterthan das Huhn im Topf bescheeren wollte, und seine Dynastie vor den Folgen von Umwälzungen in der modernen Gesellschaft am meisten bewahren. In ausreichender, gesunder, jede Familie in sich abschließender und die Glieder nach Alter und Geschlecht trennender Wohnung können allein gute Sitte, Ordnung, Reinlichkeit, Freude am Familienleben, Fürsorge für die Zukunft, Interesse am Gedeihen und Frieden der Gesellschaft, welche diese Güter gewährleistet, sich erzeugen. Das Gesinde, dessen sittliches Verkommen so weit verbreitete Klagen erzeugt, kann nur so in Zucht bleiben und die Angehörigkeit zur Familie empfinden und bethätigen. Eine Familie, lebend wie der Vogel auf dem Zweig, immer wieder ausgetrieben, ohne Licht und Luft für ein frohes Dasein, stets gemischt mit fremden Elementen, kann nur verkommen und proletarisch verthieren, der Sinnenlust des Augenblicks leben. Und dies ist schon jetzt in viel zu großem Umfang bei den Arbeitern und selbst bei dem Kleinhandwerk der großen Städte der Neuzeit der Fall. Die schlechte Miethwohnung ist eine der wesentlichsten Begleiterinnen des modernen Pauperismus. Selbst bei den dirigirenden Klassen ist das Haus nicht, wie in England, bis tief in die Mittelklassen herab, die Burg der Familie,

---

[351]) Denselben Gedanken hat 200 Jahre vorher schon Abraham von Wesel (vgl. Hertius, opuscula III S. 483) ausgeführt: Ecce infelicitatem conductoris: in aedibus conductoris officinam forte instruxit, ad hanc emtores illectavit, eos ita assuefecit, ut ire et redire soleant, id unicum ejus est aucupium, in eo tota ejus consistit salus; alter ejusdem commercii fortunis hujus invidens, eumque quaestum intercipere studens, dominum, ut aedes sibi vendat, convenit, actionem conducti, quam hic a conductore timet, in se suscipere offert, immodico oblato pretio tandem dominum sua voluntate ad vendendum cogit; emtor mox conductori emigrandi necessitatem denunciat, ut ipse eas inhabitet, decedere jussus injuriam cum domino judicio expostulat, atque ex conducto agit; judex id quod interest, quoniam plerumque difficilis probationis, ad exiguam summam deducit, cum conductore actum atque conclamatum est.

[352]) Das gesellschaftliche System der menschlichen Wirthschaft S. 369.

es hat nicht den bezaubernden Klang, welchen das Wort home für ein englisches Herz hat".

„Was Wunder, sagt Flesch,[353]) daß bei dieser fortdauernden Wanderschaft, bei diesem steten Zwang zur Befriedigung allzu hoher Forderungen jeder Sinn für Sparsamkeit, häusliches Behagen, Familienleben verloren geht".

Aus dem vorliegenden Einzelmaterial gestatte ich mir nur einzelne Mittheilungen hervorzuheben.

Engel[354]) beklagt für Berlin den häufigen Wohnungswechsel, dessen schlimmste Seite nicht der sehr beträchtliche Kostenpunkt oder die Schädigung des Mobiliars, sondern die anhaltende Störung der häuslichen Ordnung sei.

Stolp[355]) sagt mit besonderer Rücksicht auf die Berliner Verhältnisse:

> „Die Wohnungsinhaber können durch die Willkür Fremder aus ihren Wohnungen beliebig entfernt werden und erleiden dadurch oft in ihren Erwerbs-, wirthschaftlichen, verwandschaftschaftlichen und freundschaftlichen Beziehungen die tiefsten Beschädigungen. Die Ungewißheit des Verbleibens in der Wohnung läßt nicht nur ein wahres Interesse an der behaglichen Einrichtung derselben gar nicht aufkommen, sondern führt auch eine Ungewißheit und ein Schwanken in allen übrigen, mit den Wohnungsverhältnissen meist eng verbundenen sonstigen persönlichen Unternehmungen und Beziehungen herbei. Die Wohnungsinhaber sind der Willkür und Laune der Hausherren schutz- und wehrlos preisgegeben. Bei dem Abschluß und der Aufhebung der Miethverträge sind die Miether oft starken Uebervortheilungen und Prellereien ausgesetzt. Die willkürliche und unberechtigte Steigerung der Miethspreise von im Laufe der Zeit nicht besser, sondern schlechter gewordenen Wohnungen zerrüttet nicht nur bei vielen Familien fortwährend deren Erwerbs- und Nahrungszustände, sondern nöthigt dieselben auch sehr oft zu einem sehr nachtheilige Wirkungen mit sich führenden Verlassen der Wohnungen."

Wien ist hinsichtlich der Wohnungsnoth Berlin vorangegangen.

---

[353]) Schriften des Vereins für Socialpolitik Bd. 30 S. 71.

[354]) a. a. O. S. 3 ff. Vgl. auch Hasse in den Schriften des Vereins für Socialpolitik 31 S. 310.

[355]) Berliner städtisches Jahrbuch für Volkswirthschaft und Statistik. 4. Jahrg.

„Das Gefühl der Seßhaftigkeit, sagt Friedmann[356]) ist dem Wiener gänzlich abhanden gekommen. Kein Bewohner der Vorstädte fühlt sich von einem Quartale zum andern sicher auf seinem „Grund“. Ebenso wenig weiß der Bewohner der inneren Stadt zu sagen, in welcher Entfernung und in welcher bisher ihm unbekannten Gegend der weitgestreckten Hauptstadt er im nächsten Halbjahre seine müden Glieder zur Ruhe bringen werde. So geht ein Zug der Unruhe und Beängstigung durch die ganze Bewohnerschaft Wiens. Ein flüchtiges Nomadenleben tritt an die Stelle einer ruhig angesessenen bürgerlichen Existenz. Die ewig wandernde Bevölkerung, welche voll Mißmuth über die Unsicherheit ihres häuslichen Lebens und über die hohen Preise ihrer zeitlichen Obdache immer mehr das Gefühl der Anhänglichkeit an den heimathlichen Boden, die Theilnahme für die gemeinsamen localen und öffentlichen Interessen verlieren und den gesunden Sinn für die Ordnung und Ruhe einbüßen muß, muß die Aufmerksamkeit der Staatsbehörden auf sich lenken.“

In Straßburg finden sich[357]) ähnliche Zustände wie im alten Rom. In den schlechten Quartieren bestehen die Hauseigenthümer zum Theil aus reichen, dem Capitalisten- und Kleinbürgerstande angehörigen Leuten, die in ganz anderen Quartieren wohnen und nur zum Einstreichen des Miethszinses ihr Eigenthum betreten. Viele finden es noch bequemer, sich gar nicht um das „Lumpenpack“ der Miether bekümmern zu brauchen und verpachten das ganze Haus um eine Pauschalsumme an einen sogenannten „Hauslehner“.

Diesen Uebelständen gegenüber sagt Miquél:[358])

> „Eine Reihe von Gesetzen schützt durch Verbot und Gebot den Schwachen gegenüber dem Arbeitsvertrag und dem Darlehensvertrag und ordnet die Modalitäten desselben, — kein deutsches Gesetz hat bisher gleiche Grundsätze auf den Miethvertrag angewendet, obwohl nach meiner Ueberzeugung hierbei oft ein ebenso schlimmes und dauerndes Abhängigkeitsverhältniß für den unbemittelten Miether entsteht, als dies bei dem Arbeitnehmer- und dem Darlehnsvertrag der Fall sein kann.“

Freilich sind die Maßregeln, welche die heutigen Volkswirthe zur Abhülfe der Wohnungsnoth vorschlagen, weit eingreifender, als die bloße Aufhebung der Regel „Kauf bricht Miethe“ oder eine sonstige Verbesse-

---

356) Nach Engel a. a. O. S. 6.

357) Nach Weill in den Schriften des Vereins für Socialpolitik 30, S. 153 ff.

358) Schriften des Vereins für Socialpolitik 30, S. XV. Aehnlich Flesch, das. S. 83.

rung der rechtlichen Lage des Miethers sein würde. Man verlangt die Durchführung des Dienstwohnungsprincips für die Beamten, die Einführung der Pflicht der Arbeitgeber zur Bequartierung ihrer Arbeiter, die Enteignung städtischen Grundeigenthums u. s. w.

Man wird auch zum Nachweise dafür, daß die Regel „Kauf bricht Miethe" mit diesen Verhältnissen nichts zu thun habe, darauf hinweisen, daß dieselben in Berlin trotz der Aufhebung dieser Regel ebenso bestehen wie anderswo. Und in der That, solange der von den Volkswirthen so sehr beklagte Gebrauch besteht, Miethsverträge nur auf kurze Kündigung abzuschließen, ist es ganz gleichgültig, ob die eine oder die andere Art der rechtlichen Normirung beliebt wird.

Aber der Unterschied liegt darin: Wenn die Regel „Kauf bricht Miethe" eingeführt wird, muß das Bestreben, auf den Abschluß längerer Miethsverträge hinzuwirken, als nutzlos aufgegeben werden, da der Miether dennoch keine gesicherte Rechtsstellung erlangt.

Die entgegengesetzte Regel aber läßt wenigstens die rechtliche Grundlage dafür bestehen, daß man allmählich zu festen, ruhigen Miethsverhältnissen gelangt. Jeder Umstand, welcher die Stellung des Miethers schwächt, vermehrt die Wohnungsnoth. Eine Gesetzgebung, welche die wirthschaftliche Freiheit nicht mit dem Bestreben, den wirthschaftlich Schwächeren dem Stärkeren schutzlos auszuliefern, verwechselt, wird dieser Schwächung entgegenzutreten haben.[359])

---

[359]) Organisationen, wie der Berliner Verein der Hausbesitzer, vermögen die Macht der Eigenthümer noch zu verstärken, während entgegengesetzte Organisationen der Miether es nur schwer zu einem maßgebenden Einflusse auf die Gestaltung der Verhältnisse bringen werden. — Die in dem Verein Berliner Wohnungsmiether am 8. Mai 1888 angenommene Resolution lautet nach Zeitungsnachrichten: „Der Verein Berliner Wohnungsmiether wolle beschließen: der im § 509 des bürgerlichen Gesetzbuches für das Deutsche Reich enthaltene Rechtsgrundsatz: „Kauf bricht Miethe" widerspricht dem bestehenden Rechtsbewußtsein des Volkes und der Sicherheit eines geordneten Verkehrs. Zumal in den großen Städten, wo die Hausgrundstücke nicht zur eigenen Benützung des Eigenthümers, sondern zu Zwecken der Ausnützung als Miethswohnungen erbaut werden und auch dienen, ist dieser, vielleicht im Princip anzuerkennende, Rechtsgrundsatz nicht durchführbar. Die Einführung dieser Norm als Gesetz würde eine dauernde Unstetigkeit und Unsicherheit in den Wohnungsverhältnissen und indirect damit ein ungerechtfertigtes Ausbeutungssystem der großen Masse des Volkes, welches die Miether repräsentirt, zu Gunsten Einzelner im Gefolge haben und der wildesten Speculation mit Grundstücken auf Kosten der Masse der Miether unbeschränkte Freiheit gewähren. Eine durch Jahrhunderte im Bewußtsein des Volkes zur vollständigen Zufriedenheit fest eingewurzelte Rechtsnorm würde einer den heutigen Zeitverhältnissen durchaus widersprechenden Neuerung Platz machen müssen, durch welche z. B. in Berlin ca. 300 000 Miether mit einem

Wenn Friedrich der Große schon das kleine Berlin von 1765 gegen den eingerissenen Häuserwucher und die aufs Höchste getriebene Steigerung der Hausmiethe nur durch die Aufhebung der gemeinen Rechtsregul „Kauf bricht Miethe" zu schützen wußte, wie will man sich da, wenn man heute die so geschaffenen Schranken wiedereinreißt, von der Verantwortung für den Miethsschwindel frei machen, der dann in der Millionenstadt in Aussicht steht. Daß die Presse des Jobberthums sehr voreilig schon heute das Lob des „Kauf bricht Miethe" singt, sollte man sich zur Warnung dienen lassen.

Man muß dabei berücksichtigen, daß sich in der Großstadt sehr viele Häuser in den Händen vermögens- und gewissenloser Speculanten befinden, welche hier spurlos verschwinden, dort nach langer Zeit und in ganz anderen Verhältnissen wieder hervortreten. In Berlin gehört den Hauseigenthümern insgesammt nur $1/5$ des Grundwerths der Häuser. In einem Jahre wechselten 12,1 bezw. 12,3 Procent der Grundstücke den Eigenthümer. Der Verkauf wird häufig durch Schlußscheine bewirkt.[360])

Schmoller[361]) berichtet in dieser Beziehung:

„Die alten Vermiethungsgeschäfte kommen nur noch sporadisch in der großen Stadt vor; ein großer Theil der Wohnungen ist in den Händen von Bauspeculanten, von Bauunternehmern, die in erster Linie verkaufen wollen; der einzige Gesichtspunkt ist der, das Haus zu vermiethen, bis es verkauft ist. Sie sind schon deswegen nicht die rechten Leute zum Vermiethergeschäft, weil ihnen das Verkaufen die ganze Sache ist, weil sie die Miether schrauben, um besser zu verkaufen. — Es kommt dazu eine große Anzahl von Hausbesitzern, die selbst so verschuldet sind, daß sie in fortwährender Geldverlegenheit nothwendiger Weise auch mehr oder weniger ihre Miethsleute mißhandeln. Dann kommt eine Zahl kleiner Rentiers, die selbst halb Wucherer sind und in Hausspeculationen und Wohnungsvermiethung ein lucratives Geschäft zu machen suchen."

Anhange von einer Million Angehörigen auf das Empfindlichste geschädigt werden können. Aus allem diesen erachtet der Verein Berliner Wohnungsmiether den vorgeschlagenen Rechtsgrundsatz: „Kauf bricht Miethe" für durchaus schädlich und wird in eine energische und kräftige Agitation eintreten, um bei den gesetzgebenden Factoren auf Ablehnung dieses Gesetzesvorschlages hinzuwirken."

360) Roscher a. a. O. 3 § 7. Vgl. auch Hasse, in den Schriften des Vereins für Socialpolitik 31 S. 313.

361) Schriften des Vereins für Socialpolitik Bd. 33 S. 19.

Miquél[362]) sagt:

„In vielen Städten giebt es eine Klasse von Hausbesitzern, welche die ihnen in der Regel in Folge hypothecarischer Beleihung zugefallenen Häuser für Arbeiterwohnungen einrichten und die Wohnungsnoth in einer bisweilen empörenden Weise durch die geradezu wucherischen Bedingungen des Miethsvertrages ausbeuten."

Und Engel[363]) bemerkt:

„Miethssteigerungen und Häuserschacher bedingen sich, wie Jedermann aus Erfahrung weiß, gegenseitig. Der Bauunternehmer baut, um zu verkaufen. Der gewerbsmäßige Wohnungsvermiether ist jederzeit zum vortheilhaften Verkaufe bereit."

Dem Vermiether, dessen Interessen nunmehr zu prüfen sind, kann es unter Umständen erwünscht sein, den Miethsvertrag jederzeit, wenn sich ihm eine Gelegenheit zum vortheilhaften Verkauf bietet, lösen zu können, und wenn man dieses Interesse als ein berechtigtes anerkennt, so würde man sogar dahin gelangen können, dem Miether jeden Entschädigungsanspruch, wenigstens vom Standpunkte des Contractbruchs aus, zu versagen.

Aber es handelt sich hier um ein Interesse, welches nicht nur nach den dargelegten volkswirthschaftlichen Gesichtspunkten eine Berücksichtigung nicht verdient, sondern das auch das natürliche Gerechtigkeits- und Billigkeitsgefühl nicht auf seiner Seite hat. Wer einem Anderen bindend und gegen Entgelt die Benutzung seiner Sache auf eine bestimmte Zeit eingeräumt hat, kann als ehrlicher Mann nicht verlangen, daß ihm die Möglichkeit gegeben werde, sein ohne Einschränkung gegebenes Wort zu brechen, um einen Gewinn mit dem Verkauf der Sache zu machen, welche doch nicht in erster Linie dazu bestimmt ist, ein Handelsartikel in der Hand des Eigenthümers zu sein. Freilich kann auch der Eigenthümer sich in einer Nothlage befinden, aus welcher ihn der dringend ersehnte Verkauf befreien soll. Es würde sich dabei aber doch nur um eine Abhülfe auf fremde Kosten handeln, welcher nicht die geringste Rechtfertigung nach Billigkeitsrücksichten zur Seite steht.

Dieselben Gesichtspunkte, welche die modernen Codificationen dahin geführt haben, dem römischen Satze, daß der Miether dem Vermiether im Falle eines eigenen dringenden Bedürfnisses weichen müsse, die Anerkennung zu versagen, haben mit Recht bewirkt, daß auch dieses

---

362) Daselbst 30 S. XVI.

363) Die moderne Wohnungsnoth S. 7.

Interesse des Vermiethers bei den jetzigen Gesetzgebungsarbeiten unbeachtet geblieben ist.

Trotzdem soll es dem Vermiether unbenommen sein, sich auszubedingen, daß der Miether im Falle des Verkaufes räumen müsse. Dadurch ist für Fälle, in denen schon bei der Vermiethung an den baldigen Verkauf gedacht wird, das Interesse des Vermiethers vollständig gewahrt.

Was das Interesse des neuen Erwerbers anbetrifft, so möchte von vornherein zu betonen sein, daß dasselbe hinter dem des Miethers zurückstehen muß. Haus und Acker sollen, wie gesagt, nicht in erster Linie Handelsartikel sein. Daß eine gesicherte Benutzung derselben durch den Gebrauchsberechtigten stattfinden kann, ist wichtiger, als daß der Umsatz dieser Gegenstände ein gesicherter ist. Daraus folgt natürlich nicht im Geringsten, daß die Sicherheit des Umsatzes nicht erstrebenswerth sei, wohl aber, daß im Collisionsfalle die Rücksicht auf die Sicherheit des Gebrauches vorgehen muß.

Was die Fürsorge für den neuen Erwerber anbetrifft, so wird man zu unterscheiden haben, ob der neue Erwerber bei der Erwerbung wußte oder doch nur in Folge der Unterlassung der nothwendigen und möglichen Erkundigungen nicht wußte, daß die erworbene Sache vermiethet oder verpachtet war, oder ob ihm das Miethsoder Pachtverhältniß ohne eigenes Verschulden unbekannt bleiben konnte, und ferner, ob der Erwerb ein entgeltlicher oder ein unentgeltlicher war.

Das Interesse des neuen Erwerbers, welchem das Miethsverhältniß bekannt war, verdient noch weniger Berücksichtigung, als das des Veräußerers. Bei letzterem war eine Nothlage denkbar, welche ihm die miethsfreie Veräußerung wünschenswerth machte, bei dem Erwerber kann davon nicht die Rede sein. Wenn man ein allgemeines Interesse des Käufers, den Miether zu vertreiben, rechtfertigen wollte, so könnte man ebenso gut ein allgemeines, jedem Privaten zustehendes Expropriationsrecht proclamiren. In letzterem Falle würde sogar der Vertreibende entschädigungspflichtig sein, während der neue Erwerber, welcher unter Kenntniß von dem Miethsvertrage kaufte, den Miether vertreibt, ohne ihn auch nur im Geringsten schadlos halten zu müssen. In dem angenommenen Falle ist die Austreibungsbefugniß des Erwerbers die empörendste Ungerechtigkeit, der schnödeste Mißbrauch, gegen welche die Gesetzgebung mit allen Mitteln zu kämpfen hat.

Nicht viel anders steht es mit dem neuen Erwerber, welchem nicht ohne eigenes Verschulden das Miethsverhältniß unbekannt geblieben ist. Es ist im Ganzen nicht so schwer, zu erfahren, ob ein Gut oder ein Haus vermiethet ist oder nicht. Jedenfalls wird das Verlangen nicht unbillig sein, daß der Erwerber sich über diesen Punkt, namentlich durch Befragen des Veräußerers, Auskunft zu verschaffen bemüht sein muß, widrigenfalls er eine Schädigung durch die bestehenden Mieths- und Pachtverträge sich selbst zuzuschreiben hat.

Auch der unentgeltliche Erwerber (Vermächtnißnehmer, Beschenkte) kann offenbar nicht beanspruchen, daß er mehr Rechte an der Sache erhalte, als sein Rechtsurheber hatte. Er muß an dessen Miethsverträge schlechthin gebunden sein.

Dagegen verdient das Interesse des gutgläubigen entgeltlichen Erwerbers der Sache, welchem trotz aufgewandter Bemühungen das Miethsverhältniß unbekannt blieb, allerdings die Berücksichtigung der Gesetzgebung. Zwar nicht vom Standpunkte der juristischen Consequenz aus (es sei das denen gegenüber bemerkt, welche aus, wie gezeigt, unbegründeter Consequenzmacherei das „Kauf bricht Miethe" vertheidigen wollen); denn der Erwerber kann nach der Natur der Sache das Eigenthum nur mit den bereits vorliegenden Beschränkungen erwerben. Wohl aber aus Zweckmäßigkeits- und Billigkeitsgründen, und mit Rücksicht auf die Sicherheit des Güterverkehrs, welche auch sonst im modernen Recht vielfach dahin geführt hat, dem gutgläubigen entgeltlichen Erwerber, welcher vom Nichteigenthümer erworben hat, eine gesicherte, vom Rechte seines Autors unabhängige Rechtsstellung zu gewähren.

Die Berücksichtigung dieses Interesses darf aber nicht dazu führen, das im Uebrigen als richtig und zweckmäßig erkannte Princip der Dinglichkeit und Unzerbrechlichkeit der Miethe aufzugeben. Es kann sich nur darum handeln, unter Aufrechthaltung dieses Princips Abhülfe zu schaffen.

In dieser Richtung böte sich zunächst der Weg, die Eintragung des Mieths- oder Pachtverhältnisses in das Grundbuch vorzuschreiben. Auf die Unkenntniß der eingetragenen Miethsverhältnisse könnte sich dann der neue Erwerber nicht berufen. Damit ist zugleich evident dargethan, daß auch vom Standpunkte der Interessen des Käufers aus nicht die Dinglichkeit der Miethe als solche bekämpft zu werden braucht, sondern nur für die Eintragung der Miethe als Voraussetzung ihrer dinglichen Wirksamkeit plädirt werden kann.

Es kann sich deshalb im Weiteren nur um die Alternative handeln, ob die Dinglichkeit der Miethe von der Eintragung abhängig zu machen ist oder nicht.

Gegen die Ausdehnung des formalen Grundbuchprincips auf den Fall der Miethe spricht nun allerdings mancherlei. Es ist zwar keineswegs anzunehmen, daß von der Eintragung fast gar kein Gebrauch gemacht würde. Auch dem in den Motiven des deutschen Entwurfs hervorgehobenen Bedenken, daß der in der wirthschaftlich stärkeren Lage befindliche Eigenthümer die Bewilligung regelmäßig nicht ertheilen würde, könnte man nach dem Vorbilde des bayerischen Entwurfs mit gesetzlichen Bestimmungen begegnen, nach welchen eine besondere Bewilligung nicht nöthig ist.

Gleichwohl ist es richtig, wenn die Motive zum deutschen Entwurf ausführen, daß die Umständlichkeiten und die Kosten der Buchungen dem allgemeinen Gebrauch der Eintragung entgegenwirken würden, und noch richtiger, daß der allgemeine Gebrauch zu einer schädlichen Ueberfüllung des Grundbuchs führen würde. Nur folgt daraus nicht, daß man die Eintragung zu verbieten und die Miethe persönlich zu gestalten hat, sondern etwas ganz Anderes. Man soll zwar die Eintragung zulassen, aber von derselben die dingliche Wirkung der Miethe im Allgemeinen nicht abhängig machen. Man darf die Eintragung nicht obligatorisch machen, weil dabei entweder das Interesse des Miethers und das damit verbundene volkswirthschaftliche Interesse zu kurz kommen würde, oder das Grundbuch seine Bedeutung als übersichtliche und zuverlässige Grundlage des Realcredits einbüßen könnte.

Noch weniger als das Erforderniß der Eintragung würde das im französischen und verwandten Rechten hervorgetretene Erforderniß der Schriftlichkeit zu empfehlen sein, sofern man nämlich — eine hier nicht zu erörternde Frage — im Allgemeinen das Princip der Formlosigkeit der Verträge annimmt.

Denn dasselbe erschwert zwar auf der einen Seite den dem Miether zu gewährenden Rechtsschutz. Es verfehlt aber seinen Zweck, den Erwerber gegen Nachtheile zu sichern, da diesem, wenn ihm überhaupt das Miethsverhältniß unbekannt bleiben kann, auch der schriftliche Vertrag unbekannt bleiben wird.

Die Schriftlichkeit mit dem Erforderniß des Datums hat nur die Bedeutung, daß nicht so leicht nachträglich fingirte Miethsverträge oder fingirte Verlängerungen desselben vorgeschützt werden können. Es erscheint aber fraglich, ob diese Gefahr so dringend ist, daß dagegen eine solche, dem ganzen Miethsverkehr ungemein lästige Abhülfe erforderlich ist.

Dem neuen Erwerber würde jedenfalls ein Evictionsanspruch und, bei doloser Verschweigung des Miethsvertrages auch die aus dem Betruge hervorgehenden Rechte gegen den Veräußerer zustehen, sobald sich Miethsverhältnisse herausstellen, welche ihm unbekannt geblieben sind. Die Vertheidiger des „Kauf bricht Miethe" würden consequenter Weise mit diesem Entschädigungsanspruch zufrieden sein müssen. Ist doch so der Erwerber, welcher sich erst eine Rechtsstellung beschaffen wollte, nicht schlechter gestellt, als der bereits in fester Rechtsstellung befindliche Miether nach ihrer Meinung stehen soll.

Aber man würde auch noch weiter gehen und den Miether, welcher sich nicht im erkennbaren Besitze der Sache befand, zum Auszug verpflichten können, sofern der Erwerber ohne jede Kenntniß des Verhältnisses war, wenn dazu ein praktisches Bedürfniß vorhanden sein sollte. Die Fälle, in denen der neue Erwerber ohne sein Verschulden keine Kenntniß von dem Bestehen des Miethsverhältnisses erhielt, werden jedenfalls zu den größten Seltenheiten gehören.[364])

Eine viel weitergehende Berücksichtigung erheischt das Interesse der Hypothekengläubiger. Diese müssen sich allerdings auf den Inhalt des Grundbuchs verlassen können, wenn von einem gesunden Realcredit die Rede sein soll. Es läßt sich daher für den Fall der Zwangsversteigerung die Ausnahme rechtfertigen, daß der Ersteher nicht eingetragene Mieths- und Pachtrechte kündigen kann, und daß er dann nur bis zum Ablaufe der gesetzlichen Kündigung an das Verhältniß gebunden ist.

Diese Wirkung würde aber wegfallen bei denjenigen Arten der Zwangsversteigerung, welche gegen die Realgläubiger nicht wirken; sie würde also, wenn bei der Regelung der Zwangsversteigerung außerhalb des Falles der Zwangsvollstreckung in dieser Hinsicht dem bisherigen preußischen Recht gefolgt wird, bei der Zwangsversteigerung auf Antrag eines Miteigenthümers zum Zwecke der Auseinandersetzung nicht eintreten.[365])

Umgekehrt würde dieselbe auch bei dem freihändigen Verkaufe seitens des Concursverwalters eintreten müssen, wenn die Bestimmung der Concursordnung,[366]) daß ein solcher auf die Zulässigkeit der Kündigung von Mieths- und Pachtverträgen, sowie auf die Dauer dieser Verträge wie eine Zwangsversteigerung wirke, beibehalten werden soll.

Hinsichtlich der eingetragenen Pacht- und Miethsrechte wird man dagegen in consequenter Entwickelung des von der neuen preußischen, sächsischen und bayerischen Subhastationsgesetzgebung angenommenen Grundsatzes, daß die Zwangsversteigerung stets nur unter Wahrung der dem betreibenden Gläubiger vorgehenden Realrechte erfolgen darf, unterscheiden müssen. Geht das eingetragene Pacht- oder Miethsrecht dem Rechte des

---

[364]) Vgl. die oben S. 91 erwähnten Motive des Grundbuchgesetzes für die Rheinlande.

[365]) § 185 des preuß. Ges. vom 13. Juli 1883.

[366]) § 17 Z. 2.

betreibenden Gläubigers vor, so ist nach dem Vorbilde der portugiesischen Gesetzgebung die Uebernahme desselben nach Inhalt der Eintragung dem Ersteher zur Pflicht zu machen.

Steht dasselbe dagegen dem Rechte des betreibenden Gläubigers nach, so kann nur an der durch die Eintragung bestimmten Stelle eine Schadensersatzforderung geltend gemacht werden.

Hat die Eintragung des Mieths- und Pachtrechts im Wesentlichen nur diese Bedeutung der Berücksichtigung des Rechts bei der Zwangsversteigerung, so steht eine Ueberfüllung des Grundbuchs mit derartigen Einträgen nicht zu befürchten. Andererseits erscheint es, namentlich im Interesse der Gutspächter, ganz unerläßlich, dem Miether die Möglichkeit zu eröffnen, sich durch die Eintragung gegen die Vertreibung durch Personalgläubiger oder nach der Vermiethung eingetretene Realgläubiger zu sichern.

Keine Ausnahme von dem dargelegten Grundsatze ist es, daß im Falle einer Enteignung, wie das Eigenthumsrecht, so auch das Miethsrecht bezüglich des enteigneten Gegenstandes zum Untergange gebracht werden kann.

Auch bei einer Zusammenlegung im Interesse der Landescultur kann es nothwendig werden, daß die Pacht, sofern sie nicht auf das an die Stelle des Pachtgrundstückes eintretende Surrogat erstreckt werden kann, ganz beendigt wird.

Es handelt sich in beiden Fällen um eine Endigung des Mieths- oder Pachtrechts aus besonderen, im öffentlichen Interesse liegenden Gründen, deren nähere Darlegung an dieser Stelle nicht nothwendig ist.

Die Anwendung der dargelegten Grundsätze auch auf die Miethe beweglicher Sachen dürfte keine besonderen Schwierigkeiten machen. Miethen von Mobilien auf längere Dauer werden hauptsächlich in Bezug auf Möbel (für sich allein oder in Verbindung mit der Wohnungsmiethe), Nähmaschinen, Klaviere und Thiere häufiger vorkommen. Auch in diesen Fällen ist das Interesse des Miethers an der Aufrechterhaltung des Verhältnisses ohne Rücksicht auf Veräußerungen zu schützen. Auch bei Annahme der Grundsätze des gemeinen Rechts ist der besitzende Miether beweglicher Sachen in Folge des mehr zufälligen Umstandes geschützt, daß er den Eigenthumserwerb wirksam zu hindern vermag. Folgerichtiger ist es aber jedenfalls, sein dingliches Recht anzuerkennen, und grundsätzlich dem Eigenthum des neuen Erwerbers die Wirkung gegen den älteren Miether zu versagen.

Wenn man die Gründe prüft, welche für die Beibehaltung des „Kauf bricht Miethe“ ins Feld geführt werden, so darf man füglich davon absehen, daß, durch die Zulassung des „Kauf bricht nicht Miethe", wie die Motive zum deutschen Entwurf sagen, ein neues dingliches Recht geschaffen würde, welches in mancherlei Beziehung der besonderen Normirung bedürfte. Es ist das offenbar keine Einwendung gegen den Grundsatz selbst. Und wenn man die einfache und klare Art vor Augen hat, in welcher das holländische, das italienische und das portugiesische Gesetzbuch die Materie geregelt haben, so wird man die Schwierigkeiten der Formulirung nicht für unüberwindlich halten. Man wird vielleicht am besten thun, gleich jenen Gesetzgebungen die Grundregeln zum präcisen Ausdrucke zu bringen und die weiteren Folgerungen, sowie die juristische Construction der Wissenschaft und der Rechtspflege zu überlassen. Der einzige ernstliche Einwand, welcher im Uebrigen von den Motiven zum deutschen Entwurfe erhoben ist, und der auch ganz allein in der entstandenen Zeitungspolemik für den Grundsatz „Kauf bricht Miethe" geltend gemacht wird, ist der, daß die Anerkennung einer dinglichen Miethe mit den Principien des Grundbuchrechtes nicht vereinbar sei. Höchst merkwürdig! Der Grundsatz „Kauf bricht Miethe nicht" ist lediglich eine Consequenz der national-germanischen Gestaltung dieses Instituts. Das Grundbuch ist ebenfalls eine germanische Einrichtung, und beides soll sich nicht mit einander vertragen?

Aber zuvor wird man noch fragen müssen: Ist denn das deutsche Volk und sein Recht um des Grundbuchs willen da, so daß ein bis auf die äußerste Spitze getriebenes Grundbuchsystem das letzte Ziel der Gesetzgebung sein muß? oder ist das Grundbuch eine Einrichtung, welche den wohlverstandenen Interessen des Volkes dienen soll, und welche sich daher in ihrer näheren Regelung diesen Interessen unterzuordnen hat. Man darf nicht „das komische Verlangen stellen, das Leben müsse sich der von den Juristen beliebten Form fügen, das Recht hat sich dem Leben anzuschließen".[367])

Das Grundbuch ist seinem praktischen Zwecke nach in erster Linie dazu da, die Grundlage eines geordneten und gesicherten Realcredits zu bilden. Der Hypothekengläubiger muß dagegen gesichert sein, daß nicht andere als die voreingetragenen Pfandrechte anerkannt werden, daß auch andere, den Verkaufswerth des Grundstücks mindernde, Rechte nicht ohne Eintragung geltend gemacht werden können. Ganz rein hat sich aber selbst nach dieser Hinsicht das Grundbuchsystem nicht durchführen lassen. Nach dem bestehenden preußischen Grundbuch- und Subhastationsrecht gehen eine Reihe von Lasten: Deichlasten, Lohn des Wirthschaftsgesindes, Ab-

[367]) Arnold, zur Geschichte des Eigenthums in den deutschen Städten S. 147

gaben und Renten, Gemeine Lasten innerhalb gewisser Grenzen auch ohne Eintragung dem Hypothekengläubiger vor. Nicht minder gehen die nicht eingetragenen Grundgerechtigkeiten auf den Ersteher über.[368]) Und selbst wenn das bürgerliche Gesetzbuch nach dieser Richtung hin Einschränkungen eintreten lassen will, ganz wird man die Berücksichtigung solcher Rechte nicht zu beseitigen vermögen. Liegt doch schon in der Verpflichtung des Erstehers, die Miethsverträge bis zum nächsten Räumungstermin auszuhalten, eine Beachtung des nicht eingetragenen Miethsrechts. Indeß, möge dem sein, wie ihm wolle, eine Pflicht des Erstehers, die Miethsverträge schlechthin auszuhalten, würde den Realcredit allerdings empfindlich treffen, und deshalb muß in dieser Beziehung die Eintragung zur Bedingung gemacht werden.

Ganz anders verhält es sich aber mit der Function des Grundbuchs bei der Grundstücksveräußerung. Auch hier giebt das Grundbuch zunächst die dankenswerthe Möglichkeit, den Eigenthumserwerb zu verzeichnen. Aber es wird keiner Gesetzgebung beikommen können, deshalb jeden Eigenthumserwerb (Erbfall u. s. w.) von der Eintragung ins Grundbuch abhängig zu machen.

Das Grundbuch dient ferner auch dazu, dem neuen Erwerber Auskunft über die Beschaffenheit und die Rechtsverhältnisse des Grundstücks zu geben. Aber es würde zu einem summum ius summa iniuria führen, wenn man in dieser Hinsicht den Inhalt des Grundbuchs als schlechthin maßgebend ansehen und namentlich auf die Kenntniß des Erwerbers von der Unrichtigkeit des Grundbuchs gar keine Rücksicht nehmen wollte.[369]) Ebenso muß es eine offene Frage bleiben, inwieweit nichteingetragene Beschränkungen dem Erwerber entgegenstehen sollen. Die Rücksicht auf den lastenfreien Erwerb des Käufers ist nicht eine solche, daß ihr jedes andere Interesse nachzustehen hätte. Es wird sich um eine Abwägung der verschiedenen Interessen handeln müssen, und wenn sich dabei, wie auszuführen versucht ist, ergiebt, daß das Interesse des Miethers aus Gründen der Gerechtigkeit und des öffentlichen Wohles den Vorzug verdient, so hat man eben davon abzusehen, das formale Grundbuchprincip dem wahren Rechtsbedürfnisse entgegen auf die Spitze zu treiben.

Wenn übrigens von gegnerischer Seite ein besonderes Gewicht auf die wissenschaftliche Gestaltung der Gesetzgebung und die consequente

---

[368]) §§ 22 ff. des G. v. 13. Juli 1883, § 12 des Eigenthumserwerbsgesetzes vom 5. Mai 1872.

[369]) § 837 des deutschen Entwurfs sieht ebenfalls von der Fiction der Richtigkeit des Grundbuchs ab, wenn der Erwerber die Unrichtigkeit gekannt hat.

Durchführung der zu Grunde liegenden Principien gelegt wird, so kann dem gegenüber doch auf eine ganze Reihe von Inconsequenzen hingewiesen werden, welche der Entwurf des bürgerlichen Gesetzbuches in dieser Materie aus dem gemeinen Recht mit herübergenommen hat. Wenn man entgegen der hier vertretenen Anschauung annimmt, daß nur die rein persönliche Auffassung der Miethe der Natur der Sache und dem heutigen Rechtsbewußtsein entspreche, wie kommt man denn dazu, für die der Miethe so nahe verwandte Superficies unter dem Namen Erbbaurecht die dingliche Natur in Anspruch zu nehmen? Und wenn man es principiell für richtig hält, den Miether in allem auf das persönliche Gewähren des Vermiethers zu verweisen, warum stattet man dann sein persönliches Recht mit dem doch nur für sachenrechtliche Verhältnisse bestimmten Besitzesschutz aus? Wenn man ferner das Princip „Kauf bricht Miethe" für richtig hält, wie können sich die Motive darüber freuen, daß der Miether beweglicher Sachen in der Lage ist, den Eigenthumserwerb des Käufers zu hindern? Würde man nicht im Gegentheil auf Mittel und Wege zu sinnen haben, den Eigenthumserwerb gegen den Willen des Miethers möglich zu machen? Wenn man endlich im Allgemeinen den Grundsatz aufstellt, daß der Erwerber eines Grundstückes, soweit seine eigene Kenntniß reicht, durch den unrichtigen oder unvollständigen Inhalt des Grundbuches nicht gedeckt wird, warum läßt man dann die Miethe nicht wenigstens gegen den Erwerber wirken, welcher das Verhältniß gekannt hat? Praktisch würde dadurch für die meisten Fälle schon geholfen sein.

Es ist nach der Lage der Dinge nicht zu erwarten, daß zwei Drittel des deutschen Volkes bereit sein werden, ihr der Natur der Sache, den Anforderungen der Zweckmäßigkeit und der Aufrechterhaltung von Treue und Glauben im Verkehr, der nationalen Entwicklung und der heutigen Cultur allein entsprechendes Recht zu Gunsten römischer, höchst spitzfindiger und gekünstelter, lediglich aus der ursprünglich zerbrechlichen Natur der Miethe zu erklärender und in späterer Zeit nur in Folge des Egoismus der besitzenden Klasse beibehaltener Sätze aufzugeben.

Es wäre doch eine eigenthümliche Ironie des Schicksals, wenn, nachdem der germanische Gedanke der Selbständigkeit und Dinglichkeit der Miethe sich fast die ganze Welt erobert und das römische Recht in seiner Heimath verdrängt hat, wir in Deutschland veralteter Schulweisheit zu Liebe zum römischen Recht zurückgeführt würden.

Die Tendenz, der speculativen Unehrlichkeit vermögensloser Subjecte die freie Bewegung nicht zu erschweren, ist unserer heutigen Gesetzgebung fremd, und Keller[370]) würde seinen, gegen die moderne Gesetzgebung geschleuderten Vorwurf, daß sie „es mitunter wie darauf anlege, ökonomisch ehrlose Gesinnung zu pflanzen", gewiß heute nicht mehr aufrecht erhalten. Auch den früher gegen die deutsche Wissenschaft erhobenen Vorwurf der Rücksichtslosigkeit gegen nationales Recht[371]) wird man hoffentlich gegen die künftige deutsche Gesetzgebung nicht zu richten haben.[372])

Sollte dennoch der entgegengesetzte Grundsatz die Oberhand behalten, so würde man, wenn ein erträglicher Rechtszustand herbeigeführt werden soll, mindestens beanspruchen müssen, daß die Eintragung der Miethe zulässig bleibt, daß die dem Miether und Pächter zu gewährende Entschädigung in ihrem Mindestbetrage gesetzlich bestimmt wird, und daß dem im Besitz befindlichen Miether und Pächter ein Zurückbehaltungsrecht bis zur erfolgten Entschädigung zusteht.

---

370) Römischer Civilproceß (6. Ausgabe von Wach) § 83 A. 1037.

371) Vgl. Heusler, Gewere S. 447.

372) Möge nicht nach dreihundert Jahren der alte Schmerzensschrei wiederholt werden: „In Schweden hats keine doctores oder Rechtsgeleerte (wie man sie pflegt misbruchlich zu nennen) und sind doch mit guten Justitien versehen" (vgl. Manuscript der Wiener Hof-Bibliothek aus dem 16. Jahrhundert, veröffentlicht von Bruder in der Zeitschrift der Savigny-Stiftung für Rechtsgeschichte, germ. Abth. I S. 245).

Druck von Leonhard Simion in Berlin SW.

Nachtrag

betreffend die Frage:

Wie soll der Satz „Kauf bricht nicht Miethe" im Falle der Subhastation modificirt werden?

(Abgedruckt in den Verhandlungen des 20. deutschen Juristentages Bd. 2 S. 312—352.)

I. Vorbericht.

Mit einer seltenen Einmüthigkeit hat die öffentliche Meinung Deutschlands über die beabsichtigte Aufnahme des Satzes: „Kauf bricht Miethe" in das deutsche Privatrechtsbuch den Stab gebrochen. Juristen und Volkswirthe stimmten hier mit den weiten Kreisen der Interessenten überein.

Die Kundgebungen von juristischer Seite culminiren in dem Beschlusse des 19. Juristentages. Von den drei Gutachtern (Meibom,[1]) Eck[2]) und dem Verfasser dieses Gutachtens) war keiner schlechthin für den Entwurf eingetreten. Meibom verlangte die Zulassung der Eintragung des Miethsrechts im Grundbuche, sowie die gesetzliche Anerkennung der Pflicht des Erwerbers, entweder auf Aufforderung binnen einer bestimmten Frist zu erklären, daß er die Räumung verlange, oder die Erfüllung des Miethsvertrages dem Miether gegenüber zu übernehmen. Im Uebrigen billigte er den Entwurf, indem er den Grund der Motive adoptirte, daß sich die Dinglichkeit des Miethsrechts mit den Grundsätzen des Grundbuchrechts nicht vertrage. Auch die Erschwerung des Güterumsatzes fiel für ihn ins Gewicht. Die beiden anderen Gutachten traten dagegen mit Entschiedenheit für die Annahme des Grundsatzes „Kauf bricht Miethe nicht" ein. Außerdem hatten schon vor der Berathung durch den Juristentag Gierke und Bähr[3]) ihre gewichtigen Stimmen für dieselbe Ansicht

---

[1]) Verhandlungen des 19. deutschen Juristentages Bd. 2 S. 3—34.

[2]) Das. S. 229—248.

[3]) Kritische Vierteljahrsschrift 30 S. 394—396. Vgl. auch Bähr, zur Besitzlehre in den Jahrbüchern für Dogmatik 26 S. 338. Die Abhandlung war mir bei Abgabe meines früheren Gutachtens noch nicht zugänglich gewesen.

in die Wagschale fallen lassen. „Mit dem Satze „Kauf bricht Miethe", sagt Bähr, hat man seit Jahrhunderten dem deutschen Rechtsgefühl ins Gesicht geschlagen."

Die beiden Berichterstatter des Juristentages, Geh. Justizrath Professor Dr. Brunner und Reichsgerichtsrath Dr. Julius Petersen, verurtheilten ebenso die Grundsätze des Entwurfs, und waren auch darüber einig, daß die von Meibom vorgeschlagenen Modificationen nicht ausreichend seien. Aus der Zahl der Redner, welche sich mit einer einzigen Ausnahme im gleichen Sinne ausgesprochen haben, verdienen der Landrichter Dr. Dove und der Reichsgerichtssenatspräsident Dr. Drechsler deshalb hervorgehoben zu werden, weil sie, obwohl sie in der gemeinrechtlichen Praxis besonders verderbliche Wirkungen des Grundsatzes „Kauf bricht Miethe" nicht kennen gelernt hatten, dennoch zugaben, daß der gegentheilige Satz der bessere sei, und ihn auch deshalb zur Aufnahme in das künftige deutsche Recht empfahlen, weil zwei Drittheile der Volksgenossen an demselben hingen.

Der einzige Vertheidiger des Entwurfs bezw. der Anträge Meibom's, der Rechtsanwalt Dr. Alexander-Katz, führte aus, daß der Grundsatz „Kauf bricht Miethe nicht" die Güterbewegung hindere. Personen, welche Grundstücke zu Umbauzwecken erwerben wollten, würden von den Miethern in der unerhörtesten Weise geprellt. In Folge dieses Grundsatzes sei in Berlin vor zwei Jahren eine Güterbewegung von mindestens 50 bis 60 Millionen Mark verhindert worden.

Diese Ausführung, welche lebhaft an die Fabel von dem Wolfe und dem Lamme erinnerte und die Förderung einer ungesunden Güterbewegung als gesetzgeberisches Ziel hinstellte, mußte der Regelung des Entwurfs auch die letzten Sympathien entziehen. Sie hat den Grundsatz „Kauf bricht Miethe" mehr discreditirt, als es seine ärgsten Gegner vermocht hätten. „Nichts fast hat schlagender die Schwäche des Entwurfs dargethan" konnte in einem Bericht über den Juristentag gesagt werden.[4]) Und so führten denn die Verhandlungen dazu, daß der zunächst von der ersten Abtheilung „wohl einstimmig" angenommene Antrag der beiden Berichterstatter:

„Es empfiehlt sich, in das bürgerliche Gesetzbuch für den Fall, der freiwilligen Uebereignung einer Sache, die dem Miether

---

[4]) Kempner, der 19. deutsche Juristentag, in der juristischen Wochenschrift 1888 S. 375.

oder Pächter bereits vorher überlassen war, den Grundsatz: „Kauf bricht nicht Miethe" aufzunehmen."

demnächst von der Plenarversammlung einstimmig adoptirt ist.

Wohl nicht mit Unrecht nennt Klöppel[5]) dieses Ergebniß einen „Beschluß, dessen Beachtung sich die weitere Bearbeitung des Entwurfs nicht wird entziehen können".

Es wird auch nur zu billigen sein, daß sich der Beschluß des Juristentages nicht mit den Einzelheiten der rechtlichen Gestaltung des Grundsatzes befaßt hat und auf die zu Tage getretenen Meinungsverschiedenheiten hinsichtlich der juristischen Construction nicht eingegangen ist.

In letzterer Hinsicht möge hier die Bemerkung gestattet sein, daß zwischen der Auffassung der Miethe als Realobligation, wie sie Brunner[6]) darlegte, und der in meinem Gutachten empfohlenen Dinglichkeit nur scheinbar ein Unterschied besteht. Auch ich will kein einfaches dingliches Recht im Sinne der römischen iura in re aliena, sondern ein mit den Wirkungen der Absolutheit oder Dinglichkeit ausgestattetes Recht, welches nicht bloß ein Dulden, sondern zugleich ein positives Thun des Eigenthümers zum Gegenstande hat. Nicht ganz so weit geht die Ansicht von Eck, welcher, obwohl er ebenfalls dem Miether den vollen Schutz gegen den neuen Erwerber zuspricht, eine Dinglichkeit des Miethsrechts verwirft.[7])

Im Sinne des Juristentages hat sich demnächst auch P. Reichensperger[8]) ausgesprochen. Er will nicht, „daß das sociale und wirthschaftliche Interesse der großen Mehrheit der Nation zum Vortheil eines kleinen Bruchtheils wortbrüchiger Speculanten preisgegeben, und die natürliche Rechtsordnung wie alte deutsche Treue der gesetzlichen Unterlage beraubt werde".

Dagegen hat Hartmann[9]) neuerdings die „innere Gerechtigkeit" des „Kauf bricht Miethe" für die Wohnungsmiethe vertheidigt. Er beruft sich auf die schweizerische Bundes- und Cantonalgesetzgebung und vermeint, daß dem Eigenthümer als dem Träger der Gefahr auch die Veräußerungsfreiheit gebühre, welche durch die Anerkennung eines dinglichen

---

[5]) Der Entwurf des Bürgerlichen Gesetzbuches vor dem Juristentage in Gruchot's Beiträgen 32 S. 852—870.

[6]) a. a. O. Bd. 3 S. 44.

[7]) a. a. O. Bd. 2 S. 247.

[8]) Historisch-politische Blätter Bd. 102 S. 400—408.

[9]) Der Civilgesetzentwurf, das Aequitätsprincip und die Richterstellung, im Archiv für civilistische Praxis Bd. 73 S. 389 ff.

Rechts des Miethers bedeutend beeinträchtigt werde. Miether von Anstandsgefühl müßten sich mit der „vollsten" Leistung des Interesses nach „freiester" richterlicher Ueberzeugung begnügen. Einen ausreichenden Schutz gegen die Häuserspeculation gebe die Dinglichkeit der Miethe nicht.[10]) Gleichwohl will Hartmann das „Kauf bricht Miethe" ohne allzu tiefes Bedauern opfern.

Erfreulich ist dabei, daß auch Hartmann betont, daß Gründe der bloß formalen juristischen Construction und der bloßen größeren Einfachheit der römischen Regelungsweise hier nicht entscheiden dürften.

Auch Windscheid hat in seinem am 2. November 1888 in der Leipziger gemeinnützigen Gesellschaft gehaltenen Vortrage[11]) die Commission gegen den Vorwurf zu vertheidigen sich genöthigt gesehen, als ob sie sich nicht von dem römischen Dogma habe losmachen können. Constructionsschwierigkeiten hätten der Commission keine Schmerzen gemacht. Der ausschlaggebende Grund sei die Rücksicht auf den öffentlichen Glauben des Grundbuchs gewesen. Dabei gesteht aber Windscheid zu, daß man darüber streiten könne, ob dieser Grund stark genug sei, um die Interessen des Miethers zu überwinden.

Jedenfalls wagt es niemand mehr zu vertheidigen, daß man bei Gesetzgebungsfragen die juristische Construction in den Vordergrund stellt, und das ist für die weitere Gesetzgebungsarbeit im Allgemeinen ein ganz unschätzbarer Gewinn.

Der sächsische Rechtsanwalt Opitz[12]) will den Grundsatz „Kauf bricht Miethe" nicht auf diejenigen Fälle angewandt wissen, bei denen der Erwerber von dem Bestehen des Pachts Kenntniß gehabt hat oder haben mußte. Er meint, daß es sich grundsätzlich um ein Zusammentreffen von Rechten handele, bei dem die Rücksicht auf Treue und Glauben im Rechtsverkehr beachtet werden müsse. Ein Verkauf eines verpachteten Grundstücks in der Absicht, den Pächter zu schädigen, sei für beide Contrahenten eine „Schurkerei".

Im Zusammenhang damit möge ein brieflich seitens eines Anwalts aus

---

[10]) Aehnlich Krech, die Rechte an Grundstücken, Heft 14 von Bekker und Fischer, Beiträge zur Erläuterung und Beurtheilung des Entwurfes eines bürgerlichen Gesetzbuches S. 5 u. 6. Er will, um das Princip: „Kein dingliches Recht ohne Eintragung" undurchbrochen zu lassen, die Dinglichkeit des Pacht- und Miethrechts an die Eintragung knüpfen.

[11]) Leipziger Tageblatt vom 4. December 1888 Nr. 309 6. Beilage.

[12]) Gutachten über den Entwurf eines Bürgerlichen Gesetzbuchs für das Deutsche Reich, erstattet für den Landesculturrath des Königreichs Sachsen, S. 56 ff., 64.

dem russischen Ostseeprovinzen gemachter Vorschlag erwähnt werden, welcher für den Fall der Annahme des Grundsatzes „Kauf bricht nicht Miethe" dem Erwerber dadurch schützen will, daß der Miether verpflichtet sei, dem entgeltlichen Erwerber auf dessen Aufforderung Auskunft über das Miethsverhältniß zu geben, widrigenfalls der Erwerber dasselbe für erloschen erklären könne.

Auch Bernhöft[13]) hat sich in seiner jüngst erschienenen Kritik des bürgerlichen Gesetzbuchs für den Grundsatz „Kauf bricht nicht Miethe" ausgesprochen, indem er dabei den auch in meinem Gutachten[14]) bereits betonten Umstand hervorhebt, daß der römische Miether genau besehen besser stand, als der gemeinrechtliche.

Eine ganz besonders werthvolle Unterstützung hat die Opposition gegen das „Kauf bricht Miethe" durch das kürzlich erschienene Werk R. von Iherings: „Der Besitzwille. Zugleich eine Kritik der herrschenden juristischen Methode" erfahren, indem Ihering sich nicht nur der Bekämpfung des Satzes anschließt, sondern auch wichtiges Material bezüglich der Erkenntniß und Würdigung des römischen Rechts in Bezug auf diesen Punkt beibringt.

1. Ihering sucht zunächst in einer höchst ansprechenden und, wenn auch nicht in dem allgemeinen Grundgedanken, so doch in der speziellen Ausführung, neuen Weise die schutzlose Stellung des römischen Miethers und Pächters im älteren römischen Recht zu erklären. Er geht aus von der in den Quellen wiederholt hervortretenden Gleichstellung von Miether und Sclaven (vgl. oben S. 6) und nimmt an, daß die Innhabung von Grundstücken und Mobilien des Gewalthabers durch den Hausunterthänigen der älteste Fall der Detention gewesen sei, bei welchem der Detentor sich in einem Mitbesitz von höchster Abhängigkeit und Schutzlosigkeit befand, während dem Hausherrn die volle Rechtsstellung des juristischen Besitzers verblieb. Dieses in possessione esse sei — worauf auch das licet is nostro juri subjectus non sit bei Gajus 4, 153

[13]) Kauf-, Mieth- und verwandte Verträge, Heft 13 von Bekker und Fischer, Beiträge S. 72. Gegen den Satz „Kauf bricht Miethe" erklären sich auch Bekker, System und Sprache, Heft 2 dieser Beiträge S. 85, und Zitelmann, die Rechtsgeschäfte, Heft 7 und 8 der Beiträge S. 73, ebenso Rubo in dem 30. Jahresbericht der Juristischen Gesellschaft in Berlin S. 33—35, sowie E. Fuchs, daselbst S. 50, 51, ferner besonders eingehend und nachdrücklich Jacobi, Immobiliar-Miethe und Pacht im Archiv für bürgerliches Recht 2 S. 30 ff., und, wenn auch mit Einschränkungen, Burckhardt, Zur Geschichte der locatio conductio S. 57, 58. Die von dem Letzteren gegen Gierke gemachte Bemerkung ist aber in keiner Weise zu rechtfertigen.

[14]) S. 16, 76.

hinweise, — von dem Falle der Hausunterthänigkeit auf die sich allmählich entwickelnde Miethe und Pacht übertragen, da es sich auch hier zunächst um ein Verhältniß zu untergeordneten, abhängigen Personen gehandelt habe, deren Stellung von derjenigen der heutigen Pächter und Miether ganz grundverschieden gewesen sei. Der inquilinus sei zunächst der persönlich abhängige Mitbewohner des Hauses gewesen, dem ein Nebenraum eingeräumt sei, der colonus ein Partialpächter, der zur Familie bezw. zum Gesinde [15]) gerechnet wurde. Sie seien ganz in den freien Willen, die Laune und Willkür des Eigenthümers gestellt gewesen, der sie nicht anders angesehen habe, als seine Kinder und Sclaven, und sie jederzeit habe an die Luft setzen können. [16]) Er habe ohne Rücksicht auf dieselben jederzeit verkaufen dürfen. Er sei dagegen gesichert gewesen, daß der Pächter den Besitz auf Andere übertrug, da der Pächter keinen Besitz hatte. Die Detention habe also dazu gedient, dem Verhältniß diejenige Gestalt zu geben, welche den kleinen Mann rechtlos machte und in die Hand des Reichen brachte. Die Tendenz, die Interessen der reicheren Klassen zu fördern, treffe schon für die ältere Zeit zu, sogar in weit höherem Maße, als für die spätere. Ein Correctiv habe nur in der patriarchalischen Sitte und in der Scheu vor der Gefährdung der eigenen socialen Stellung gelegen, so daß thatsächlich gewiß nur schlechte Pächter vertrieben seien. [17])

---

[15]) Man könnte an den heutigen Heuerling und Kathenmann denken.

[16]) Wem solche Verhältnisse unglaublich vorkommen, der wolle sich daran erinnern, daß noch heute die tenants at will in England und vor Allem in Irland (vergl. S. 424 meines früheren Gutachtens und Roscher a. a. O. §§ 64, 67) nicht viel anders stehen, da auch sie willkürlich ausgetrieben werden können. — Auch folgender naive Contract, der im Anfange dieses Jahrhunderts geschlossen und aus den Acten eines westfälischen Anwalts abschriftlich entnommen ist, dürfte ein ähnliches Verhältniß zur Voraussetzung haben: „Contract mit dem alten Werner. Als ich Wilhelm Buckes und sein Sohn Joseph Buckes, und der alte Werner will in meinem Hause bleiben, er muß raus, wenn der Canton-Beamte Sprenger hier bleibt, muß er raus; wenn er fortzieht nach Herford, so kann er rinn kommen der Werner für die Miethe, sonst muß er raus. Der Canton-Beamte hat gemiethet auf ein Jahr. Wenn er bezahlt, muß Werner raus, und er soll rinn bleiben, wenn der Sprenger rausbleibt. Wenn der Canton-Beamte einem anderen Canton-Beamten vermiethet, so muß er raus der Werner, und Sprenger soll rinn. Und die Miethe muß der Werner bezahlen, sonst muß er raus. Contract mit dem alten Werner, der muß rausziehen. Joseph Buckes." Der alte Werner sollte offenbar keine bessere Stellung bekommen, als der römische inquilinus.

[17]) Vgl. S. 101 ff., 267, 367, 432. So soll es sich auch in England verhalten.

In Gegensatz dazu bringt Ihering dann die mit Dinglichkeit und vollkommenem Rechtsschutz versehene Stellung des Pächters des ager vectigalis, des Emphyteuta und des Superficiars. Er zeigt, daß nicht das juristische Wesen, sondern der wirthschaftliche Zweck dieser Institute hier die veränderte rechtliche Stellung im Gefolge gehabt habe.[18])

2. In dem bekannten Streit über die Stellung des Miethers und Pächters gegenüber der rei vindicatio und dem interdictum uti possidetis des Eigenthümers (s. oben S. 7 f.) schließt sich Ihering der herrschenden Meinung nur für die ältere Zeit an, indem er den Grund für die Versagung der exceptio conducti zugleich in der zersetzenden Methode des alten Processes findet. Dagegen nimmt er im Gegensatz zur herrschenden Meinung an, daß schon Marcellus in dem Bestande der Pacht eine iusta ac probabilis causa non reddendi gefunden habe. Den Widerspruch mit Papinian glaubt er durch die Annahme heben zu können, daß Papinian an ein bereits beendetes Pachtverhältniß gedacht habe.[19])

3. Ihering hat den m. E. völlig überzeugenden Nachweis geliefert, daß der von Paulus in fr. 37 D. de pign. act. 13, 7 für den Mangel des juristischen Besitzes bei dem Miether und Pächter angegebene Grund, quia conducenti non sit animus possessionem apiscendi, lediglich eine für das positive römische Recht unzutreffende Construction ist. Wenn nach römischem Recht einerseits selbst der übereinstimmende Wille von Eigenthümer und Miether den letzteren nicht zum juristischen Besitzer machen könne (fr. 10 D. de adq. vel. am. poss. 41, 2, s. oben S. 4), wenn andererseits ein Eigenthümer, welcher sich irrthümlich für den Pächter hält, den juristischen Besitz nicht verliert (fr. 21 D. de usurp. 41, 3), so ist evident, daß es sich nur um einen fingirten Willen handeln kann, den der Pächter haben muß, er mag wollen oder nicht, daß also in Wirklichkeit nicht der subjective animus domini, sondern die objective causa possessionis das Ausschlaggebende ist. Von diesem Standpunkte fällt dann auch auf die Regel nemo causam possessionis sibi ipse mutare potest neues Licht.[20])

---

18) Vgl. S. 370 ff., 386, 434.

19) Vgl. S. 435—448. In den Kreis der Erörterungen werden auch c. 3, 32, 33 Cod. de loc. 4, 65 gezogen. Ein ganz sicheres Ergebniß läßt sich m. E. nach Lage der Quellen nicht gewinnen. Eine allmähliche Stärkung der Stellung des Miethers scheint aber höchst wahrscheinlich.

20) Vgl. S. 52, 287, 289, 332, 350, 352, 355, 357, 501. In Betracht kommen dabei noch fr. 28; 37 D. de acq. vel am. poss. 41, 2 und fr. 60 § 1 D. loc. 19, 2.

4. Ihering hat im Weiteren die schon in seinen früheren Schriften angenommene (S. 341 meines ersten Gutachtens) Ansicht über den inneren Unwerth der Anschauung, daß der Pächter nicht den Willen habe, die Sache für sich, sondern für den Vorgänger zu haben, näher ausgeführt. Die Annahme widerspreche dem thatsächlichen Verhältnisse schnurstracks. Jedermann mit gesunden Sinnen wisse, daß der Pächter das Gegentheil wolle, nur der wissenschaftliche Hypnotismus könne das verkennen. Der gemeine Mann würde, wenn ein Jurist ihm den Besitzwillen abspräche, glauben, daß derselbe seinen Spott mit ihm treiben wolle oder nicht ganz bei Sinnen sei. Er wolle sich für geschlagen erklären, wenn unter Millionen Pächtern nur einer sagen würde, daß er die thatsächliche Gewalt für den Besitzer und nicht für sich haben wolle.

Vom Standpunkte der Willenstheorie würde man im Pächter den juristischen Besitzer, im Precaristen den Detentor vermuthen müssen. Hätte nicht das positive römische Recht den Pächter auf die Detention beschränkt, so würde jeder Jurist die Behauptung, daß der Pächter das Grundstück nicht für sich haben wolle, als eine unsinnige zurückgewiesen haben, die gar keiner Widerlegung werth sei.

Es gehöre die durch die vermeintliche Zwangslage der römischen Besitztheorie herbeigeführte und dem Juristen zur zweiten Natur gewordene Entwöhnung von gesundem Denken dazu, um zu verkennen, daß der gemeine Mann im Recht, der Jurist im Unrecht sei. Der Grund komme auf Rechnung einer ungesunden Begriffsjurisprudenz, die vor den unsinnigsten Behauptungen nicht zurückschrecke, wenn es gelte, ein Verhältniß unter die ihrer Ansicht nach durch technische Gründe gebotene juristische Schablone zu bringen.[21])

5. Ihering sagt dann bezüglich der römischen Detention im Allgemeinen:[22]) „Der römische Detentionsbegriff in seiner ursprünglichen Gestalt hat die geschichtliche Probe nicht bestanden, er zählt nicht zu den gesunden, lebensfähigen, kernigen Gedanken des römischen Rechts, die ihre Gesundheit und Lebenskraft darin bewähren, daß sie zunehmen, wachsen, gedeihen, nicht zu den unvergänglichen, denen die Kritik der Nachwelt nichts anzuhaben vermocht hat, sondern zu den mißlungensten Gedanken, welche die Geschichte des römischen Rechts zu verzeichnen hat,

---

[21]) Vgl. S. 74, 163 ff., 271, 309 ff., 501 ff. Vgl. dazu Fischer, Recht und Rechtsschutz, Heft 6 von Bekker und Fischer, Beiträge, S. 68 ff.

[22]) S. 464.

– ein Spiegelbild der unvollkommenen wirthschaftlichen Zustände und der rohen Gesinnungsweise der alten Zeit, und darum von vornherein dem Loose geweiht, das er verdiente, d. i. nicht fortzuschreiten, zu wachsen, zu gedeihen mit der Entwickelung des wirthschaftlichen Lebens und des Rechtsgefühls, sondern sich mehr und mehr vor ihr zurückzuziehen und ihr schließlich gänzlich zu erliegen."

Deshalb ist Jhering[23]) auch der Ansicht, daß die Aufnahme der römischen Besitztheorie nur möglich war um den Preis einer schweren Schädigung des einheimischen Rechts und einer Mißachtung des nationalen Rechtsgefühls. „Wir Deutsche vor allen haben die römische Besitztheorie theuer bezahlen müssen. Nach deutschrechtlicher Auffassung hatte der Pächter die Gewere, er war also vollständig gesichert, der Eigenthümer konnte ihn nicht vertreiben, Kauf brach nicht Pacht. Dieser gesunde Gedanke der Gewere des Pächters machte der römischen Detention Platz, die Juristen machten die Entdeckung, daß es dem Pächter an dem richtigen Besitzwillen fehle, und daß er darum nur Detentor, nicht Besitzer kein könne. Damit war sein Loos besiegelt, es ward das des römischen Pächters zur Zeit der uneingeschränkten Geltung der römischen Besitztheorie, den der Grundherr beliebig vertreiben durfte, und den man dem uti possidetis desselben gegenüber mit seinen Ansprüchen auf die Contractsklage verwies." „So wurden denn mit dem römischen Recht die neueren Völker mit dem Schlechtesten, das es vielleicht je hervorgebracht hat: dem Detentionsbegriff in Anwendung auf das selbstnützige Besitzverhältniß, beschenkt. Sie mußten sich von den Juristen sagen lassen, daß Jeder, der die Sache nicht als oder wie ein Eigenthümer inne habe, und dem das römische Recht nicht ausnahmsweise dennoch den Besitzesschutz zuerkannt habe, auf letzteren keinen Anspruch habe, daß der Detentor in Bezug auf sein Besitzverhältniß ein vogelfreier Mann sei."

6. Bei diesen Anschauungen versteht es sich ganz von selbst, daß Jhering[24]) sich „dem nahezu einstimmigen Widerspruch, der sich gegen die Aufnahme des Satzes „Kauf bricht Miethe" in dem Entwurf unseres bürgerlichen Gesetzbuchs erhoben hat, mit ganzem Herzen anschließt". An die Darstellung der Verbesserungen, welche die Stellung des Miethers und Pächters bereits im neueren römischen Recht erfahren hat, anknüpfend, bemerkt er: „Es blieb der romanistischen Theorie vorbehalten,

---

[23]) S. 457 f.

[24]) S. 450.

in befangener Hingabe an die altrömische Besitzidee ihren Blick gegen den gesunden Fortschritt, den das spätere Recht gemacht hat, zu verschließen und uns in jenem Satz einen Rest der römischen Urzeit heraufzubeschwören, der dem damaligen rohen Rechtsgefühl entsprechen mochte oder richtiger dem Recht nur durch das sociale Uebergewicht der besitzenden Klassen über die ärmeren aufgezwungen worden, der aber bereits im späteren Rom dem geläuterten Rechtsgefühl erlegen ist und mit unserem heutigen Rechtsgefühl meines Erachtens in ebenso grellem Widerspruche steht wie mit unseren wirthschaftlichen Verhältnissen. Kämen die Byzantiner heute zurück, sie würden sich wundern, was aus ihrem ius pulchrum geworden ist, während ein Römer aus der Urzeit freilich seine Freude daran haben würde." — „Wer die Gestalt des Pacht- und Miethverhältnisses im alten Rom mit der heutigen vergleicht, sich die sociale Lage der im alten Rom auf dasselbe angewiesenen Bevölkerungsklasse und das verschwindend geringe wirthschaftliche Interesse, das sich dort an eine vorzeitige Lösung desselben knüpfte, auf der einen Seite vergegenwärtigt und auf der anderen die eminente, sowohl sociale wie wirthschaftliche Bedeutung beider Verhältnisse im heutigen Leben (Wohnungsmiethe in großen Städten als Ersatz des eigenen Hauses auch für die höchsten Bevölkerungsklassen — Pachtungen mit einem Pachtzins von 75 000 Mk. und darüber und einem Betriebscapital von 150- bis 200 000 Mk. — Geschäftslocale, deren Ausnutzung während bedungener Miethzeit wegen des erlangten Rufs und der Kundschaft einen enormen Capitalwerth repräsentirt) — kurz, wer sich dies vergegenwärtigt, wird ebenso wenig darüber im Zweifel sein, daß und warum es den Römern möglich war, mit dem Satz: „Kauf bricht Miethe" auszukommen, als darüber, daß und warum es uns nicht möglich ist."

Insbesondere hält er auch[25]) den vom Standpunkte der romanistischen Theorie aus höchst anstößigen Satz, daß der Käufer activ und passiv in das Obligationsverhältniß des Verkäufers zum Verpächter succedire, vom praktischen Standpunkte aus für die allein richtige Gestaltung des Verhältnisses.

Eine unerwartete Unterstützung ist dem Grundsatze „Kauf bricht Miethe nicht" endlich durch eine Ausführung der Motive zum Entwurf eines Einführungsgesetzes zum Bürgerlichen Gesetzbuche für das Deutsche Reich erwachsen, welche namentlich bei der Frage nach den Modificationen im Falle der Subhastation zu berücksichtigen sein wird. Die Motive

---

[25]) S. 463.

sagen zu Art. 109 (S. 268): „Die bestehenden Miethrechte und Pachtrechte mit dinglicher Wirksamkeit haben, obwohl nicht durch Eintragung öffentlich kundbar gemacht, im bisherigen Rechtszustande zu keiner wesentlichen Gefährdung des Realcredites geführt.“

Die deutschen Volkswirthe haben sich, soviel mir bekannt geworden ist, ohne Ausnahme für den Beschluß des Juristentages ausgesprochen. Einige Nationalökonomen sagten mir, daß ihre Stellung sich ganz von selbst verstehe.

Von den Kundgebungen aus den Kreisen der Interessenten möchte ich zunächst eine briefliche Ausführung eines Großgrundbesitzers und parlamentarischen Führers hervorheben, daß auch die Gutsverpächter ein dringendes Interesse an der Erhaltung des Grundsatzes „Kauf bricht die Pacht nicht“ hätten. Um gute Pächter zu erhalten und das Gut vor Raubbau zu schützen, müsse man dem Pächter eine gegen willkürliche Beunruhigungen gesicherte Stellung geben.[26])

Der Deutsche Landwirthschaftsrath hat sich dementsprechend auch am 19. März 1889 dahin ausgesprochen, daß im bürgerlichen Gesetzbuche des Deutschen Reiches an Stelle des im § 509 des Entwurfes enthaltenen Grundsatzes „Kauf bricht Miethe (Pacht)“ der Grundsatz angenommen werde, daß im Falle der rechtsgeschäftlichen Uebertragung des Eigenthums eines verpachteten Grundstücks an einen Dritten dieser verpflichtet sei, den Pachtvertrag bis zum Ablauf der vertragsmäßigen Pachtzeit zu halten.

Bei den — übrigens sämmtlich gemeinrechtlichen Gebieten angehörigen — Gegnern der Resolution, welche an dieser Stelle zahlreicher, als man hätte erwarten sollen, auftraten, spielte wiederum das Argument eine Rolle, daß der Grundsatz „Kauf bricht Miethe“ zu schwarz gemalt werde, daß er praktisch nicht so schlimm sei. Nun handelt es sich aber doch nicht um die Frage, ob jener Grundsatz allenfalls erträglich ist, sondern darum, ob dieser Satz oder, bei völliger Wahrung der Vertragsfreiheit, die entgegengesetzte Regelung als normal zu empfehlen ist. Daß ehrliche Leute auch unter Gesetzen, welche die speculative Unehrlichkeit begünstigen, ehrlich gehandelt haben und ehrlich

---

[26]) Vgl. auch die Landwirthschaftliche Vereinsschrift des Baltischen Centralvereins, 1888 S. 382, sowie die Ausführungen Bd. 2 S. 238, Bd. 3 S. 65, 66 der Verhandlungen des 19. Juristentages, ferner Blomeyer, Pachtrecht und Pachtverträge, S. 123, 244 ff., 255 ff., dessen Stimme gegen den Grundsatz „Kauf bricht Miethe“ um so mehr Beachtung verdient, als der Verfasser unter der Herrschaft dieses Grundsatzes lebt und seine Erfahrungen gesammelt hat.

handeln werden, daß das Leben, wie ohne Hülfe der Jurisprudenz, so auch ohne Hülfe der Gesetzgebung „sich einigermaßen durchzuschlagen weiß“,[27]) kann die Vorzüglichkeit solcher Gesetze nicht darthun.

Auch der zu Erfurt am 20. und 21. August 1888 tagende 10. Verbandstag des Centralverbandes der Haus- und städtischen Grundbesitzer-Vereine Deutschlands hat in einer einstimmig gefaßten Resolution erklärt, „daß er kein Interesse daran habe, daß der von dem Entwurf eines bürgerlichen Gesetzbuches für das Deutsche Reich angenommene Grundsatz „Kauf bricht Miethe“ wirklich zum Gesetz erhoben werde.[28]) Sämmtliche 15 Redner, welche bei der Berathung auftraten, sprachen sich gegen den Grundsatz „Kauf bricht Miethe“ aus. Der Berichterstatter führte aus, das Grundeigenthum sei kein Speculationsobject, es diene zur reellen dauernden Anlage von Capitalien. Dauernde Miethsverträge würden durch jenen Grundsatz illusorisch gemacht, Schwankungen würden eintreten, das Vertrauen sei gefährdet. Schadensprocesse würden massenhaft erfolgen. Ein anderer Redner führte aus, er halte es für einen großen Irrthum, wenn man annehme, daß der genannte Grundsatz im Interesse des Haus- und Grundbesitzers liege. Er glaube vielmehr, daß derselbe eine erhebliche Schädigung und Behinderung des freien Geschäftsverkehrs herbeiführen könne. Von zwei Seiten forderte man die angenommene Resolution deshalb, um der Agitation, die man im Gegenlager gegen die Hausbesitzer richte, die Spitze abzubrechen, und damit der Verband nicht beschuldigt werde, als sei er für den Grundsatz „Kauf bricht Miethe“.

Dieses Ergebniß macht in der That dem Verbande der Hausbesitzer alle Ehre. Er hat dadurch gezeigt, daß er mit der wilden Häuserspeculation, welche allein an dem angefochtenen Grundsatz ein Interesse hat, nichts zu thun haben will.

Diese Kundgebung, welche der letzte noch in Betracht kommende Kreis achtbarer Interessenten gegen den Grundsatz gerichtet hat, zeigt zugleich, daß derselbe nur dadurch in den Entwurf hat gelangen können, daß die Commission sich während ihrer 13jährigen Thätigkeit von jeder Berührung mit dem praktischen Leben ferngehalten, und — trotz Windscheid's entgegengesetzter Versicherung — rein theoretische Erwägungen, Constructionsfragen in den Vordergrund gestellt hat.

---

[27]) Vgl. Bähr, zur Besitzlehre, S. 340.

[28]) Deutsche Städtezeitung, Jahrgang 3, Nr. 1 v. 29. Dezember 1888.

Die Sache steht also gegenwärtig so, daß die Beibehaltung der Regelung des Entwurfs praktisch nur noch von Solchen empfohlen werden kann, welche das Scheitern des Gesetzgebungswerkes wünschen.

Im Anschluß an diese Darlegung über den gegenwärtigen Stand der Hauptfrage möge es mir gestattet sein, einige Berichtigungen und, namentlich durch die inzwischen erwachsene Literatur veranlaßte, Zusätze zu geben.

S. 1 Z. 2 v. u. ist zuzusetzen: Eisenhart, Grundsätze der deutschen Rechte in Sprichwörtern, 3. Ausgabe S. 290 ff.

S. 3 Z. 4 v. u. ist zuzusetzen: So auch Jhering, Besitzwille S. 347.

S. 5 Z. 10 v. u. ist zuzusetzen: Bähr, zur Besitzlehre S. 272, Jhering, Besitzwille S. 49, 435.

S. 6 Z. 14 v. u. (in der Mitte) ist zuzusetzen: Ebenso Marquardt, Ueber das Verhältniß des Conductor zum Locator bei Veräußerung der Sache nach römischem Recht S. 4.

S. 6 Z. 2 v. u. ist zuzusetzen: Vorübergehend hat die l. 4 Cod. Theod. unde vi 4, 22 eine Vertretung des abwesenden Besitzers durch den Pächter in der Weise eingeführt, daß in Fällen der Besitzentziehung der Richter auch auf Anzeige des Pächters einschritt. Vgl. Jhering, Besitzwille S. 451 ff.

S. 7 Z. 1 v. u. ist zuzusetzen: Wie Wendt auch Marquardt a. a. O. S. 26 ff. Vgl. auch Bähr, zur Besitzlehre S. 338.

S. 8 Z. 7 v. u. ist statt „Miethrecht" „Miethsrecht" zu lesen.

S. 9 Z. 8 v. u. ist zuzusetzen: Neue Interpretationsversuche der genannten Stellen, des fr. 3 § 3 D. possidetis 43, 17 und des fr. 12 D. de prec. 43, 26 bei Marquardt a. a. O. S. 10 ff.

S. 9 Z. 5 v. u. ist zuzusetzen: Vgl. auch das in c. 34 Cod. eod. tit., freilich für beide Theile, statuirte Rücktrittsrecht innerhalb des ersten Jahres.

S. 9 Z. 4 v. u. ist zuzusetzen: Vgl. auch fr. 27 pr. eod. tit.

S. 10 Z. 7 v. u. ist zuzusetzen: Vgl. auch J. C. Ludewig, de emtore non stante locationi antecessoris, Göttingen 1762 S. 24 f.

S. 12 Z. 11 v. o. ist statt „dafür" „für das Gegentheil" zu lesen.

S. 12 Z. 21 v. u. ist der Punkt hinter prohibetur zu streichen.

S. 14 Z. 8 v. u. ist zuzusetzen: Vgl. auch Marquardt a. a. O. S. 19 ff, Seuffert, Archiv 39, 8.

S. 14 Z. 1 v. u. ist zuzusetzen: Marquardt a. a. O. S. 23 ff.; Bähr, zur Besitzlehre S. 337, 338.

S. 16 Z. 15 v. u. ist statt „plusiones“ „pensiones“ zu lesen.

S. 17 Z. 2 v. o. ist zuzusetzen: Freilich konnte auch der nichtbesitzende Eigenthümer in classischer Zeit mit der rei vindicatio schließlich auch nur die litis aestimatio durchsetzen; s. o. S. 314 Anm. 10. Vgl. auch Bernhöft a. a. O. S. 73.

S. 18 Z. 12 v. u. ist zuzusetzen: Wächter, des Superficiar- oder Platzrecht.

S. 19 Z. 17 v. u. ist statt „die“ „nach“ zu lesen.

S. 24 Z. 14 v. u. ist zuzusetzen: Vgl. ferner J. C. Ludewig a. a. O. S. 6.

S. 25 Z. 9 v. o. ist hinter „von“ „den“ einzuschalten.

S. 30 Z. 1 v. o. ist zuzusetzen: Aehnliche Anschauungen auch bei Bähr, zur Besitzlehre, insbes. S. 268, 294.

S. 30 Z. 17 v. o. zu Anfang fehlen Anführungszeichen.

S. 37 Z. 7 v. u. ist zuzusetzen: Vgl. auch Marquardt S. 28 ff.

S. 38 Z. 4 v. u. ist „Erforderniß“ zu lesen.

S. 38 Z. 1 v. u. ist zuzusetzen: Vgl. jetzt auch C. Burckhardt, Zur Geschichte der Locatio-conductio.

S. 39 Z. 17 v. o. ist zuzusetzen: Vgl. auch Brunner in den Verhandlungen des 19. Juristentages Bd. 3 S. 39.

S. 40 Z. 23 v. u. ist statt „Es“ „Er“ zu lesen.

S. 41 Z. 15 u. 16 v. o. ist statt „unentgeltlichen“ „entgeltlichen“ zu lesen.

S. 43 Z. 18 v. o. ist zuzusetzen: Der insularius könnte also etwa mit dem russischen Dwornik verglichen werden.

S. 43 Z. 1 v. u. ist zuzusetzen: Vgl. Eck in den Verhandlungen des 19. Juristentages, S. 236, 237.

S. 47 Z. 15 v. u. ist statt „Richtsteigs Landrecht“ zu lesen „Richtsteig Landrechts“.

S. 52 hinter Z. 11 v. o. ist einzuschalten:

1a. Greifswalder Rathsbeschluß von 1322 (die Stadt war damals noch nicht 100 Jahre alt): Preterea statuimus, quod si aliquis nostrorum civium hereditatem conduxerit, seu convenerit ab altero ad aliquod tempus deputatum, et si ille qui locaverit hereditatem posthec vendiderit eandem, talis vendicio hujus modi locationem infringere non debebit, nec obstante ipsa vendicione ille qui conduxit et convenit ipsam hereditatem, debet apud eam manere, et eam inhabitare quamdiu ipsam convenit seu conduxit. (Vgl. Kosegarten, Pommersche und Rügische Geschichtsdenkmäler 1 S. 142.)

In späterer Zeit ist in Greifswald der entgegengesetzte Grundsatz zur Anerkennung gelangt.

S. 58 Z. 5 v. u. ist nachzutragen: Die Handschrift befindet sich, wie ich endlich mit Hülfe der Bibliotheksverwaltung zu Groningen ermittelte, jetzt im Besitze des Herrn Ober-Regierungsraths a. D. Freiherrn von Richthofen zu Jenkau in Schlesien. Da derselbe indeß weder geneigt ist, die Handschrift zum Vergleiche nur einer Lesart der Post anzuvertrauen, noch eine Auskunft über die Lesart zu ertheilen, so muß die Frage nach der Lesart der Handschrift vor der Hand offen bleiben.

S. 59 Z. 2 v. o. ist statt „1567" „1667" zu lesen.

S. 60 Z. 6 v. o. ist zu setzen: Ebenso die Rechtsordnung und Reformation von 1582.

S. 61 Z. 8 v. o. ist statt „der" dem" zu lesen und Z. 10 v. o. zuzusetzen: „Wo aber ein Contract auf gewisse Zahl der Jahre eingegangen, so muß der locator demselben nachleben und hat nicht Macht, vor Ausgang der Jahre solches einem andern zu verkaufen." Die Stelle gehört also zu den Belegen für „Kauf bricht nicht Miethe".

S. 61 Z. 2 v. u. ist zuzusetzen: Aehnlich schon das gemeine Landrecht v. 1591.

S. 62 Z. 8 v. o. ist zuzusetzen:

Das kurfürstlich brandenburgische revidirte Landrecht des Herzogthums Preußen von 1685 bestimmt Buch 4 Tit. 8 Artikel 2 § 12: „Da sich auch zutrüge, daß in währendem Beständnüß oder Miete der Locator und Vermieter das bestandene Hauß verkaufft, sol der Käuffer Macht haben den Mieter außzutreiben, und ist die Miete (als ein singularis Successor) zu halten nicht schuldig: Es wäre dann im Kauff anders ausgedinget, und wird alles, das hie oben von Ursachen, warumb ein Conductor oder Miether außzutreiben, gemeldet worden, verstanden, so der Mietsmann auff eine kleine Zeit bestanden oder gemietet. Dann so die Miete auff lange und viel Jahr gerichtet oder gestellet, welches doch unter zehen Jahr nicht zu verstehen, hat solch Außtreiben vor der Zeit nicht statt; Alldieweil derjenige, so auff eine lange Zeit etwas gemietet, eine sondere Gerechtsam auff dem bestandenen Gut bekommen und erlanget hat."

Das Badische Landrecht von 1710 Tit. 5 bestimmt: „Da auch der Verleyher das bestandene Hauß in währender Beständnüß verkaufft, so soll der Käuffer nicht verbunden seyn, den Bestand zu halten und den

Beständer bis zu Ausgang des Bestands im Haus zu dulden, es wäre denn im Kauff ein solches ausdrücklich ausgedingt worden."

S. 62 Z. 11 v. u. ist zuzusetzen: Churpfalz bey Rhein Erneuert und verbessertes Landrecht v. 1700 verordnet: „Da auch der Verleiher das bestanden Hauß in währender Beständnuß verkaufft, soll der Käuffer Macht haben, den Beständer außzuweisen und den Bestand nicht zu halten."

S. 63 Z. 15 v. o. ist zuzusetzen: Das bayerische Landrecht v. 1760 hatte Tit. 17, Art. 5 bestimmt: „Verkaufft denn der Herr das Hauß, ist zwar der Bestandtmann (Er hette ihm denn ein anders bedingt, und das Haus deretwegen zum Unterpfandt vorbehalten) auszuziehen schuldig, doch soll von dem Herrn als Verkäufern, dem Käuffer, das ihme Bestandtmann biß auf die Stiftzeit sitzen lasse, angezeigt, oder aber ihme die verursachte Schäden erstattet werden."

S. 63 Z. 16 v. u. ist zuzusetzen:

Statut und Willkühr von Mühlhausen Buch 3 Art. 47 verordnet: „So der Herr das vermiethete Hauß, Gemach, oder Guth, in Zeit der Miethe verkauft oder verändert und also der Miether auszuziehen gedrungen wird, so soll ihm der Herr eine andere bequeme Wohnung verschaffen, oder sich sonst mit ihm nach Erkänntnis vertragen, es wäre denn solches in der Miethe klärlich vorbehalten."

Ferner Statut der Stadt Lauenburg Th. III. § 8 Satz 1: Wann einer in einem Hause wohnet, und das Hauß oder Bode verkauffet würde, ehe die Miethzeit um, soll der Mieter oder Käuffer weichen, doch daß er ein viertheil Jahr Frist habe, sich um eine andere Wohnung umzusehen. (Vgl. Pufendorf, Observationes, III. App. p. 329.)

S. 64 Z. 3 v. u. ist zuzusetzen: Die jetzt herrschende Auffassung findet sich schon bei Kramer, Wetzlarische Nebenstunden, Thl. 33 Nr. 3 S. 29. Gegen dieselben polemisirt Eisenhart, Grundsätze der deutschen Rechte in Sprüchwörtern, 3. Aufl. S. 392. Auch J. C. Ludewig l. c. p. 90 faßt die Stelle im entgegengesetzten Sinne auf.

S. 65 Z. 18 v. o. ist zuzusetzen: Brunner, a. a. O. Bd. 3 S. 39 erinnert hierbei daran, daß eine friesische Wehrgeldordnung von 1504 den Heuerleuten gleich den Halbfreien nur das halbe Wehrgeld des freien Hausmannes giebt.

S. 67 Z. 1 v. u. ist nachzutragen: Ebenso das Habelner Landrecht von 1583 tit. XV; s. o. S. 371.

S. 68 Z. 2 v. o. ist zuzusetzen: Reichhaltige ältere Literatur bei J. C. Ludewig, de emtore non stante locationi antecessoris, Göttingen 1762.

S. 68 Z. 11 v. o. ist zuzusetzen: Auch der heute ganz allgemein anerkannte Satz, daß der Vermiether sich gegen den Miether des Hausfriedensbruchs schuldig machen kann (Vgl. Olshausen, Commentar zu § 123 St.G.B.) steht mit der römischen Auffassung durchaus in Widerspruch.

S. 69 Z. 15 v. u. ist zuzusetzen: Bähr, Urtheile des Reichsgerichts S. 37, Bähr, zur Besitzlehre S. 301, 306, 338.

S. 69 Z. 5 v. u. ist zuzusetzen: Neben der Spolienklage wird dem Pächter auch das possessorium summariissimum gegeben. Vgl. Ihering, der Besitzwille, S. 458 ff.

S. 70 Z. 12 v. o. muß mit dem Worte „Zur" ein neuer Absatz beginnen.

S. 71 Z. 4 v. u. ist zuzusetzen: Ludewig l. c.

S. 72 Z. 4 v. u. ist zuzusetzen: Ludewig l. c. p. 46 ff.

S. 72 Z. 3 v. u. ist statt „Streuben" „Struben" zu lesen.

S. 73 Z. 1 v. u. ist zuzusetzen: Vgl. auch Bähr, zur Besitzlehre S. 339.

S. 76 Z. 4 v. o. ist statt „treten" „traten" zu lesen.

S. 76 Z. 13 v. u. ist zuzusetzen: Vgl. zu diesem Landtagsabschiede Arnold, das Miethwesen nach dem bayerischen Landrecht, 7. Aufl. S. 118, und die Abhandlung von Briel in Seuffert's Blättern für Rechtsanwendung, 7. Ergänzungsband S. 273—282. Briel nimmt mit Recht gegen Arnold an, daß die Kündigung nicht zum nächsten Ziele zu erfolgen braucht. — Die Bestimmung gilt auch im Falle der Subhastation (Ortenau, Commentar zur bayerischen Subhastationsordnung).

S. 77 Z. 12 v. o. ist zuzusetzen: Ueber die „bornirte, formalistische" Rechtspflege in Schadensersatzprocessen vgl. jetzt auch Mataja, das Recht des Schadensersatzes, und dazu Grünberg in der Kritischen Vierteljahrsschrift 31 S. 247.

S. 77 Z. 12 v. u. ist zuzusetzen: Vgl. Bernhöft a. a. O. S. 74.

S. 78 Z. 12 v. u. ist zuzusetzen: Ludewig l. c. p. 38 und Z. 4 v. u.: Ludewig l. c. p. 36.

S. 79 Z. 10 v. u. ist zuzusetzen: Ludewig l. c. p. 41.

S. 80 Z. 2 v. o. hinter „kurtrierischen" ist zuzusetzen: „und herzoglich preußischen".

S. 81 Z. 12 v. u. ist zuzusetzen: Ludewig p. 38 ff. Letzterer statuirt p. 41 auch eine Bevorzugung des Pächters, welcher einen Eisernviehcontract abgeschlossen hat.

S. 80 Z. 4 v. u. ist zuzusetzen: vgl. Wächter, Superficiar- oder Platzrecht § 4 I, 3.

S. 80 Z. 1 v. u. ist zuzusetzen: Ludewig p. 45.

S. 82 Z. 10 v. u. ist zuzusetzen: Eine besondere Modification bestand auch zu Gunsten der Angehörigen des Reichskammergerichts in Wetzlar. Sie durften aus den, vor der Verlegung des Reichskammergerichts nach Wetzlar von den Bürgern zu ihrer Beherbergung angebotenen Häusern („Listen-Häuser") im Falle eines Verkaufs nicht eher ausgetrieben werden, bis ihnen eine ebenso passende Wohnung beschafft war. Vgl. Ludewig l. c. p. 89.

S. 83 Z. 13 v. u. ist zuzusetzen: Bezüglich der österreichischen Praxis vgl. Jolles, Kauf bricht Miethe, im Oesterr. Centralblatt VII, 1.

S. 85 Z. 17 v. o. ist statt „verkaufet" „erkaufet" zu lesen.

S. 87 Z. 15 v. o. ist zuzusetzen: „Ueber die Gründe s. Werner, Materialien III, S. 20.

S. 87 Z. 18 u. 19 v. u. ist statt „Vermiether" „Miether" zu lesen.

S. 88 Z. 3 v. u. ist zuzusetzen: Eccius a. a. O. S. 189 A. 137.

S. 89 Z. 12 v. o. ist zuzusetzen: „Vgl. Pensum XIII u. XIV, Motive S. 49, 50, 101.

S. 89 Z. 16 v. u. ist zuzusetzen: Ueber die Vorgeschichte dieser Bestimmung vergl. Seng, die Sachmiethe nach dem code civil S. 50ff.

S. 96 Z. 11 v. o. ist statt „Grundbruch" „Grundbuch" zu lesen.

S. 97 Z. 16 v. o. ist zuzusetzen: „und Petersen in den Verhandlungen des 19. Juristentages Bd. 3 S. 49, 50".

S. 115 Z. 9 v. u. ist statt „zwei" „drei" zu lesen.

S. 115 Z. 6 v. u. ist statt „Nr. 3" „Nr. 5" zu lesen und zuzufügen: „in Verbindung mit Art. 24, 25, 27, nach welchen die eingetragenen Titel vom Zeitpunkte der Eintragung an auch jedem bei dem Acte betheiligt gewesenen Dritten, insbesondere auch den privilegirten, aber nicht schon vorher eingetragenen Gläubigern entgegensteht. Vgl. Molina §§ 2634, 2644, 2645, 2647".

S. 116 Z. 6 v. u. ist zuzusetzen: „Das spanische Recht hat inzwischen eine völlige Umgestaltung erfahren, indem das bisher auf dem alten, nur subsidären und im Wesentlichen römisches Recht enthaltenden Gesetzbuche der Partidas beruhende Privatrecht durch den kürzlich zu

Stande gekommenen codigo civil español neu codificirt ist. Die ley Hipotecaria vom 8. Februar 1861 ist aber mit den durch das Gesetz vom 21. December 1869 getroffenen Abänderungen daneben in Kraft geblieben. Im Anschluß an dieses Gesetz bestimmt nunmehr der codigo: Art. 1549. Con relación á terceros, no surtirán efecto los arrendamientos de bienes raíces que no se hallen debidamente inscritos en el Registro de la propriedad.

(In Beziehung auf Dritte haben diejenigen Vermiethungen von Grundstücken keine Wirkung, welche nicht der gesetzlichen Vorschrift entsprechend in dem Eigenthumsregister eingetragen sind.)

Die Bestimmung entspricht der allgemeinen Regel des art. 606. Los titulos de dominio ó de otros derechos reales sobre bienes inmuebles que no estén debidamente inscritos ó anotados en el Registro de la propriedad, no perjudica á tercero.

(Eigenthumstitel oder andere dingliche Rechte an unbeweglichen Sachen, welche nicht der gesetzlichen Vorschrift entsprechend in dem Eigenthumsregister eingetragen oder vermerkt sind, stehen Dritten nicht entgegen.)

In Verbindung mit dem Erforderniß der Eintragung, für welche art. 3 der ley hipotecaria eine öffentliche Urkunde verlangt, steht auch

art. 1280. Deberán constar en documento público:

1º. . . . .

2º. Los arrendamientos de estos mismos (inmuebles) bienes por seis ó más años, siempre que deban perjudicar á tercero.

(Eine öffentliche Urkunde ist erforderlich:

2) Für Vermiethungen von unbeweglichen Sachen auf 6 oder mehr Jahre, sofern sie einem Dritten entgegenstehen sollen.)

Den generellen Grundsatz über den Einfluß einer Veräußerung auf den Bestand der Miethe bringt dann art. 1571. El comprador de una finca arrenda da tiene derecho á que termine el arriendo vigente al verificarse la venta, salvo pacto en contrario y lo dispuesto en la ley Hipotecaria.

Si el comprador usare de este derecho, el arrendatario podrá exigir que se le deje recoger los frutos de la cosecha que corresponda al año agrícola corriente y que el vendedor le indemnice los daños y perjuicios que se le causen.

(Der Erwerber eines vermietheten Grundstücks hat das Recht, während der Dauer der Miethe den Kauf zur Erfüllung zu bringen, unbeschadet eines entgegenstehenden Vertrages und der Bestimmung in dem Hypothekengesetze.

Wenn der Erwerber von diesem Rechte Gebrauch macht, so kann der Miether verlangen, daß man ihn die Früchte der dem laufenden Wirthschaftsjahr entsprechenden Ernte nehmen läßt, und daß der Verkäufer ihn wegen der verursachten Schäden und Verluste schadlos hält.)

Für den Fall eines Wiederkaufsrechts bestimmt speciell art. 1572. El comprador con pacto de retraer no puede usar de la facultad, de desahaciar al arrendatario hasta que haya concluido el plazo para usar del retracto.

(Der Erwerber unter dem Vorbehalt des Wiederkaufs kann von dem Rechte den Miether auszutreiben keinen Gebrauch machen, bis die Frist von dem Wiederkauf Gebrauch zu machen, abgelaufen ist.)

Modificationen für den Fall der Zwangsversteigerung sind nicht zu verzeichnen.[29])

S. 118 Z. 3 v. o. ist statt „nichteuropäischen" „westeuropäischen" zu lesen.

S. 119 Z. 23 v. o. ist zuzusetzen: „Zum Zwecke von Moorculturen sind in jüngster Zeit sogar 80jährige Pachtverträge über große vom Pächter urbar zu machende Moore abgeschlossen. Ohne Schutz gegen Entziehung durch Veräußerung würden solche Culturarbeiten unterbleiben müssen, ebenso wie im Mittelalter ohne die dingliche Leihe zu Waldrecht (s. o. S. 356) manches Stück deutschen Bodens zunächst nicht urbar gemacht sein würde".

S. 121 Z. 12 ist zuzusetzen: „Außerdem ist in Betracht zu ziehen, daß sich ein großer Theil der Pachtgüter im Eigenthum des Fiscus, von Städten, Universitäten, Kirchengemeinden und öffentlichen Corporationen und Stiftungen befindet oder zu Fideicommissen gehört, und in allen diesen Fällen von einer Gefährdung durch den Grundsatz „Kauf bricht Miethe" kaum die Rede sein kann".

S. 122 Z. 9 v. o. ist zuzusetzen: „Vergl. auch Eck a. a. O. S. 240. 241.

S. 128 Z. 14 v. o. ist hinter „insgesammt" „nur" einzuschalten

S. 135 Z. 12 v. o. muß mit dem Worte „Der" ein neuer Absatz beginnen.

Der 19. Deutsche Juristentag hatte in seiner Beschlußfassung die Empfehlung des Grundsatzes „Kauf bricht nicht Miethe" ausdrücklich auf

---

[29]) Herrn Professor Mathiaß habe ich wiederum für freundliche Unterstützung herzlich zu danken.

den Fall „einer freiwilligen Uebereignung der Sache, die dem Miether oder Pächter bereits vorher überlassen war“, beschränkt. Es ist dies, wie der Referent darlegte, deshalb geschehen, weil die Frage, wie es im Falle einer nothwendigen gerichtlichen Veräußerung zu halten sei, außerhalb der damals gestellten Frage lag, und weil dieselbe nicht in dem Entwurf eines bürgerlichen Gesetzbuches geregelt, sondern einem besonderen Gesetz über die Zwangsvollstreckung in das unbewegliche Vermögen wegen Geldforderungen vorbehalten ist. Daß der Beschluß nicht etwa der Ansicht Ausdruck geben solle, es habe für den Fall der Subhastation der Grundsatz „Kauf bricht Miethe“ zu gelten, daß die Frage vielmehr lediglich offen bleibe, wurde dabei besonders hervorgehoben.

Auf der anderen Seite führte der Referent gegen die Motive zum Entwurfe des Bürgerlichen Gesetzbuches in ebenso drastischer wie überzeugender Weise aus, daß die etwa abweichende Regelung im Falle der Subhastation keine Rückwirkung auf den der freiwilligen Veräußerung haben dürfe.[30])

In den Gutachten und bei der Debatte ist gleichwohl die Frage nach der Einwirkung der Zwangsversteigerung auf Pacht und Miethe gestreift worden.

Die drei Gutachten waren übereinstimmend der Ansicht, daß die reine Durchführung des Grundsatzes „Kauf bricht nicht Miethe“ in diesem Falle den Immobiliarcredit gefährde.[31])

Meibom[32]) will voreingetragene Miether und Pächter unbedingt schützen, im Uebrigen Kündigungs- und Räumungsfristen gewähren.

Eck[33]) scheint bei der von ihm vorgeschlagenen Beschränkung der Wirksamkeit von Miethsverträgen mit mehr als fünfjähriger und Pachtverträgen von mehr als zwölfjähriger Dauer hauptsächlich an den Fall der Zwangsversteigerung gedacht zu haben.

Der Referent wie der Correferent sprachen sich dahin aus, daß für den Fall der Subhastation im Interesse des Realcredits Ausnahmen von

---

30) Vgl. dazu Eck a. a. O. S. 245. In diesem Sinne sagt auch Blomeyer, Pachtrecht und Pachtverträge S. 258: „Bei der Subhastation handelt es sich um die Sicherstellung der Rechte Dritter, um ein Recht, welches der Verpächter selbst nach Kräften abzuwehren bemüht sein muß, um ein Nothrecht, welches, leider sehr tief in das Pachtrecht eingreifend, den Gläubigern nicht wohl vorenthalten werden, sicher aber keine weitere Ausdehnung finden kann.“

31) Ebenso Bähr, Kritische Vierteljahrsschrift 30 S. 396.

32) a. a. O. S. 245, 247.

33) a. a. O. S. 20, 33, 34.

dem Grundsatze „Kauf bricht nicht Miethe" gemacht werden müßten. Der Referent wünschte speciell eine Ausnahme für Pacht und Miethsverträge von besonders langer Dauer. Die Festsetzung der Termine wollte er der Landesgesetzgebung offen gehalten wissen.

Der Correferent betonte, daß aber auch hier der eingetragene Miether gewissen Gläubigern gegenüber geschützt werden müsse.

Von einer anderen Seite wurde darauf hingewiesen, daß der Pächter und der Miether im Falle der Subhastation die Möglichkeit habe, das Grundstück für sich zu erstehen, daß er sich auch vielfach auf den Fall der Subhastation wirthschaftlich einrichten könne.

Gegen Schluß der Debatte wurde dann von dem Reichsgerichts-Senatspräsidenten Dr. Drechsler nachdrücklichst betont, daß die brennende Frage in der That sei: wie soll es werden im Falle der Subhastation, im Falle des Concurses? Die Sache sei nicht entschieden, wenn nicht für Subhastation und Concurs praktische Bestimmungen vorgeschlagen werden können. Er halte hier den Schutz durch den Grundsatz „Kauf bricht nicht Miethe" nicht für ausreichend. Er erinnerte an den Schutz, den bei Pachtgütern eine Entschädigungsstipulation bieten könne. Im Uebrigen wolle es ihm nicht in den Sinn, die Miethe eines Landgutes und eines ganzen Hauses ebenso zu behandeln, wie die Miethe eines Zimmers oder anderer kleiner Localitäten.

Die Wichtigkeit der Frage wurde dann auch in dem Schlußworte des Referenten zugegeben. Er stimmte deshalb auch dem Wunsche zu, daß die Frage auf die Tagesordnung des nächsten Juristentages gesetzt werde.

Dieser Erwartung hat die ständige Deputation entsprochen, und so steht jetzt lediglich die Frage zur Begutachtung:

„Wie soll der Satz „Kauf bricht nicht Miethe" im Falle der Subhastation modificirt werden?"

Der Fall der Zwangsversteigerung von Mobilien[34]) scheidet aus.

Hier sind Modificationen des „Kauf bricht nicht Miethe" einerseits nicht von Nöthen. Andererseits ist der im Besitz befindliche Miether gegen eine Pfändung ohne seine Zustimmung bereits durch das Reichsproceßrecht geschützt.

Ueber die Regelung der Materie in den bestehenden Rechten, insbesondere in dem gemeinen deutschen, österreichischen, preußischen, französisch-rheinischen, sächsischen, liv-, est- und kurländischen, schweizerischen,

---

[34]) Vgl. die Ausführung oben S. 78 und S. 134.

italienischen, holländischen, portugiesischen, skandinavischen Recht, sowie in dem hessischen, dem bayerischen und dem dresdener Entwurf ist in meinem früheren Gutachten das Erforderliche gesagt, und sind dort namentlich die Abweichungen angegeben, welche einzelne dieser Gesetzgebungswerke für den Fall der Zwangsversteigerung eintreten lassen.[35]) Besondere Beachtung verdienen dabei die Bestimmungen des portugiesischen Rechts.

Für das Deutsche Reichsrecht ist die Regelung nicht von dem bürgerlichen Gesetzbuch, sondern von dem in Aussicht gestellten Gesetz über die Zwangsvollstreckung in das unbewegliche Vermögen wegen einer Geldforderung zu erwarten.[36])

Wie diese Ordnung ausfallen wird, ist, da der Entwurf dieses Gesetzes noch nicht veröffentlicht ist, nur aus der Anm. 1 zu § 1067 des Entwurfs des bürgerlichen Gesetzbuches zu entnehmen, welche die Bestimmung in Aussicht stellt, „daß die Zwangsverwaltung auf die Rechte des Miethers und des Pächters keinen Einfluß hat, diese Rechte vielmehr erst durch die Zwangsversteigerung, vorbehaltlich einer zu gewährenden Räumungsfrist oder Kündigungsfrist, zur Aufhebung gelangen". Was die voraussichtliche allgemeine Gestaltung der Zwangsversteigerung in dem zu erwartenden Entwurfe anbetrifft, so wird derselbe nach Anm. 1 Abs. 2 zu § 826 B.G.B. bestimmen:

> „daß im Falle der Zwangsversteigerung das Grundstück nur für ein solches Gebot zugeschlagen werden könne, durch welches sämmtliche Hypotheken und Grundschulden, die im Range dem Anspruche des das Verfahren betreibenden Gläubigers vorgehen, gedeckt erscheinen, und nach welchem die sonstigen dem Anspruche des betreibenden Gläubigers vorgehenden Rechte bestehen bleiben".

Der Entwurf wird sich also, wie es auch gar nicht anders zu erwarten war, dem von dem Juristentage wiederholt empfohlenen,[37]) inzwischen von der preußischen, sächsischen und bayerischen Gesetzgebung adoptirten Subhastations-System anschließen.

Derselbe wird in dieser Hinsicht keine oder doch sicherlich keine erfolgreiche Anfechtung erfahren, und es kann bei dem in dieser hier in Rede stehenden Specialfrage zu erstattenden Gutachten davon ausgegangen werden, daß jenes Subhastationssystem reichsrechtlich anerkannt werden wird.

---

[35]) S. 77—116. Vgl. a. Meibom a. a. O. S. 20. 26.

[36]) Vgl. Anm. 1 Abs. 3a zu § 826 B.G.

[37]) Vgl. Verhandlungen des 16. Juristentages Bd. 2, S. 73—101.

II. Gutachten.

Wenn sich im Allgemeinen der Grundsatz empfiehlt, daß Veräußerungen auf den Bestand von Pacht und Miethe keinen Einfluß haben, sofern die Sache dem Pächter oder Miether bereits vorher überlassen war, so kann es keinem Zweifel unterliegen, daß auch für den Fall der Versteigerung von Immobilien im Wege der Zwangsvollstreckung wegen Geldforderungen dahin zu streben ist, diesem Grundsatze so weit Anerkennung zu verschaffen, als nicht aus der Besonderheit dieses Falles zu entnehmende rechtspolitische Gründe entgegenstehen.

Bei den bisherigen Erörterungen über diese Frage ist nur auf das Interesse der bei dem Verfahren betheiligten Gläubiger hingewiesen, der Realgläubiger, denen das Grundstück haftet, und der Personalgläubiger des Eigenthümers, sofern es sich um die Beitreibung einer bloß persönlichen Forderung handelt. Es ist aber zu fragen, ob nicht außerdem auch das Interesse des Erstehers eine besondere Berücksichtigung verdient, und mit der Prüfung dieses Punktes dürfte deshalb zu beginnen sein, weil derselbe in jedem Falle der Zwangsversteigerung zu beachten ist.

Hinsichtlich der theoretischen Auffassung der Zwangsversteigerung ist in neuerer Zeit ein entschiedener Fortschritt gemacht worden.[38]) Früher betrachtete man die Zwangsversteigerung, gleich der Expropriation, als eine besondere Art des Kaufvertrages. Es entsprach das dem Streben, alle Erscheinungen des Rechtslebens möglichst unter die Eintheilungen und Figuren des römischen Rechts unterzubringen, selbst da, wo es auf Kosten der Logik und der Wahrheit geschehen mußte.[39]) Eine Unterstützung fand dieses Vorgehen in dem bereits für die 12 Tafeln bezeugten Gebrauche, mit dem Worte Kauf jede Art von Veräußerung zu bezeichnen.[40])

Schon in älterer Zeit ist vereinzelt darauf hingewiesen,[41]) daß bei

---

38) Näheres bei Krech und Fischer, Commentar zum preußischen Gesetz vom 13. Juli 1883, S. 111 ff., 484 ff., 803. Vgl. Fischer, preußisches Privatrecht, S. 757, 763.

39) Vgl. Ihering, Besitzwille S. 310.

40) Fr. 29 § 1 D. de statu lib. 40, 7: lex duodecim tabularum emptionis verbo omnem alienationem complexa videtur, nec interest, quo genere quisque dominus fiat.

41) Postius de subhast. insp. 66 n. 22: Judex, dum suum officium impertitur creditori exequenti, actorem non repraesentat, sed partibus iudicem se exhibet.

der Zwangsversteigerung überhaupt kein Vertrag und folgeweise auch kein Kaufvertrag abgeschlossen wird, daß es insbesondere an einem den Vertrag schließenden Verkäufer fehlt, daß es ein öffentlich-rechtlicher, einseitiger Act, ein Spruch mit staatlicher Autorität ist, welcher hier das Eigenthum auf den Ersteher überträgt und demselben Rechte und Pflichten gleich einem Käufer auferlegt.

Für das gemeine Recht wird dieselbe namentlich von Stobbe, Dernburg, Exner, Römer vertreten. Dernburg hat das Verdienst, dieselbe zuerst auch für das preußische Recht verfochten zu haben. Sie hat auch hier bereits an Boden gewonnen. Insbesondere hat auch Eccius[42]) jetzt seine frühere Meinung aufgegeben und zugestanden, „daß die Bezeichnung des Hergangs bei der Zwangsversteigerung als eines Kaufcontracts aufgegeben werden muß". Es darf mit großer Zuversicht erwartet werden, daß diese Auffassung der Zwangsversteigerung als eines Actes der Gerichtsbarkeit sich schließlich ebenso siegreich erweisen wird, wie die Auffassung der Expropriation als eines einseitigen Actes der Staatsverwaltung, welche die Annahme eines Zwangskaufvertrages, einer offenbaren contradictio in adjecto, immer mehr in den Hintergrund gedrängt hat.

Der dargelegte theoretische Unterschied zwischen dem Erwerb in der Zwangsversteigerung und dem Erwerb mittelst Kaufvertrages hat auch praktische Folgen. Insbesondere ist die rechtliche Stellung des Erstehers durch den Umstand, daß es an einem Verkäufer fehlt, beeinflußt. Mag auch in mehr oder weniger vollkommener Weise dafür gesorgt sein, daß die sonst dem Verkäufer obliegenden Pflichten hier anderen Personen, dem Schuldner oder dem Gläubiger, auferlegt sind,[43]) immerhin fehlt es an dem vertragsmäßigen persönlichen Verhältniß zwischen Käufer und Verkäufer.

Für die hier vorliegende Frage kommt das insofern in Betracht, als es den Kauflustigen bei der Zwangsversteigerung an der, bei dem freiwilligen Verkauf gegebenen, Möglichkeit fehlt, sich von dem Verkäufer vorher eine Erklärung darüber geben zu lassen, ob das zu erwerbende Grundstück vermiethet oder verpachtet ist, und welches die näheren Be-

---

[42]) Theorie und Praxis des preußischen Privatrechts II § 130 A. 43. Daß gleichwohl die Grundsätze vom Kauf in gewissem Umfange auf die Wirkungen der Zwangsversteigerung Anwendung finden, wird von Niemandem, namentlich nicht von Dernburg oder von Krech und Fischer bestritten, und ist deshalb die Polemik, mit welcher Eccius seinen Rückzug zu decken sucht, gegenstandslos.

[43]) Vgl. Krech und Fischer a. a. O. S. 490 ff.

dingungen des Miethsverhältnisses, insbesondere hinsichtlich der Dauer und des Miethszinses, sind. Freilich können auch bei freiwilligen Verkäufen Täuschungen des Käufers stattfinden, sei es, daß die Vermiethung verheimlicht wird, sei es, daß im Gegentheil nicht bestehende Miethsverträge oder höhere Miethserträge vorgespiegelt werden. Der Fall, daß der venditor per collusionem imaginarium colonum circumveniendi emtoris causa supposuit, ist, wie Eck[44]) hervorgehoben hat, nicht nur im alten Rom, sondern auch im neuen Berlin ganz gewöhnlich. Aber immerhin ist der Verkäufer dem Käufer civilrechtlich verantwortlich und auch den Strafen des Betruges ausgesetzt. Außerdem kann sich der Käufer über die Zuverlässigkeit seines Mitcontrahenten unterrichten.

Ganz anders steht der Kauflustige bei der Zwangsversteigerung da. Freilich wird sich derselbe darüber, ob das Grundstück zur Zeit überhaupt vermiethet oder verpachtet ist, wohl Gewißheit verschaffen können, falls er vor dem Bietungstermin die erforderlichen Erkundigungen einzieht. Aber einerseits fehlt es ihm doch an Mitteln, über die Dauer und die näheren Bedingungen des Verhältnisses eine zuverlässige Auskunft zu erhalten. Andererseits pflegen im Bietungstermin häufig Kauflustige zu erscheinen, welche derartige Erkundigungen unterlassen. Falls nun in dem Bietungstermine sichere Angaben in dieser Beziehung nicht gemacht werden können, so geht der Ersteher, wenn man ihm das Aushalten der Pacht- und Miethsverträge unbedingt zur Pflicht macht, ein sehr gewagtes Geschäft ein. Es können hinterher Pacht- und Miethsverträge zum Vorschein kommen, deren Bedingungen das Grundstück werthlos machen. Einer solchen Eventualität darf aber der Ersteher nicht ausgesetzt werden. Auch würde darunter die Kauflust leiden, der Erlös würde in allen Fällen geringer werden, und zwar meistens ohne daß ein sachlicher Grund vorhanden ist. Es würden dadurch zugleich die Gläubiger geschädigt, und das öffentliche Interesse verletzt, welches an der Erzielung eines angemessenen Subhastationserlöses besteht.

Unter diesen Umständen dürfte es sich empfehlen, den Pächtern und Miethern die gesetzliche Pflicht aufzuerlegen, ihr Recht und die Dauer desselben vor oder in dem Versteigerungstermin anzumelden. Es würde räthlich sein, zu diesem Zwecke das Versteigerungsausschreiben den bei

---

[44]) a. a. O. S. 241. Blomeyer, Pachtrecht und Pachtverträge S. 246 kennt den Mißbrauch des Abschlusses von Scheinpachtverträgen, um Käufer zur Bewilligung eines hohen Kaufpreises geneigt zu machen, sogar in deutschen ländlichen Verhältnissen.

Gericht bekannten Pächtern und Miethern zuzustellen. Doch darf diese besondere Zustellung nicht zur Vorbedingung der Anmeldepflicht gemacht werden, weil alsdann der Zweck der Einrichtung nicht erreicht werden würde. Vielmehr sind alle Pächter und Miether zur Anmeldung zu verpflichten. Wenn vorgeschrieben wird, daß das Versteigerungsausschreiben mit der an die Pächter und Miether gerichteten Aufforderung zur Anmeldung auf dem Grundstück selbst sichtbar anzubringen ist, so dürfte die Gefahr, daß ein Pächter oder Miether aus Unkenntniß die Anmeldung unterläßt, nicht eben groß sein.

Die Anmeldung würde zunächst auf die Angabe der Dauer des Verhältnisses zu beschränken sein. Für den Fall, daß nähere Angaben über die Bedingungen des Verhältnisses, insbesondere über den Miethszins, erforderlich sind, würde ein besonderer Antrag und eine besondere Ladung des Miethers oder Pächters zu dem Versteigerungstermin vorzuschreiben sein.

Soweit die Pacht oder Miethe und ihre Dauer im Grundbuch eingetragen ist, bedarf es der Anmeldung nicht. Schon aus diesem Grunde würde es sich empfehlen, die Eintragung von Pacht und Miethe zwar nicht obligatorisch zu machen, aber doch auch dem Pächter und Miether diese Möglichkeit nicht zu nehmen, sein Recht für den Fall der Zwangsversteigerung offenkundig zu machen.[45])

Es würde dann im Weiteren zwischen den angemeldeten und eingetragenen Miethsund Pachtverträgen und denjenigen Miethsverhältnissen zu unterscheiden sein, bei denen Eintragung und Anmeldung unterblieben sind. Bezüglich der ersteren würde es, wenn von dem Interesse der Gläubiger zunächst abgesehen wird, durchaus gerechtfertigt sein, die Fortdauer des Verhältnisses in dem eingetragenen bezw. angemeldeten Umfange zu statuiren. Wenn der Ersteher vor Abgabe des Gebots über die Pacht- und Miethsrechte, zu deren Uebernahme er verpflichtet ist, Gewißheit erhalten hat, so ist seinem Interesse, soweit es Berücksichtigung verdient, Genüge geleistet. Was dagegen die nicht angemeldeten oder eingetragenen Miethsrechte betrifft, so würde hier die Ausnahme von dem Grundsatz „Kauf bricht nicht Miethe“ zu statuiren sein, daß der Ersteher nicht schlechthin verpflichtet ist, diese Miethsverträge auszuhalten. Immerhin würde aber auch für diesen Fall bestimmt werden können, daß der Pächter oder Miether nicht sofort zu räumen hat, sondern daß er erst auf Kündigung zu den gesetzlichen Ziehzeiten und unter

---

[45]) Vgl. oben S. 132.

Einhaltung der gesetzlichen Kündigungsfristen abziehen muß, während bis dahin das Verhältniß in der vertragsmäßig bestimmten Weise mit dem Ersteher fortgesetzt wird. Eine solche Bestimmung, welche die meisten Subhastationsrechte bereits enthalten, ist durch die billige Rücksichtnahme auf den Pächter oder Miether geboten. Sie dürfte auch den Ersteher nicht in unbilliger, vorher unberechenbarer, Weise belasten. Auch der Entwurf des bürgerlichen Gesetzbuches will diese Begünstigung des Pächters und Miethers unter allen Umständen eintreten lassen und insbesondere auch im Falle der Zwangsversteigerung gewähren.[46]) An eine Abänderung des Entwurfs zu Ungunsten der Pächter und Miether wird gewiß Niemand denken.

Nunmehr ist die zweite Frage zu prüfen, ob das Interesse der Gläubiger noch weitergehende Ausnahmen von unserem Grundsatze erfordert. In dieser Beziehung ist m. E. zwischen Personalgläubigern und Realgläubigern zu unterscheiden.

Die bloß persönlichen Gläubiger des Grundstückseigenthümers können einen weitergehenden Schutz, als er durch die in Vorstehendem befürwortete Ausnahme gegeben ist, nicht beanspruchen. Sie haben auch gegen freiwillige Veräußerungen, welche der Schuldner nach der Entstehung der Schuld vornimmt, nur dann einen Schutz, wenn die Veräußerung in der dem Erwerber bekannten Absicht vorgenommen ist, die Gläubiger zu benachtheiligen, oder wenn die sonstigen Voraussetzungen vorliegen, unter denen das Reichsgesetz vom 21. Juli 1879 die Anfechtung von Rechtshandlungen wegen Beeinträchtigung der Zwangsvollstreckung gestattet. Dieser Schutz ist dem Personalgläubiger durch jenes Gesetz auch für den Fall gegeben, daß es sich nicht um eine vollständige Veräußerung, sondern um eine Verpachtung oder Vermiethung in fraudem creditorum handelt. Es dürfte sich aber nicht rechtfertigen lassen, demselben gegen Miethe und Pacht, welche seinen Zugriff bloß erschweren, einen weiteren Schutz zu geben, als gegen Veräußerungen, welche ihm die Gegenstände, aus denen er befriedigt werden könnte, ganz entziehen.

Dagegen bedürfen die Realgläubiger einer weitergehenden Sicherung. Bezüglich dieser trifft, wie ich bereits in meinem früheren Gutachten ausgeführt habe[47]), der Gesichtspunkt zu, daß sie sich auf den Inhalt des Grundbuchs müssen verlassen können. Es dürfen

[46]) s. o. S. 163.

[47]) Vgl. S. 133, 135, 136.

ihnen im Falle der Zwangsversteigerung im Allgemeinen nur solche Rechte vorgehen, welche bereits zur Zeit der Eintragung ihres Rechts aus dem Grundbuche ersichtlich waren. Ausnahmen werden sich freilich nicht ganz vermeiden lassen. Auch das bestehende preußische Subhastationsrecht kennt, wie ich bereits dargelegt habe, solche Ausnahmen zu Gunsten gewisser Lasten und bezüglich der Grundgerechtigkeiten. Indessen ist es durchaus erforderlich, daß sich diese Ausnahmen auf das Nothwendigste beschränken, und daß sie so normirt werden, daß ihr größter Umfang sich einigermaßen übersehen läßt, wie dies in der preußischen Subhastationsgesetzgebung durch Beschränkung des Vorzuges der meisten nicht eingetragenen Realrechte auf die Leistungen aus den letzten zwei Jahren erreicht ist.

Diese Anforderungen müssen im Interesse der Erhaltung des Realcredits gestellt werden. Die Förderung des *gesunden* Realcredits ist ein gesetzgeberisches Ziel, welches dem Streben nach Erhaltung des Miethers und des Pächters in ihrer Rechtsstellung im Allgemeinen nicht nachzustehen hat.

Von diesem Standpunkte aus ist die Forderung erhoben, daß, wenn ein Realgläubiger die Zwangsversteigerung betreibt, der Ersteher an die bestehenden Pacht- und Miethsverträge nicht gebunden sein dürfe. Grundsätzlich wird man sich auch auf diesen Standpunkt zu stellen haben. Aber es sind Modificationen im Interesse des Pächters und Miethers möglich, ohne daß dadurch die berechtigten Interessen des Realcredits geschädigt würden. Zunächst wird es auch für diesen Fall angängig sein, dem Entwurfe des bürgerlichen Gesetzbuchs darin zu folgen, daß der Ersteher kündigen und die gesetzlichen Räumungsfristen wahren muß. Eine solche Fortdauer der Pacht- und Miethsverhältnisse innerhalb festbestimmter kurzer Zeiträume muß der Realcredit ebenso wohl ertragen können, als das Vorrecht des Wirthschaftsgesindes und der gemeinen Lasten und öffentlichen Abgaben.

Im Weiteren ist für den Fall, daß das Miethsverhältniß im Grundbuch *eingetragen* ist, eine Ausnahme von dem Grundsatze „Kauf bricht nicht Miethe“ im Interesse des Realcredits nur dann erforderlich, wenn der betreibende Realgläubiger dem Miethsrechte im Range *vorgeht*. Ist sein Pfandrecht jünger als die Eintragung des Miethsverhältnisses, so würde der Ersteher in die Pacht- und Miethsverhältnisse ebenso einzutreten haben, wie im Falle der Subhastation auf Betreiben eines Personalgläubigers. Eine Verstärkung des Realcredits auf Kosten bereits bestehender, aus dem Grundbuche ersichtlicher Pacht- und Miethsrechte läßt sich nicht rechtfertigen.

In dieser Möglichkeit der Collision mit später entstandenen Realrechten liegt zugleich ein weiterer — und zwar der triftigste — Grund für die Gestattung der Eintragung von Pacht und Miethe.

Endlich ist aber auch für den Fall, daß ein im Range vorgehender Realgläubiger die Zwangsversteigerung betreibt, noch eine Möglichkeit gegeben, Pacht und Miethe bestehen zu lassen, ohne die vorhergehenden Realgläubiger zu schädigen.

Es ist unter Umständen sehr wohl möglich, daß die Pflicht zur Uebernahme eines Pacht- und Miethsverhältnisses durchaus nicht herabstimmend auf die Gebote einwirkt. Gute, leistungsfähige Pächter und Miether mit angemessenem, wenn nicht hohem Pacht- und Miethszinse zu haben, ist manchem Erwerber sogar von Werth. So ist es z. B. bekannt, daß die hannoverische Klosterkammer, welche in neuerer Zeit auch in Pommern vielfach Grundbesitz erworben hat, Güter in der Regel nur dann ankauft, wenn ihr in dem bisherigen Eigenthümer oder einer anderen Person ein tüchtiger Pächter gesichert ist. In anderen Fällen wird freilich das Bestehen eines minder günstigen Pacht- oder Miethsverhältnisses das Gebot drücken. Aber es ist dennoch möglich, daß durch den Minderertrag die Befriedigung der dem Pächter oder Miether im Range vorgehenden Realgläubiger nicht beeinträchtigt wird.

Unter diesen Umständen würde sich ein doppeltes Ausgebot empfehlen, einmal unter Uebernahme des dem betreibenden Gläubiger nachstehenden Pacht- oder Miethsverhältnisses, und sodann ohne eine solche Uebernahme. Würde sich dabei herausstellen, daß das Meistgebot für den ersteren Fall nicht niedriger ist, als das im zweiten Fall abgegebene, so wäre ein Grund, das Pacht- oder Miethsverhältniß zur Auflösung zu bringen, nicht vorhanden. Ebenso wäre der Zuschlag zu dem für den ersteren Fall abgegebenen niedrigeren Gebote dann zu ertheilen, wenn die Befriedigung aller dem Pacht- und Miethsrechte im Range vorgehenden Realgläubiger auch bei diesem Gebote gesichert erscheint.

Ein derartiges Verfahren ist für den Fall, daß die, regelmäßig ein Wohnungsrecht enthaltende und nicht selten auch zur Nutzung eines Ackers berechtigende, Leibzucht (Altentheil) oder eine andere dauernde Last oder eine Grundgerechtigkeit in Frage steht, bereits in dem preußischen Subhastationsrecht mit gutem Erfolge eingeschlagen.

§ 60 des preußischen Subhastationsgesetzes vom 13. Juli 1883 verordnet: „Steht dem Anspruche des Gläubigers eine dauernde Last nach, welche auf den Ersteher nicht von selbst übergeht, so ist die Uebernahme derselben als Kaufbedingung festzustellen, jedoch nur für den Fall, daß die vorgehenden Interessenten durch den Zuschlag für ein unter dieser Bedingung abgegebenes Gebot nicht benachtheiligt werden.

Steht dem Anspruche des Gläubigers eine Grundgerechtigkeit nach, so ist auf Antrag eines derselben vorgehenden Interessenten das Erlöschen der Grundgerechtigkeit als Kaufbedingung festzustellen, jedoch nur für den Fall, daß der Antragsteller durch den Zuschlag für ein ohne diese Bedingung abgegebenes Gebot benachtheiligt werden würde.

Ob der Fall der Zulässigkeit dieser Bedingungen vorliegt, ist durch besonderes Ausgebot festzustellen."[48])

Aehnlich bestimmt Art. 57 des bayerischen Subhastationsgesetzes vom 23. Februar 1879: „Ruht auf dem beschlagnahmten Grundstücke eine dingliche Last, gegenüber welcher Hypotheken den Vorzug haben, so ist das Grundstück, wenn die Versteigerung desselben mit der Last nicht einen diese Hypotheken unzweifelhaft deckenden Erlös ergeben hat, frei von der Last zur Versteigerung zu bringen, ohne daß es hierzu eines Antrages der Hypothekengläubiger oder der Ankündigung in der Versteigerungsbekanntmachung bedarf. Dabei sind nur Gebote zulässig, welche den bei der ersten Versteigerung erzielten Kaufpreis übersteigen."[49])

Ebenso kennt auch das sächsische Recht das doppelte Ausgebot.

§ 519 des bürgerlichen Gesetzbuches bestimmt: „Gläubiger, deren Hypothek dem Auszuge, der Leibrente oder dem eisernen Capitale dem Alter nach vorgeht, sind, wenn sie nicht in die Belegung des Grundstückes mit diesen Lasten eingewilligt haben, berechtigt, daß das Gericht die Zwangsversteigerung unter Annahme doppelter Gebote, einmal auf das Grundstück mit der Last des Auszuges, der Leibrente oder des eisernen Capitals, sodann auf das Grundstück ohne diese Lasten bewerkstellige. Ergiebt sich, daß die älteren hypothekarischen Gläubiger durch Ueberweisung dieser Lasten an den Ersteher benachtheiligt werden, so ist das Grundstück ohne dieselben dem Ersteher zuzuschlagen, im entgegengesetzten Falle die Versteigerung mit diesen Lasten fortzusetzen."

Dazu sagt § 528: „Hypothekarische Gläubiger, welche einer durch Vertrag oder letzten Willen bestellten Dienstbarkeit dem Alter nach vorgehen, können im Falle einer Zwangsversteigerung das im § 519 bestimmte Verfahren verlangen.[50]).

[48]) Vgl. im Näheren Krech und Fischer a. a. O. S. 366 ff., 327, 489.

[49]) Ein verwandter Fall auch in Art. 16 d. Ges. v. 29. Mai 1886. — Vgl. im Näheren Ortenau, Commentar, S. 196 ff.

[50]) Vgl. auch §§ 6 und 22 des Subhastationsgesetzes vom 15. August 1884.

Vermuthlich wird auch der Entwurf der deuschen Subhastationsordnung eine ähnliche Bestimmung enthalten. Es dürfte dann nichts im Wege stehen, dieselbe auch auf den Fall von Pacht und Miethe anwendbar zu machen.

Hiernach dürfte folgende Modification des Satzes „Kauf bricht nicht Miethe" zu empfehlen sein:

> Im Falle der Versteigerung von Immobilien im Wege der Zwangsvollstreckung wegen Geldforderungen dauern Pacht und Miethe nur bis zum Ablauf der gesetzlichen Kündigungs- oder Räumungsfrist:
>
> 1. wenn das Pacht- oder Miethsrecht weder angemeldet noch eingetragen ist,
> 2. wenn die weitergehende Berücksichtigung des eingetragenen oder angemeldeten Pacht- und Miethsrechts einem diesem Rechte im Range vorgehenden Realgläubiger Nachtheil bringen würde.

Wenn die vorstehend empfohlene Regelung angenommen wird, so ist es nicht nothwendig, einen Unterschied zwischen der Miethe eines ganzen Hauses und der Zimmermiethe, zwischen der Gutspacht und der Pacht eines einzelnen kleinen Grundstücks zu machen.[51])

Es ist ganz richtig, daß das wirthschaftliche Bedürfniß nach einem Schutz gegen Austreibung bei der Zimmermiethe und der Pacht eines kleinen Ackerstückchens nicht so dringend ist, wie in den anderen Fällen. In den meisten Fällen der Zimmermiethe wird die Frage auch gar nicht praktisch werden. Der Chambregarnist miethet in der Regel auf einen Monat. Dann kann von der Frage, ob Kauf Miethe brechen soll oder nicht, überhaupt nicht die Rede sein. Es kann aber ausnahmsweise doch Fälle geben, in denen die dauernde Benutzung auch eines kleinen Raumes oder eines kleinen Grundstückes für den Miether oder Pächter von dem größtem Werthe ist, so daß derselbe dazu übergeht, sich die Benutzung durch einen auf längere Zeit abgeschlossenen Vertrag zu sichern oder das Miethsrecht eintragen zu lassen. Es geschieht das z. B. in Fällen, in denen der Verkäufer sich eine Miethswohnung in seinem früheren Eigenthum reservirt, um zeitlebens die ihm liebgewordenen Räume behalten zu dürfen. Es ist nun nicht abzusehen, weshalb nicht auch in solchen Fällen dem Ersteher die Uebernahme des eingetragenen oder angemeldeten Miethsrechts zur Pflicht gemacht werden

---

[51]) S. o. S. 162.

soll, sofern dadurch nicht die im Range vorgehenden Realgläubiger geschädigt werden.

Auch eine besondere Ausnahme für Miethsund Pachtverträge von besonders langer Dauer scheint mir nicht erforderlich. Die Frage, ob es sich im Allgemeinen empfiehlt, für Mieths- und Pachtverträge ein Maximum der zulässigen Dauer festzusetzen, ist hier nicht zu erörtern. Der Entwurf eines bürgerlichen Gesetzbuches beantwortet dieselbe dahin, daß ein Miethsvertrag, der nicht auf Lebenszeit geschlossen ist, nach Ablauf von 30 Jahren gekündigt werden kann (§ 523). Es ist dabei freilich nicht zum Ausdruck gebracht, daß die Parteien auf dieses Kündigungsrecht nicht verzichten können. Dennoch wird man dieses wohl anzunehmen haben, weil sonst die Vorschrift ihren Zweck verfehlen würde.

Eine solche allgemeine Vorschrift über die höchste Dauer des Miethsverhältnisses behält natürlich ihre Bedeutung auch in dem Falle, daß in Folge der Zwangsversteigerung ein neuer Eigenthümer in den Vertrag eingetreten ist.

Für diesen Fall aber noch eine besondere kürzere Dauer festzusetzen, über welche hinaus der Ersteher den Vertrag nicht auszuhalten braucht, dürfte sich nicht empfehlen. Pachtverträge von 21 und 24 Jahren sind bei uns nicht selten, und es ist durchaus nothwendig, solche Pächter für die Gesammtdauer der Pachtperiode zu schützen, wenn nicht die Interessen vorgehender Realgläubiger dadurch geschädigt werden.

Die italienische, portugiesische und spanische Gesetzgebung haben Miethsverträge von längerer Dauer (über 9, 4, 6 Jahre) nur insoweit besonders behandelt, als sie hier Eintragung erfordern, während, wenigstens die beiden zuerst genannten Rechte, bei kürzerer Dauer derselben auch im Falle der Zwangsversteigerung volle Wirkung ohne Eintragung geben. Wenn, wie hier vorgeschlagen ist, auch Miethsverträge von kürzerer Dauer den im Range vorgehenden Realgläubigern gegenüber nicht wirksam sein sollen, so bedarf es dieser Bestimmungen nicht.

Bisher handelte es sich nur um die Zwangsversteigerung im Wege der Zwangsvollstreckung. Es sind nunmehr die übrigen Fälle von Immobiliarzwangsversteigerung zu prüfen. Zunächst der Fall des Concurses.

Nach § 116 der Concursordnung kann der Concursverwalter die Zwangsversteigerung der zur Masse gehörigen unbeweglichen Gegenstände betreiben.[52])

[52]) Vgl. auch §§ 180—183 des preußischen Gesetzes betreffend die Zwangsvollstreckung in das unbewegliche Vermögen vom 13. Juli 1883.

Er hat dabei lediglich das Interesse der Concursgläubiger, also der persönlichen Gläubiger des Gemeinschuldners, wahrzunehmen. Es folgt daraus, daß der Fall gerade so zu behandeln ist, wie die von einem Personalgläubiger betriebene Zwangsvollstreckung. Die Gesammtheit der persönlichen Gläubiger kann in dieser Richtung keine weiteren Befugnisse beanspruchen, wie der einzelne Gläubiger. Es wäre also auch in diesem Falle das Verlangen der Anmeldung der nicht eingetragenen Miethsrechte aufrecht zu erhalten, im Uebrigen aber keine Ausnahme von dem Grundsatze „Kauf bricht nicht Miethe" zu gestatten.

Tritt der Zwangsversteigerung ein Realgläubiger als betreibender Gläubiger bei, so müssen natürlich die Modificationen eintreten, welche für den Fall der Zwangsvollstreckung wegen einer Realschuld empfohlen sind.[53])

Nach § 17 Z. 2 der Concursordnung soll die freiwillige Veräußerung einer verpachteten oder vermietheten Sache des Gemeinschuldners durch den Concursverwalter auf die Zulässigkeit der Kündigung, sowie auf die Dauer des Vertrages ebenso wirken wie eine Zwangsversteigerung.

Bei näherer Prüfung kann ich die Aufrechterhaltung dieser Bestimmung nicht empfehlen, wenn nicht dafür Sorge getragen wird, daß auch bei dem freiwilligen Verkauf eine öffentliche Aufforderung zur Anmeldung der nicht eingetragenen Mieths- und Pachtrechte stattfindet. Läßt sich das nicht durchführen, so wäre die Bestimmung zu streichen. Es würde dann bei dem freiwilligen Verkauf durch den Concursverwalter keine Modification des Grundsatzes „Kauf bricht nicht Miethe" eintreten. Es besteht dafür auch in den meisten Fällen wohl kein Bedürfniß, da der Verwalter regelmäßig in der Lage sein wird, über die vorhandenen Pacht- und Miethsverhältnisse die nothwendigen Erkundigungen einzuziehen und dann dem Kauflustigen zuverlässige Auskunft zu geben.

Sollten ausnahmsweise Schwierigkeiten in dieser Richtung entstehen, so verbliebe dem Verwalter immer noch der Weg der Zwangsversteigerung, welcher ja auch in den weitaus meisten Fällen dieser Art praktisch eingeschlagen wird.

Das preußische Subhastationsrecht giebt auch dem Beneficialerben und dem Nachlaßpfleger das Recht, die Zwangsversteigerung eines Nachlaßgrundstücks zu betreiben.[54])

---

[53]) Vgl. auch § 183 des gedachten Gesetzes.

[54]) § 184 d. G. v. 13. Juli 1883.

Ob das Reichsrecht diesen Fall der Zwangsversteigerung übernehmen wird, läßt sich aus dem Entwurfe des bürgerlichen Gesetzbuches nicht entnehmen.

Der Fall ist dem Falle der Zwangsversteigerung auf Betreiben des Concursverwalters sehr ähnlich. Der einzige im preußischen Recht gemachte Unterschied, welcher für unsere Frage in Betracht kommen dürfte, besteht darin, daß Baarzahlung des ganzen Meistgebots ohne Uebernahme der Realrechte zur Bedingung gemacht werden kann.

Der Zweck dieser Bestimmung ist, die Nachlaßregulirung bezüglich derjenigen persönlichen Verbindlichkeiten des Erblassers zu erleichtern, für welche zugleich ein Realrecht (Hypothek) besteht. Durch die Baarzahlung wird mit dem Realrecht zugleich die persönliche Schuld oder der entsprechende Theil derselben getilgt, während im Falle der Uebernahme der Hypothek durch den Ersteher zunächst der Nachlaß für die ganze persönliche Schuld verhaftet bleiben würde.

Aus diesem Zweck der Bestimmung ergiebt sich zugleich, daß es nicht räthlich ist, dieselbe auf Miethsrechte etwa in der Weise auszudehnen, daß der Nichtübergang des Miethsrechts zur Bedingung gemacht, und vom Miether nur eine Entschädigung liquidirt werden könnte. Denn eine solche Regel ist im Interesse der Nachlaßregulirung nicht geboten.

Daher ist dieser Fall, wenn derselbe in das Reichsrecht übergehen sollte, hinsichtlich unserer Frage ebenso zu behandeln, wie die Zwangsversteigerung im Concurse.

Nach § 769 Abs. 3 des Entwurfs eines bürgerlichen Gesetzbuches soll der Verkauf eines Grundstücks zum Zwecke der Auseinandersetzung der Miteigenthümer nach den Vorschriften über die Zwangsversteigerung von Grundstücken erfolgen. Ob die Subhastationsordnung für diesen Fall besondere Vorschriften erhalten wird, ist in dem Entwurf des bürgerlichen Gesetzbuches nicht angegeben.

Das preußische Subhastationsrecht[55]) hat in diesem Falle ganz erhebliche materielle Abweichungen festgesetzt, welche auch für die hier in Rede stehende Frage von Einfluß sind. Der Ersteher kann zwar auf der einen Seite verlangen, daß das Grundstück frei von allen dinglichen Rechten auf ihn übergeht. Es unterbleibt deshalb auch die Festsetzung eines geringsten Gebots. Der Zuschlag erfolgt für jedes Meistgebot. Auf der anderen Seite bringen aber — von einer hier kaum in Betracht

[55]) § 185 d. G. v. 13. Juli 1883.

kommenden Ausnahme abgesehen — Zwangsversteigerung und Zuschlag die Realrechte nicht zum Untergang. Die Realberechtigten werden überhaupt zu dem Verfahren gar nicht zugezogen. Es ist vielmehr Sache der Miteigenthümer, das Grundstück freizuschaffen.

Sollte die Zwangsversteigerung zum Zwecke der Auseinandersetzung auch reichsrechtlich so oder in ähnlicher Weise gestaltet werden, so würde in diesem Falle jede Modification des Grundsatzes „Kauf bricht nicht Miethe" wegfallen. Da die Realberechtigten zu dem Verfahren nicht zugezogen werden, so kann auch den Miethern und Pächtern nicht wohl die Pflicht zur Anmeldung ihrer Rechte auferlegt werden. Ein Beitritt eines Realgläubigers ist hier ausgeschlossen. Von einem Zurückstehen des Miethers gegenüber einem solchen kann daher ebenfalls nicht die Rede sein.

In den übrigen, im preußischen Recht vorkommenden, besonderen Fällen der Zwangsversteigerung[56]) kann die Frage, ob Kauf Miethe brechen soll, nach Lage der Verhältnisse kaum in Betracht kommen. Jedenfalls brauchen diese seltenen Fälle bei einer principiellen Lösung der Frage nicht berücksichtigt zu werden.

Wird in Folge der hier empfohlenen Modificationen des Grundsatzes „Kauf bricht nicht Miethe" der Miether oder Pächter genöthigt, vor Ablauf seiner Mieth- oder Pachtperiode abzuziehen, so muß ihm in allen Fällen seine Schadensersatzforderung gegen den Verpächter oder Vermiether verbleiben.

Es wird — namentlich bei der Gutspacht — durchaus zu empfehlen sein, daß sich der Pächter bei Abschluß des Pachtvertrages eine ausreichende Entschädigung für den Fall ausbedingt, daß er in Folge einer Zwangsversteigerung früher abziehen muß, und daß er sich diese Summe durch Eintragung einer Hypothek sichert.[57]) Die Eintragung des Pachtrechts kann diese Hypothek nicht ersetzen.[58]) Eine solche Sicherung wird auch in den meisten Fällen der Gutspacht zu erreichen sein und den Pächter, sofern das Gut noch nicht zu sehr belastet war, einigermaßen schützen. Aber man wolle nicht so weit gehen, diese Möglichkeit als in allen Fällen der Pacht und Miethe vorhanden hinzustellen oder gar

---

[56]) §§ 186, 187 des Ges. v. 13. Juli 1883.

[57]) Ueber die Grundsätze, nach denen eine Entschädigung festzusetzen ist, vgl. Blomeyer, Pachtrecht und Pachtverträge S. 259 ff.

[58]) Insofern ist die Bemerkung S. 134 Z. 5 v. o. zu berichtigen.

aus derselben einen Grund für den Grundsatz „Kauf bricht Miethe“ zu entnehmen.

Wenn Bähr die Rechtfertigung dieses Grundsatzes durch die Bemerkung der Motive zum Entwurfe des bürgerlichen Gesetzbuches, daß sich ja der Miether zu seinem Schutze eine Hypothek an dem Grundstücke bestellen lassen könne, eine „überaus klägliche“ genannt hat, und Eck dieselbe „ungereimt“ findet, so haben sie davon nichts zurückzunehmen.[59])

Erst nach Fertigstellung des Gutachtens sind dem Verfasser die einschlägigen Bestimmungen des Entwurfes eines Reichsgesetzes betreffend die Zwangsvollstreckung in das unbewegliche Vermögen (sc. wegen einer Geldforderung) zugänglich geworden.

Der Entwurf entspricht bezüglich derjenigen beiden Punkte, von denen dieses Gutachten seinen Ausgang nehmen mußte, den mitgetheilten Ankündigungen in den Anmerkungen zu den §§ 826, 1067 des Entwurfes eines bürgerlichen Gesetzbuches.

Den Grundsatz der Deckung und Uebernahme vorgehender Realrechte enthalten folgende Bestimmungen:

§ 59. Bei der Versteigerung wird nur ein solches Gebot zugelassen, durch welches die dem Anspruche des Gläubigers vorgehenden Rechte, sowie die aus dem Versteigerungserlöse zu entnehmenden Kosten des Verfahrens gedeckt werden (geringstes Gebot).

§ 66. Soweit nicht das Meistgebot durch Zahlung berichtigt werden soll, werden die bei Feststellung des geringsten Gebots berücksichtigten Rechte an dem Grundstücke in der Weise gedeckt, daß sie ohne Anspruch des Erstehers auf Gewährleistung bestehen bleiben.[60])

Gegen diese Bestimmungen ist, soweit es auf die hier erörterte Frage ankommt, nichts zu erinnern.

---

[59]) Der Aufsatz von Boyens, Miethe und Pacht (Gutachten aus dem Anwaltstande S. 693 ff.) ist mir erst nach Abschluß dieses Gutachtens zugegangen. Derselbe vertritt den Grundsatz „Kauf bricht nicht Miethe“ und erörtert die Durchführung desselben im Einzelnen, insbesondere auch die im Falle der Subhastation gebotenen Modificationen. Die in der vorigen Anmerkung gegebene Berichtigung entspricht einer in diesem Aufsatze gemachten Erinnerung. Insoweit diese Schrift für einen Anschluß der Einzelregelung an den code civil (B. sagt constant civile) eintritt, kann ich nicht beistimmen. Der Standpunkt des code ist eine Halbheit, für welche zudem nur doctrinäre, nicht aber praktische Gründe geltend gemacht werden.

[60]) Vgl. dazu die §§ 371, 373, 378 des Entwurfes eines bürgerlichen Gesetzbuches.

Den Einfluß der Zwangsversteigerung auf Pacht und Miethe regelt § 141: „Ist das versteigerte Grundstück vermiethet oder verpachtet, so finden auf die Rechtsverhältnisse zwischen dem Miether oder Pächter und dem Ersteher die Vorschriften der §§ 509, 511, 532, 537 des bürgerlichen Gesetzbuches entsprechende Anwendung.

Die nach dem § 794 des Bürgerlichen Gesetzbuches dem Ersteher gebührenden Forderungen wegen Miethzinsen und Pachtzinsen aus der Vermiethung oder Verpachtung des Grundstücks gehen mit den Zuschlage auf den Ersteher über.

Sind die Miethzinsforderungen oder Pachtzinsforderungen wegen des Anspruchs aus einer an dem Grundstücke bestehenden Reallast, Hypothek oder Grundschuld in Beschlag genommen, so finden die Vorschriften des § 1069 Abs. 2 des bürgerlichen Gesetzbuches zu Gunsten des Erwerbers mit der Maßgabe Anwendung, daß der Ersteher an die Stelle des Gläubigers tritt, zu dessen Gunsten die Beschlagnahme erfolgt ist. Im Sinne dieser Vorschrift steht die Ertheilung des Zuschlags der Beschlagnahme zu Gunsten des Gläubigers gleich, auf deren Antrag die Versteigerung erfolgt ist."

Der erste Absatz dieser Bestimmung bedarf schon deshalb einer Aenderung, weil die in demselben angeführten Bestimmungen des Entwurfes eines bürgerlichen Gesetzbuches, insbesondere § 509, zweifellos geändert werden. Wenn die in diesem Gutachten entwickelten Anschauungen Billigung finden, so muß zunächst die Frage geregelt werden, unter welchen Voraussetzungen Pacht und Miethe unverändert bestehen bleiben. Sodann ist für die Fälle, in denen diese Voraussetzungen nicht zutreffen, die Verpflichtung des Erstehers zur Einhaltung der gesetzlichen Kündigungs- oder Räumungsfristen auszusprechen.

Was die in dem Gutachten geäußerte Vermuthung betrifft, daß die neue Subhastationsordnung auch eine dem § 60 der preußischen Subhastationsordnung entsprechende Bestimmung enthalten werde, so ist derselben theilweise durch die §§ 76, 77 des Entwurfes entsprochen werden. Es besagen:

§ 76: „Jeder Betheiligte kann eine von den gesetzlichen Vorschriften abweichende Feststellung des geringsten Gebotes, sowie der Versteigerungsbedingungen verlangen, sofern diejenigen Betheiligten zustimmen, deren Rechte durch die Abweichung berührt werden.

Ist es ungewiß, ob die Rechte eines Betheiligten durch die Abweichung berührt werden, so ist auf Antrag das Grundstück sowohl mit den verlangten Bedingungen als ohne dieselben auszubieten."

§ 77: „Verlangt ein Betheiligter, dessen Recht an dem Grundstück nicht nach den Vorschriften des § 66 bestehen bleibt, und nicht in einer Hypothek oder Grundschuld besteht, daß das Fortbestehen dieses Rechts bestimmt werde, so ist die Zustimmung eines im Range nachstehenden Betheiligten nicht erforderlich."

Diese Bestimmungen sind zur Durchführung der hier empfohlenen Ermittelung, ob das Fortbestehen eines angemeldeten oder eingetragenen Pacht- oder Miethsrechts einem im Range vorgehenden Realgläubiger Nachtheil bringen würde, viel weniger geeignet, als der § 60 des preußischen Immobiliarzwangsvollstreckungsgesetzes, welcher durch eine ganz unerhebliche Modification dazu passend gemacht werden könnte.

Zunächst ist zur Herbeiführung des doppelten Aufgebots, mit und ohne Uebernahme von Pacht und Miethe, ein besonderer Antrag des Pächters oder Miethers nicht zu erfordern. Die Frage ist schon bei der Berathung des preußischen Subhastationsgesetzes von 1883 eingehend erörtert worden.[61] Vor Erlaß dieses Gesetzes war man auf Grund des § 47 des Gesetzes über den Eigenthumserwerb vom 5. Mai 1872, welcher die Frage freilich nicht unzweideutig entschied, der Ansicht gewesen, daß ein solcher Antrag nicht erforderlich wäre. Als nun der Regierungsentwurf des neuen Gesetzes den Antrag einführen wollte, erhob die Commission des Herrenhauses mit Erfolg Widerspruch. Maßgebend war dabei freilich in erster Linie die Rücksicht auf die durch den Altentheil (Leibzucht) gewährte Altersversorgung des Bauernstandes. Indeß wenn einmal der Grundsatz angenommen ist, die Subhastation unter möglichster Schonung aller bestehenden Rechte Dritter durchzuführen, so ist nicht abzusehen, warum nicht das Gericht gehalten sein soll, schon von Amtswegen das zur Erreichung des gesteckten Zieles am meisten geeignete Verfahren einzuschlagen.

Weit hinderlicher ist dem hier angestrebten Verfahren aber die Bestimmung, daß zur Festsetzung der Bedingung der Uebernahme von Pacht und Miethe die Zustimmung aller im Range vorstehenden Betheiligten, deren Rechte durch diese Bedingung berührt werden, erforderlich ist, und daß ein doppeltes Aufgebot mit und ohne diese Bedingung nur stattfinden darf, wenn es ungewiß ist, ob die Rechte desselben durch jene Bedingung „berührt" werden.

Der von dem Entwurfe des bürgerlichen Gesetzbuches mehrfach gebrauchte Ausdruck „berührt werden" ist zwar nicht, wie Dernburg[62])

---

[61]) Vgl. Krech und Fischer, Commentar zur Zw.-O. S. 367.

[62]) Verhandlungen des 19. Juristentages III S. 113.

glaubte, ein in der bisherigen Gesetzessprache ganz unbekannter. Er kommt z. B., worauf schon Krech[63]) hingewiesen hat, im § 45 der preußischen Subhastationsordnung vor. Gleichwohl ist derselbe kein fester eingebürgerter, und es liegt sehr nahe, daß derselbe mit „benachtheiligt werden" verwechselt wird. In Wirklichkeit besagt er, daß die Möglichkeit einer Benachtheiligung nicht ausgeschlossen sei, ohne daß es darauf ankommt, ob dem Betheiligten hinterher wirklich ein Nachtheil erwächst.[64])

Gerade diese richtige Auffassung steht nun aber dem hier gewünschten doppelten Ausgebot entgegen. Denn die Möglichkeit, daß die vorstehenden Realgläubiger durch die Festsetzung der Uebernahme von Pacht und Miethe benachtheiligt werden, liegt in jedem Falle vor. Eine Ungewißheit besteht in dieser Beziehung nicht.

Wäre dagegen die preußische Fassung der Voraussetzung, „daß die vorgehenden Interessenten durch den Zuschlag für ein unter der Bedingung der Uebernahme abgegebenes Gebot nicht benachtheiligt werden", beibehalten, so könnte das doppelte Ausgebot stets stattfinden, da die wirkliche Benachtheiligung in jedem Falle ungewiß ist.

Als besondere Fälle der Zwangsversteigerung behandelt der Entwurf nur die Zwangsversteigerung auf Antrag des Concursverwalters und die Zwangsversteigerung zum Zwecke der Aufhebung einer Gemeinschaft. Die übrigen Fälle des preußischen Rechts, insbesondere die Subhastation auf Antrag des Beneficialerben und des Nachlaßpflegers, scheiden also aus.

Die Regelung, welche der Fall der Zwangsversteigerung im Concurse gefunden hat (§§ 226—228 des Entwurfs) giebt hier zu Bemerkungen keinen Anlaß.

Die Zwangsversteigerung zum Zwecke der Aufhebung einer Gemeinschaft (§§ 229—232) ist insoweit abweichend vom preußischen Recht geordnet, als auch in diesem Falle die Vorschriften über die Festsetzung des geringsten Gebots Anwendung finden, und zwar in der Weise, daß sämmtliche an dem ganzen Grundstücke bestehenden Rechte (auf die Belastungen der Antheile der einzelnen Miteigenthümer kommt es hier nicht an) durch das geringste Gebot gedeckt werden müssen.

Auch bei dieser Regelung des Falles, deren Kritik nicht zu der hier zu lösenden Aufgabe gehört, wird man eine Modification des Grundsatzes

---

[63]) Die Rechte an Grundstücken, Heft 14 von Bekker und Fischer, Beiträge S. 92.

[64]) Krech a. a. O., Krech und Fischer, Commentar zur Zw.-O. S. 327.

„Kauf bricht nicht Miethe“ nicht zu befürworten haben. Der Ersteher muß die bestehenden Pacht- und Miethsrechte einfach aushalten. Eine Anmeldung nicht eingetragener Pacht- und Miethrechte würde allerdings auch hier im Interesse des Erstehers liegen. Auf der anderen Seite ist in diesem Falle der Realcredit nicht dabei interessirt, daß dem Ersteher eine recht sichere Stellung verschafft wird, und man könntc deshalb die Frage aufwerfen, weshalb derselbe vor einem Käufer im Wege freiwilliger Veräußerung bevorzugt werden soll[65]). Die Miteigenthümer wissen, ob, wie lange und unter welchen Bedingungen das Grundstück verpachtet oder vermiethet ist. Wenn ihnen die Pflicht auferlegt wird, in den Kaufbedingungen darüber das Erforderliche mitzutheilen, so daß sie im Falle der Unrichtigkeit oder Unvollständigkeit ihrer Angaben haften, so dürfte damit wohl allen Anforderungen der Gerechtigkeit gegenüber dem Ersteher genügt sein. Indessen dürfte es auch nicht allzuviel verschlagen, wenn der Gleichförmigkeit wegen auch in diesem Falle die Anmeldung nicht eingetragener Pacht und Miethsrechte verlangt würde.

---

[65]) Es ist dabei auch in Betracht zu ziehen, daß diese Art der Zwangsversteigerung trotz ihrer engen Anlehnung an die Zwangsvollstreckung der freiwilligen Gerichtsbarkeit zugerechnet werden muß. Sie läßt sich weder unter die ordentliche noch unter die besondere streitige Gerichtsbarkeit unterbringen, wie dieselben gegenwärtig durch das Reichsproceßrecht abgegrenzt sind. (Vgl. Krech und Fischer a. a. O. S. 825. Fischer, preußisches Privatrecht S. 223.) Correcter Weise müßten deshalb die betreffenden Bestimmungen in dem Gesetze über das Verfahren in freiwilliger Gerichtsbarkeit stehen, namentlich wenn die Normen über die Zwangsvollstreckungssubhastation in die C.P.O. gebracht würden, wohin sie doch eigentlich gehören. (Vgl. Fischer, Recht und Rechtsschutz, Heft 6 von Bekker und Fischer Beiträge S. 15.) — Für freiwillige Subhastationen können natürlich Modificationen des Satzes „Kauf bricht nicht Miethe“ nicht in Frage kommen.

Druck von Leonhard Simion, Berlin SW.

Bei Fragen zur Produktsicherheit wenden Sie sich bitte an:
If you have any questions regarding product safety,
please contact:

Walter de Gruyter GmbH
Genthiner Straße 13
10785 Berlin
productsafety@degruyterbrill.com